Klassische Reisen

Hans Meyer

Zum Gipfel des Kilimandscharo

Ostafrikanische Gletscherfahrten

Herausgegeben
von Reinhard Escher

VEB F.A. Brockhaus Verlag Leipzig

Die Textauswahl erfolgte nach der ersten Auflage des Originals
»Ostafrikanische Gletscherfahrten.
Forschungsreisen im Kilimandscharo-Gebiet«
Leipzig. Verlag von Duncker & Humblot 1890

Illustrationen nach den Vorlagen des Originals:
Werner Ruhner

ISBN-Nr. 3-325-00207-2

1. Auflage

Lizenz-Nr. 455/150/7/89, LSV 5009
Lektorat: Christa Kunze
Buchgestaltung: Hans-Jörg Sittauer
Printed in the German Democratic Republic
Gesamtherstellung: Grafische Werke Zwickau III/29/1
Redaktionsschluß: 29. 2. 1988
Bestell-Nr. 587 320 0
01350

Inhalt

Vorwort

»›Vorwärts!‹ rief ich zur Selbstaneiferung aus, ›der Berg muß doch einmal ein Ende haben!‹ Endlich, gegen 2 Uhr, näherten wir uns dem höchsten Rand. Noch ein halbes Hundert mühevoller Schritte in äußerst gespannter Erwartung, da tat sich vor uns die Erde auf, das Geheimnis des Kibo lag entschleiert vor uns: den ganzen oberen Kibo einnehmend öffnete sich in jähen Abstürzen ein riesiger Krater.«

Mit diesen eindrucksvollen Worten beschrieb der deutsche Geograph Hans Meyer die von ihm langersehnte Erstbesteigung des Kibo-Kraterrandes im ostafrikanischen Kilimandscharo-Massiv am 3. Oktober 1889. Drei Jahre seines Lebens hatte er dem Erlebnis jenes Augenblicks gewidmet, war ihm bereits ganz nahe gekommen und dann doch gescheitert. Jetzt endlich sah er sich am Ziel. Mit seinem Begleiter, dem Salzburger Alpinisten Ludwig Purtscheller, stand er am Rande des Vulkankraters und glaubte sich auf dem Gipfel des »Schneegebirges«, das er vor zweieinhalb Jahren zum ersten Mal aus der Ferne erblickt hatte. Nun übermannten ihn die Empfindungen: »Diese längst erhoffte und mit allen Kräften erstrebte Entdeckung war mit so elementarer Plötzlichkeit eingetreten, daß sie tief erschütternd auf mich wirkte. Ich bedurfte der Sammlung.«

Allein es war nicht die höchste Erhebung des Kilimandscharo, und Enttäuschung ergriff die beiden Männer, als sie etwa 200 Meter über sich, auf dem Südrand des Kraters, den wirklichen Gipfel ausmachten. Wenige Tage später, am historischen 6. Oktober 1889 um drei Uhr morgens, brachen Meyer und Purtscheller erneut auf, und diesmal sollten sie glücklicher sein. Gegen 8.45 Uhr bereits erreichten sie dieselbe Stelle des Kraterrandes, an der sie vor drei Tagen aufgegeben hatten. Ohne lange zu zögern schritten sie jetzt nach Südwesten, auf dem eisbedeckten Rand des Außenkraters entlang. Nach fast zweistündigem Marsch erhoben sich vor ihnen drei aus Trümmern bestehende Felsspitzen, in deren mittlerer sie die höchste Erhebung des Kilimandscharo erkannten. Und um 10.30 Uhr erkletterte Hans Meyer als erster Mensch den schnee- und eisfreien Kibo-Gipfel. Er taufte ihn auf den Namen »Kaiser-Wilhelm-Spitze« und pflanzte die deutsche Fahne auf.

Damit war der Kilimandscharo, ein ungewöhnlicher »Schneeberg« und ein Riesenvulkan, der zu den höchsten der Erde zählt, erobert. Aufgrund der Aneroidablesungen, die Meyer sogleich vornahm und mit Siedethermometern kontrollierte, wurde die Höhe des Kibo-Gipfels später in Berlin auf 6010 Meter (19718 Fuß) berechnet, und erst nach einer Neuvermessung im Jahre 1952 legte man die Höhe des Berges offiziell auf 5895 Meter (19340 Fuß) fest. Das Rätsel des Kilimandscharo, die blendendweiße Kappe aus Gletschereis und Firnschnee auf einem seiner Gipfel keine 350 Kilometer südlich des Äquators, die in der Mitte des 19. Jahrhunderts noch weltweites Aufsehen erregt hatte, war nun der wissenschaftlichen Forschung zugänglich. Am Beispiel des Kilimandscharo fand man erneut bestätigt, daß sich die Klimate der Erde nicht nur entsprechend den geographischen Breiten, sondern auch nach der örtlichen Höhenlage abstufen. Dieser am Berg überaus vielfältigen Gliederung entsprach ein rascher Wechsel der Vegetationszonen, die wegen der Äquatornähe und großen Höhe des Kilimandscharo eine Fülle eigenartigen pflanzlichen Lebens hervorgebracht hatten.

Auf dem höchsten Gipfel stehend, konnte sich Meyer auch der gewaltigen Ausmaße des Gebirgsmassivs bewußt werden, dessen rückenförmige und breit angelegte Basis eine Fläche von 80 mal 50 Kilometern bedeckt und das aus drei unterschiedlich alten und hohen Eruptionszentren gebildet wurde. Im Mittelpunkt des Massivs hatten er und Purtscheller gerade die vergletscherte Stumpfpyramide des Kibo erklommen, dessen von ihnen genannte »Kaiser-Wilhelm-Spitze« heute »Uhuru Peak« heißt. Später versuchten sie auch, die bis in 5151 Meter Höhe aufragende und bereits stark verwitterte östliche Vulkanruine des Mawensi zu besteigen. Und im Westen machten die beiden Entdecker das älteste Eruptionszentrum aus – die Schira-Spitze mit 4003 Meter Höhe, deren Verfall damals schon weit fortgeschritten war. Ihre Beobachtungen verstärkten die langgehegte Vermutung, daß der Vulkanriese seit Jahrhunderten nur »schlief«, und die moderne Wissenschaft hat diese Annahme später erhärtet. Überhaupt leiteten Meyers und Purtschellers Entdeckungen und Erkenntnisse eine neue Etappe der Kilimandscharo-Forschung ein, was Meyer schon vorhersah, als er am Schluß seines Reisebuches »Ostafrikanische Gletscherfahrten. Forschungsreisen im Kilimandscharo-Gebiet« geschrieben hatte: »... der afrikanische Riese ist bezwungen, sein geheimnisvolles Haupt entschleiert; aber noch auf unabsehbare Zeiten wird das Gebirge ein überaus ergiebiges Feld für die Spezialforschung bleiben.«

Als Hans Meyer im Frühjahr 1887 zum ersten Mal nach Ostafrika kam, da ahnte er noch nicht, daß das Studium des Kilimandscharo zu einem seiner wichtigsten Lebensinhalte werden sollte. Am 22. März 1858 in Hildburghausen geboren, entstammte er einer bekannten Verlegerfamilie aus dem liberalen Bürgertum. Sein Großvater Joseph Meyer (1796–1856) hatte 1826 eines der später größten Verlagshäuser, das »Bibliographische Institut«, gegründet und war Initiator und erster Herausgeber des weltberühmten »Meyerschen Conversationslexikons«, das seit 1840 erschien und 1855 in der ersten Auflage abgeschlossen wurde. Der Vater, Hermann Julius Meyer (1826–1909), war an der bürgerlichen Revolution von 1848 beteiligt. Nach ihrem Scheitern sah er sich von der Reaktion verfolgt und mußte wegen seiner betont bürgerlich-demokratischen Gesinnung 1849 nach Amerika auswandern. 1856 kehrte er nach Hildburghausen zurück, führte das Unternehmen fort und verlegte es 1874 in das Zentrum des deutschen Buchhandels, nach Leipzig.

Von 1878 bis 1880 studierte Hans Meyer an den Universitäten Berlin, Leipzig und Straßburg vornehmlich Natur- und Staatswissenschaften und nutzte zugleich jede Gelegenheit, sein aufkommendes Interesse für Geographie und Geologie während zahlreicher Wanderungen durch die Alpen zu pflegen. Bereits 1881, kurz nach seiner Promotion, brach der Dreiundzwanzigjährige zu einer Weltreise auf, die ihn über Istanbul und Athen nach Syrien und Ägypten, Indien und Ceylon, nach Java, den Philippinen, China und Japan, zur amerikanischen Westküste und durch Mexiko, Kuba und den Osten der Vereinigten Staaten führte. 1884 schrieb er darüber sein erstes Buch, das unter dem Titel »Eine Weltreise« zahlreiche geographische und völkerkundliche Beobachtungen vereinte. Und bei aller Freude am Abenteuer machte es bereits auch die Strenge des wissenschaftlichen Arbeitens deutlich, die Meyer später auszeichnete.

1883 kehrte der junge Forscher nach Leipzig zurück und trat 1884 als Teilhaber in den väterlichen Verlagsbuchhandel ein. Doch die im eigenen Hause verlegten Schriften, wie die geographische Zeitschrift »Globus« (1862–1866), »Meyers Reisebücher« (seit 1862) und Alfred Brehms »Illustriertes Tierleben« (1864–1869), inspirierten ihn immer wieder, sich der geographischen Forschung zu widmen und fremde Länder zu besuchen. Und bald zog es ihn auch erneut hinaus. »Als ich im Herbst 1886 Europa verließ, um mich zunächst in Südafrika mit afrikanischem Leben und Arbeiten vertrauter zu machen, war ich kein Neuling im Reisen mehr«, vermerkte er rückblickend im Vorwort der 1890 erschienenen »Ostafrikanischen Gletscherfahrten«. »Ich war weidlich auf den Fels- und Eisspitzen der europäischen Alpen umhergeklettert, hatte in Nordindien an den Hauptketten des Himalaya geweilt und in Südindien und Ceylon die tropischen Kulturen eingehend kennen gelernt; ich hatte in die Krater der Vulkane Javas hinabgeschaut, war in den Urwäldern der Philippinen monatelang umhergestreift, hatte die Gewässer von China und Japan befahren, in Kalifornien und Mexiko Kreuz- und Querzüge gemacht und mich nachgerade in jegliche Lage des Reiselebens zu schicken gelernt. In Südafrika durchzog ich die Kapkolonie, hielt mich längere Zeit auf den Diamantenfeldern von Kimberley und den Goldfeldern von Transvaal auf, streifte im Drakengebirge von Natal umher und reiste schließlich an der unendlich langen Mosambikküste entlang nach Norden, bis ich im April 1887 im meerumgürteten Sansibar anlangte.«

Von Sansibar aus setzte Meyer zur ostafrikanischen Küste über und brach mit dem Freiherrn E. A. von Eberstein, einem Kommissar der »Deutsch-Ostafrikanischen Gesellschaft«, und einer hundertköpfigen Karawane zu seiner ersten Kilimandscharo-Expedition auf. Im August 1887 unternahm er einen ersten Aufstiegsversuch bis in etwa 5500 Meter Höhe, wo ihn der 30 Meter hohe Eisabsturz der Kibo-Haube ein weiteres Vordringen verwehrte. Meyer erkannte, daß eine Gipfelbesteigung ohne alpine Ausrüstung unmöglich war, und kehrte mit dem Entschluß, sich künftig ganz der Erforschung des Berges zu widmen, nach Leipzig zurück. Dort veröffentlichte er 1888 seine Eindrücke in dem Bildbuch »Zum Schneedom des Kilimandscharo«.

Im Juli 1888 traf Meyer, diesmal in Begleitung des erfahrenen österreichischen Geographen Oskar Baumann (1864–1899) und besser ausgerüstet, erneut in Sansibar ein. Die beiden Forscher wollten zunächst die Usambara-Berge durchqueren, dann den Kilimandscharo besteigen und später zum Victoria-See und ins Ruwenzori-Gebirge vordringen. Im August brachen sie von Pangani aus mit 230 Trägern und 100 Lasten, die Lebensmittel und Ausrüstungen für zwei Jahre enthielten, zum Kilimandscharo auf. Während der größte Teil ihrer Karawane nach Gondja am Pare-Gebirge marschierte, durchwanderten Meyer und Baumann drei Wochen lang die Usambara-Berge, die sie als erste Europäer in ihrer Süd-Nord-Ausdehnung querten.

Zu diesem Zeitpunkt hatte der Expansionsdrang der alten und neuen Kolonialmächte – Portugal, England, Belgien, Italien, Frankreich und Deutschland – längst auch Ostafrika, das bis zum Beginn des letzten Drittels des 19. Jahrhunderts gewissermaßen im »toten Winkel« der weltpolitischen Auseinandersetzungen lag, in den Kampf um Kolonien hineingezogen. Daß Ostafrika trotz der großen Konkurrenz am Ende unter deutsche Kolonialherrschaft kam, ist vor allem ein Resultat der für deutsche Expansionsbestrebungen außenpolitisch vorteilhaften Situation der Jahre 1884/85, zu deren Ausnutzung der Abenteurer Carl Peters (1856–1918) als Mittelsperson wesentliche Voraussetzungen schuf. Er verkörpert den »modernen« Konquistador, der die Gunst der Stunde begriff und schließlich als »Gründer« Deutsch-Ostafrikas in die Kolonialgeschichte Eingang finden sollte.

Zeitgleich mit dem Wirken der von Peters 1884 gegründeten »Gesellschaft für Deutsche Kolonisation« war die ursprünglich zurückhaltende Kolonialpolitik des kaiserlichen Deutschlands zur offenen kolonialen Besitzergreifung übergegangen. Schien die Peterssche Vereinigung zu Beginn noch eine private Körperschaft verschiedener Interessengruppen zu sein, so ging aus ihr bald die »Deutsch-Ostafrikanische Gesellschaft« (DOAG) hervor, die der Reichskanzler Otto von Bismarck durch die Erteilung eines »Schutzbriefes« schließlich zum wichtigsten Sachwalter des Deutschen Reiches in Ostafrika erhob.

Der entscheidende Kampf um Ostafrika aber mußte zunächst auf diplomatischem Parkett ausgetragen werden, und dabei sollte die deutsche Regierung ein wichtiges Wort mitreden. Bereits vor den Petersschen Unternehmungen und unabhängig von ihnen hatte wohl auch Bismarck Ostafrika als Ziel der deutschen Expansionspolitik ins Auge gefaßt. Nur wollte er nach seiner Devise »Die Flagge folgt dem Handel« verfahren und unter dem Vorwand, die Interessen hanseatischer Kaufleute in Sansibar schützen zu müssen, über das Sultanat ganz Ostafrika der deutschen Machtsphäre einverleiben. Dies war damals jedoch nur gegen England zu erreichen.

Den geeigneten Augenblick für sein weiteres Vorgehen sah der Reichskanzler gekommen, als sich in Berlin die europäischen Kolonialmächte und die USA anschickten, auf der sogenannten »Kongo-Konferenz« (November 1884 bis Februar 1885) ihre Interessen in Afrika gegenseitig abzustecken. Bismarck, der die Konferenz leitete, paktierte mit Frankreich offen gegen England, das sich den deutschen Plänen in Ostafrika heftig widersetzte. Doch die Verhandlungstaktik des Reichskanzlers war unübersehbar auf die damalige Schlüsselstellung Deutschlands in Überseefragen gegründet, und so mußte sich das momentan geschwächte England am Ende mit einem Teil Ostafrikas begnügen, während Deutschland und Portugal ihre Ansprüche sichern konnten. Übrigens forderte Kaiser Wilhelm II., daß der erstmalig von einem Deutschen (Johann Rebmann) beschriebene Kilimandscharo selbstredend dem Reich zufallen müsse, und prompt »schenkte« die englische Königin Victoria den Schneeberg 1886 ihrem kaiserlichen Neffen zum Geburtstag!

Eine der umfassendsten Konzessionen, mit der die »Deutsch-Ostafrikanische Gesellschaft« nach dem Abschluß der »Kongo-Konferenz« ausgestattet wurde, war die Verleihung der Landeshoheit. Das bedeutete, wie der vom Kaiser am 27. Februar 1885 unterzeichnete »Schutzbrief« auseinandersetzte, »die Befugnis zur Ausübung aller aus den Uns vorgelegten Verträgen fließenden Rechte, einschließlich der Gerichtsbarkeit, gegenüber den Eingeborenen«. Zu »Verträgen« erklärte man die mit afrikanischen Häuptlingen in betrügerischer Weise bereits getroffenen oder noch abzuschließenden Vereinbarungen über die Abtretung ihres Landes, von denen selbst Bismarck gelegentlich sagte: »Der Erwerb von Land ist in Ostafrika sehr leicht. Für ein paar Flinten besorgt man sich ein Papier mit einigen Negerkreuzen.« Daß die afrikanischen Führer dabei weder schreiben noch lesen konnten, störte Peters und seine Kumpane wenig; die Häuptlingssigna besaßen ihrer Meinung nach »Rechtskraft«.

Überall in dem später »Tanganjika« genannten Gebiet reisten jetzt die Emissäre der »Deutsch-Ostafrikanischen Gesellschaft« – und im nachmaligen Kenia jene der »British East Africa Company« – umher und schlossen mit den führenden Häuptlingen, oft durch Bestechung und Überredung, solche zweifelhaften Verträge ab. Das Deutsche Reich gab lediglich vor, die staatsrechtliche Oberhoheit ausüben zu wollen. Freilich bestätigte der Kaiser zugleich, »daß Wir … die betreffenden Gebiete … unter Unseren Kaiserlichen Schutz gestellt haben«, wodurch er die völkerrechtliche Vertretung dieser Landesteile in Anspruch nahm und sie als »Erwerbungen« gegen die Interessen anderer Kolonialmächte abgrenzte.

Im August 1888, nachdem mit Hilfe der deutschen Regierung dem Sultan von Sansibar ein »Küstenvertrag« aufgezwungen worden war, übernahm die »Deutsch-Ostafrikanische Gesellschaft« die Verwaltung des 800 Kilometer langen Küstenstreifens und versuchte sogleich, die einflußreiche islamische Oberschicht zu entmachten. Dies kam den afrikanischen Häuptlingstümern im Innern scheinbar entgegen, drohten sie doch ständig von islamischen Sklavenhändlern entvölkert zu werden oder sich im Ergebnis der grausamen Sklavenjagden gegenseitig aufzureiben. Nur zu gern lehnten sich einige Häuptlinge an die Europäer an und waren zu einer Zusammenarbeit bereit, zumal die Übertragung der staatlichen Oberhoheit über ihre Länder an das Deutsche Reich für sie kaum etwas zu ändern schien. In der Küstenregion aber bedeutete jene Politik eine einschneidende Veränderung der bisherigen Machtverhältnisse. Die »Deutsch-Ostafrikanische Gesellschaft« erließ eine Steuer- und Katasterverordnung, was einer Enteignung der islamischen Oberschicht faktisch gleichkam, und führte eine Kopf- und Hüttensteuer ein. Diese Maßnahmen stießen sofort auf den Widerstand der gesamten Küstenbevölkerung, die unter Führung des arabischen Scheichs Buschiri zu den Waffen griff. Der Aufstand brach zuerst in Pangani aus, erfaßte dann rasch die ganze Küstenregion und wurde selbst von einigen Völkern im Innern unterstützt.

Während Meyer und Baumann noch ahnungslos die Usambara-Berge durchstreiften, wurde ihr Trägertroß durch den

Übersichtskarte der Kilimandscharo-Region

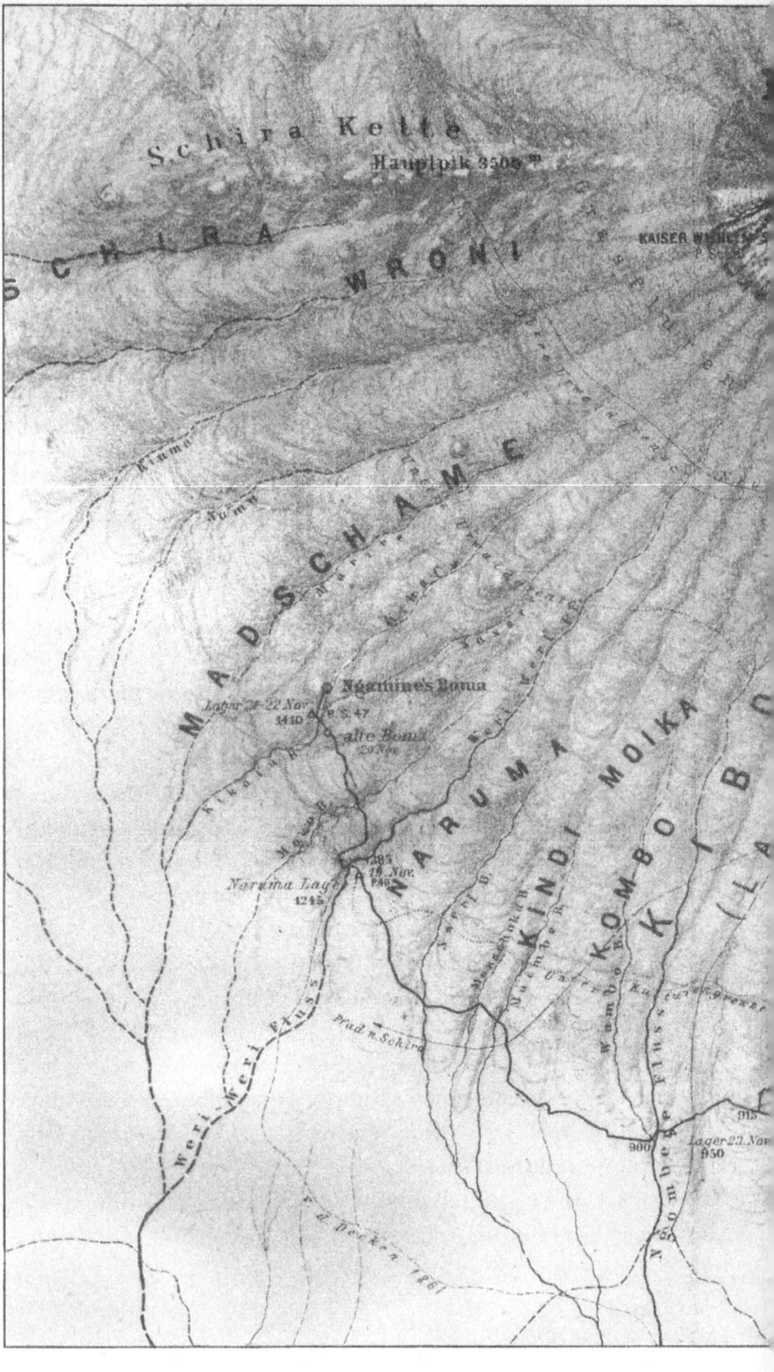
Schira Kette
Hauptpik 3500 m
SCHIRA
WRONI
MADSCHAME
Ngamine's Boma
alte Boma
20 Nov.
NARUMA
KINDI
MOIKA
KOMBO
Naruma Lager
1245
Weri-Weri Fluss
Pfad n. Schira
Decken 1861
Lager 23. Nov
950
900
915

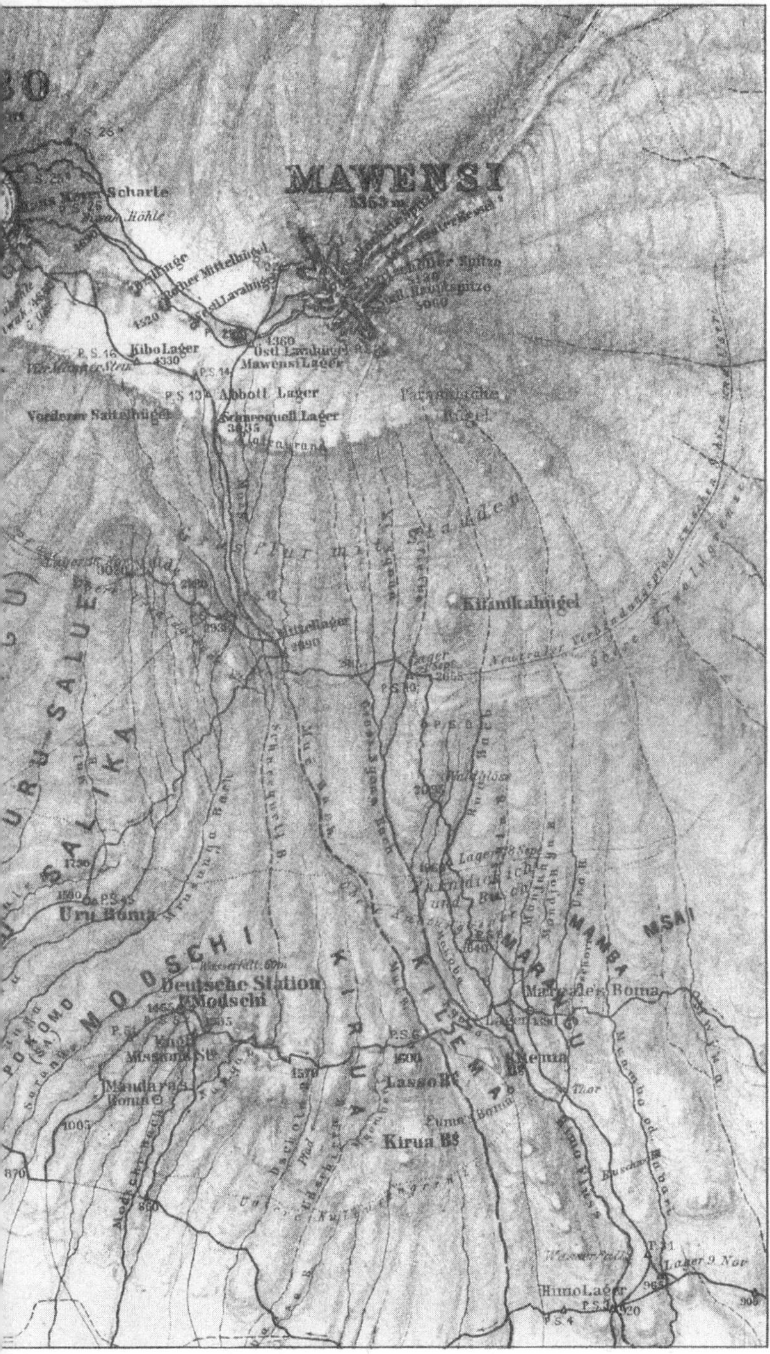
MAWENSI
Scharte
Kibo Lager
4330
4360
Mawensi Lager
Abbott Lager
Schneequell Lager
Vorderer Sattelhügel
Kifinikahügel
Mittellager
2890
URU
SALIKA
MODSCHI
KIRUA
KILEMA
MARANGU
MAMBA
MSAI
Uru Boma
Deutsche Station
Modschi
Missions St.
Mandaras Boma
Lasso
Kirua
Mareale's Boma
Himo Lager
Lager 9. Nov

Häuptling Sembodja von Masinde abgefangen und nach Beschlagnahme aller Lasten zur Küste zurückgeschickt. Damit waren den Aufständischen Waffen, Lebensmittel und Ausrüstungsgegenstände im Wert von 30000 Reichsmark in die Hände gefallen. Die Erhebung zwang schließlich auch Meyer und Baumann zum Rückzug. Einen Tagesmarsch von der Küste entfernt wurden sie gefangengenommen und mußten sich durch ein Lösegeld von 10000 Rupien loskaufen. Buschiri persönlich brachte die beiden Reisenden zur Küste, von wo aus sie nach Sansibar gelangten. Über die gescheiterte Expedition veröffentlichte Baumann 1889 in Wien sein Buch »In Deutsch-Ostafrika während des Aufstandes«.

Buschiri wurde nach der Niederschlagung der Erhebung unter dem Kommando Hermann von Wissmanns (1853–1905), eines zeitweilig bedeutenden Forschungsreisenden, der sich jedoch 1888 bis 1891 mit menschenverachtender Rücksichtslosigkeit in den unmittelbaren Dienst der deutschen Kolonialpolitik gestellt hatte, öffentlich gehenkt. Meyer mißbilligte diesen grausamen Willkürakt, obwohl er später selbst die Kolonialisierung Ostafrikas in Wort und Schrift gerechtfertigt hat.

Sofort nach seiner Rückkehr traf Meyer in Leipzig und Berlin Vorbereitungen zu einer dritten Kilimandscharo-Expedition. Als ihn unter zahlreichen Bewerbungsschreiben auch das des Salzburger Turnlehrers und bedeutenden Alpenerforschers Ludwig Purtscheller (1849–1900) erreichte, wählte er diesen erfahrenen Bergsteiger sofort zum neuen Begleiter aus.

Bei ihrer Ankunft in Sansibar war die ostafrikanische Küste noch immer von deutschen und englischen Seegeschwadern blokkiert, die den Nachschub für die Aufständischen abfangen sollten. Das ehemalige Hauptquartier Buschiris in Bagamoyo war zwar inzwischen gefallen, aber in Sansibar standen Unruhen noch immer auf der Tagesordnung, und die Bevölkerung begegnete den Forschungsreisenden mit unverhohlener Feindseligkeit. Dennoch gelang die Zusammenstellung einer Trägermannschaft verhältnismäßig rasch , und am 3. September 1889 konnte Meyer seine Karawane auf dem englischen Dampfer »Somali« nach Mombassa übersetzen. Der offiziellen Duldung durch die Briten hatte er sich rechtzeitig versichert; ohnehin stellten die beiden Kolonialmächte ihre Rivalität zeitweilig zurück, bis der für sie beide gefährliche Aufstand niedergeschlagen war.

Von Mombassa führten Meyer und Purtscheller die Karawane

landeinwärts zum Kilimandscharo, auf einem schmalen ausgetretenen Pfad entlang , der seit Jahrhunderten die inneren Gebiete mit der Küste verband. Meyer hat diese Reise wie auch die sich anschließende Erstbesteigung des Berges ausführlich in seinem Reisebuch »Ostafrikanische Gletscherfahrten« geschildert, und es soll der diesem Vorwort folgenden Textauswahl hier nicht vorgegriffen werden. Vielmehr bietet sich an, einen Blick auf die innere Situation in den von Meyer beschriebenen Wadschagga-Häuptlingstümern am Kilimandscharo zu werfen sowie die weitere Entwicklung in Ostafrika zu verfolgen.

Einer der einflußreichsten Häuptlinge am Bergmassiv war Mandara, der mit kurzer Unterbrechung von 1860 bis 1891 in Modschi regierte und dessen Persönlichkeit mit der Erforschung des Kilimandscharo eng verbunden ist. In anderen Wadschagga-Landschaften »Makindara« und im reifen Alter auch »Rindi« genannt, hatte er 1875 den Höhepunkt der Macht erreicht. Bereits mehrfach war Mandara in benachbarte Häuptlingstümer eingefallen, und im Dezember 1876 marschierte er mit 4000 Mann in die östliche Wadschagga-Landschaft Useri ein. Dort aber wendete sich das Blatt. Nach einer vernichtenden Niederlage mußte der Häuptling 1879 sogar seine Boma (Häuptlingssitz) in Modschi aufgeben. Erst 1880 kehrte er dorthin zurück und konnte seine Macht nur schrittweise wiederherstellen.

Als Meyer von Taweta aus Boten zu ihm schickte, um seine Karawane anzukündigen, da war Mandara schon stark gealtert und krank. Wenngleich er noch immer den Ruf des mächtigsten Herrschers am Berg genoß, so stand ihm in Sinna von Kiboso inzwischen ein mächtiger Rivale gegenüber. 1870 hatte dieser die Herrschaft von Lokila übernommen, das unter seiner straffen Führung alsbald aufblühte und eine Vielzahl von Küstenhändlern herbeizog. Gestützt auf sein erprobtes Kriegsheer wahrte er Distanz gegenüber den europäischen Kolonialisierungsbestrebungen, bis selbst er sich beugen mußte. Es war dabei nicht zuletzt auch den heftigen Machtkämpfen der Wadschagga-Häuptlinge untereinander zuzuschreiben, daß sich die deutsche Kolonialherrschaft im Kilimandscharo-Gebiet festsetzen konnte. Mandara, wohl in der Einsicht, daß den von der Küste her vordringenden Fremden militärisch nichts entgegenzusetzen sei, wollte sich zunächst auf diplomatische Weise der Auseinandersetzung zwischen deutschen und englischen Kolonialinteressen und jenen des Sultans von

Sansibar entziehen. Kurz nacheinander schloß er zuerst mit dem englischen Sultansgeneral Matthews einen Vertrag über die Anerkennung der sansibarischen Oberhoheit ab und unterzeichnete dann mit den deutschen »Schutzbriefträgern« Jühlke und Weiß im Juni 1885 ein Abkommen, das die Oberhoheit der »Deutsch-Ostafrikanischen Gesellschaft« sicherstellte. Ohne diese »Verträge« überhaupt lesen zu können, wähnte sich Mandara so nach beiden Seiten hin gesichert.

Nach einem kurzen Aufenthalt in der Häuptlingsschaft Modschi zog Meyers Karawane am 24. September 1889 nach Marangu weiter. Als Landesherr empfing sie dort Mareale, der den Forscher schon 1887, beim ersten Aufstiegsversuch, unterstützt hatte. Er war als Kind durch seinen in Marangu herrschenden Onkel des Landes verwiesen und von Mandara väterlich aufgenommen worden. Mit Hilfe Sinnas von Kiboso und seines jüngeren Bruders gelang es ihm 1880, die ihm zustehende Regentschaft in Marangu zurückzugewinnen, wenngleich er Sinna noch bis 1897 tributpflichtig blieb. Durch Überfälle auf die Nachbargebiete und einen regen Sklaven- und Elfenbeinhandel mit der Küste konnte er seine Herrschaft dauerhaft festigen und durch die Hochzeit mit Mandaras Tochter schließlich besiegeln.

Am 1. Januar 1891 wurde das Schutzgebiet der »Deutsch-Ostafrikanischen Gesellschaft« Kronkolonie des Deutschen Reiches.

Sansibar

Im sogenannten Helgoland-Vertrag vom 1. August 1890 waren die Grenzen der Besitzung mit England geregelt worden. Gegen die Übergabe der Nordseeinsel Helgoland an Deutschland erhielten die Briten das Protektorat über die ostafrikanischen Inseln Sansibar und Pemba. Damit sank der Sultan von Sansibar zur bloßen Marionette des britischen Kolonialministeriums herab und verlor seine Herrschaft über die Inseln und den Festlandstreifen. Auch ins Kilimandscharo-Gebiet zog die deutsche Kolonialadministration nun ein. Am 11. Februar 1891 stürmte Major von Wissmann mit sechs deutschen Offizieren, 500 Askari und 100 Kriegern aus Marangu und Modschi die befestigte Boma des sich erbittert wehrenden Häuptlings Sinna von Kiboso. Mit dessen Niederlage und dem plötzlichen Tod Mandaras ging die Unabhangigkeit der Wadschagga verloren, auch wenn sich die Abwehrkämpfe und deutschen Strafexpeditionen noch bis in den Beginn unseres Jahrhunderts hineinzogen. Sinna mußte begreifen, daß er seine Häuptlingsschaft nur retten konnte, wenn er den Kolonialherren als Sachwalter diente.

In Modschi, das sich zum politischen und wirtschaftlichen Zentrum am Kilimandscharo entwickelte, übernahm nach dem Tode Mandaras dessen Sohn Meli (Kiwusa) die Regentschaft und war zunächst bemüht, eigene Interessen zu verfolgen. 1892 gelang es ihm noch, einen Angriff des in Marangu stehenden deutschen Militärkommandos auf seine Boma zurückzuweisen. Aber 1893 wurde auch er niedergeschlagen.

Bei der Festigung der Kolonialherrschaft am Kilimandscharo machte sich die Militärverwaltung auch den ehrgeizigen Häuptling Mareale dienstbar, der darin die Chance erblickte, seine Macht zu vergrößern. Erst 1912 mußte dieser Wadschagga-Führer abdanken. Modschi blieb der Hauptstützpunkt der deutschen Verwaltung. Insbesondere nach Fertigstellung der Usambara-Bahn, die vom Hafen Tanga zum Kilimandscharo führte und 1912 Modschi erreichte, gestaltete sich der Ort zum wirtschaftlichen Zentrum und wichtigsten Siedlungsplatz im Dschagga-Land um.

Alle diese folgenschweren kolonialen Entwicklungen deuteten sich bereits an, als Meyer im Oktober 1889 zum erfolgreichen Gipfelsturm auf den Kilimandscharo ansetzte. Aber er hatte sie wohl vorausgesehen, denn wo immer er unterwegs einen Lagerplatz anlegte, da hißte er bereits die deutsche Flagge, obwohl die von ihm bereisten Gebiete formal erst 1890 Kolonie wurden.

Nach dem Einzug der deutschen Fremdherrschaft flaute das Interesse an einer weiteren Erforschung des Kilimandscharo ab. 1895 wurde sogar die in 1592 Meter Höhe gegründete Forschungsstation »aus Sparsamkeitsgründen« wieder geschlossen. Die wissenschaftlichen Gesellschaften zur Erforschung Afrikas im Reich sanken jetzt vollends zu Erfüllungsgehilfen der deutschen Handels- und Kolonialpolitik herab. Lediglich einige Privatpersonen setzten ihre Forschungsarbeiten mit eigenen Mitteln noch fort und konnten sich dabei oft dem Verdacht nicht entziehen, die Kolonialpolitik praktisch zu unterstützen. Überhaupt gelang es seit Meyer und Purtscheller zwei Jahrzehnte nicht mehr, den Kibo zu besteigen, ja teilweise selbst bis zum Kraterrand vorzustoßen.

Erst am 23. August 1898, während seiner vierten Kilimandscharo-Expedition, vermochte Meyer mit dem Münchner Maler Ernst Platz wieder zu der nach ihm benannten Scharte am Kraterrand hinaufzusteigen und in den äußeren Kraterkessel vorzudringen. Damit aber begnügte sich der Forscher und führte ausschließlich naturwissenschaftliche Untersuchungen durch. Zahlreiche frühere Beobachtungen galt es dabei zu vervollständigen, darunter solche über die Eisverhältnisse und den merkwürdigen

Rückgang der Gipfelvereisung in den letzten neun Jahren. Und schließlich erweiterte er seine umfangreichen naturkundlichen Sammlungen.

Wie viele andere Afrikaforscher seiner Zeit geriet auch Meyer in das Zwielicht von überragender wissenschaftlicher Leistung und Förderung der Kolonialpolitik. Daß sich der deutsche Generalkonsul in Sansibar, Michahelles, vormals auch auf Meyers Berichte über die Verhältnisse in den ostafrikanischen »Interessensphären« gestützt hatte, war nur ein Beispiel. Meyers streng wissenschaftliche Arbeiten sicherten ihm große Anerkennung, doch zugleich rückte er in kolonialpolitische Positionen auf, die ihn immer mehr zum Verfechter deutscher Kolonialinteressen werden ließen. Zunächst avancierte er zum Vorsitzenden der »Reichskommission für die landeskundliche Erforschung der Schutzgebiete« und Mitglied des Kolonialrates, später zum Professor und Direktor des Kolonialgeographischen Instituts.

Die pionierhafte Erstbesteigung und Erforschung des Kilimandscharo indes wird heute auch von der Regierung Tansanias gewürdigt. Im Oktober 1969 ließ sie oberhalb Marangus eine Gedenktafel anbringen, die der 80. Wiederkehr der Erstbesteigung des Kibo durch Meyer und Purtscheller sowie »dem Freund und Förderer ihrer Unternehmungen«, Mareale von Marangu, gewidmet ist. Meyers fesselnde Reiseberichte und seine reichen Sammlungen haben die spätere gründliche Erforschung der Kilimandscharo-Region eingeleitet. Die eigenen Untersuchungen des Reisenden regten viele Zweige der Naturwissenschaften zu tiefergehenden Studien an, wie es Meyer vorausgesehen hatte, als er am Schluß seines Buches »Ostafrikanische Gletscherfahrten« schrieb, daß auf dem Kilimandscharo »noch reiche Ausbeuten vorbehalten [sind], vor allem dem Meteorologen und dem Botaniker, denen namentlich die höheren Bergregionen eine kaum geahnte Fülle von Neuem und Interessantem versprechen«.

Als Hans Meyer am 5. Juli 1929 in Leipzig starb, da hatte er noch den Zusammenbruch der Kolonie Deutsch-Ostafrika und die blutigen Auseinandersetzungen der Großmächte um die Vorherrschaft in Europa erlebt, die rücksichtslos auch auf dem Rükken der Afrikaner und in ihrem Land ausgetragen wurden. Nach dem ersten Weltkrieg teilten die Siegermächte die ehemaligen deutschen Kolonien unter sich auf, und das »trockene Land hinter Tanga«, Tanganyika, kam als Mandatsgebiet des Völkerbundes in britische Verwaltung. Für die Bewohner des Kilimandscharo bedeutete dies zunächst wenig. Erst nach dem zweiten Weltkrieg konnten sie mit dem Aufschwung des nationalen Befreiungskampfes, besonders unter der späteren Führung Julius Kambarage Nyereres, neue Hoffnung schöpfen. Am 9. Dezember 1962, dem ersten Jahrestag der langersehnten Unabhängigkeitserklärung, beschloß das Parlament des jungen afrikanischen Staates feierlich, den bis dahin noch immer »Kaiser-Wilhelm-Spitze« genannten Gipfel des Kibo in »Uhuru Peak« (»Freiheitsspitze«) umzubenennen. Die »Bismarckhütte« oberhalb Marangus wurde auf den Namen Mandaras von Modschi getauft, und auch die »Petershütte« in der Bergsavanne erhielt in Erinnerung an den großen Wadschagga-Herrscher Orombo, der im frühen 19. Jahrhundert viele Häuptlingstümer unter seiner Herrschaft geeint hatte, einen neuen Namen. Der Schneedom des Kilimandscharo mit seiner lodernden Freiheitsfackel fand Eingang in das Staatswappen der am 26. April 1964 ausgerufenen Vereinigten Republik Tansania, die aus dem Zusammenschluß von Sansibar und Tanganyika hervorgegangen war.

Am 6. Oktober 1989 jährt sich zum 100. Male der Tag, an dem Hans Meyer und Ludwig Purtscheller die Erstbesteigung des ostafrikanischen Bergriesen gelang. Diesem Ereignis ist der vorliegende Band gewidmet. Seiner Textauswahl liegt Meyers 1890 bei Duncker & Humblot in Leipzig erschienenes Buch »Ostafrikanische Gletscherfahrten. Forschungsreisen im Kilimandscharo-Gebiet« zugrunde, das 1893 eine zweite Auflage erlebte. Der ausgewählte Text umfaßt vor allem die Reiseschilderungen sowie die Beschreibung von Land und Leuten am Kilimandscharo, während auf das im Original enthaltene Kapitel I und die naturwissenschaftlichen Fachstudien verzichtet wurde. Auch die Analysen der im Verlauf der Expedition gemachten astronomischen, meteorologischen und geographischen Beobachtungen sowie die Auswertung der den königlichen Museen in Berlin überwiesenen geologischen, botanischen und zoologischen Sammlungen, die überwiegend der Feder anderer Gelehrter entstammt, wurden in die Auswahl nicht aufgenommen. Der Originaltext Meyers ist bei der Bearbeitung bis auf geringe orthographische Korrekturen unverändert geblieben. Auslassungen, die dem begrenzten Umfang der vorliegenden Ausgabe geschuldet sind, wurden durch drei Punkte kenntlich gemacht. Zur historisch-kritischen Wertung einiger im

Buch enthaltener Namen und Passagen sowie zum besseren Verständnis der vom Autor verwendeten Fremdwörter hat der Herausgeber im Anhang Textanmerkungen und eine Liste von Worterläuterungen angefügt.

Besonderer Erwähnung bedürfen die der Textauswahl beigegebenen Illustrationen. Meyer selbst sprach im Vorwort der »Ostafrikanischen Gletscherfahrten« die Hoffnung aus, daß die »Bilder, welche nach einigen meiner 240 Photographien von E.T. Compton's Meisterhand entworfen sind und nicht nur den Hochgebirgscharakter, sondern auch den ostafrikanischen ›Lokalton‹ mit wunderbarer Treue getroffen haben, die aus dem Text gewonnene Anschauung des Lesers so weit zu ergänzen [vermögen], daß ihm Wort und Bild zu einem einheitlichen, lebendigen Ganzen verschmilzt«. Der Herausgeber hat viele dieser Abbildungen ausgewählt und der vorliegenden Ausgabe beigefügt.

Hans Meyers Persönlichkeit ist umstritten. Wiewohl sein zumindest theoretisches Engagement bei der kolonialen Unterwerfung der Völker Ostafrikas und sein Einsatz für die wirtschaftliche Ausbeutung des späteren deutschen »Schutzgebietes« aus der damaligen historischen Situation erwachsen sind, so erscheinen sie uns heute als zweifelhaft und verurteilenswürdig. Dem stehen Meyers bahnbrechende Forschungsleistung gegenüber und das Verdienst, wissenschaftliche Erkenntnisse über Afrika und seine Völker mit schriftstellerischer Gewandtheit einer breiten Öffentlichkeit zugänglich gemacht zu haben. Beide Seiten waren in seinem Leben untrennbar miteinander verbunden. Die Neuherausgabe eines seiner Hauptwerke bleibt von diesem Widerspruch nicht unberührt, und doch erinnern wir uns der Erstbesteigung des Kilimandscharo heute zu Recht als einer Pioniertat in der Entdeckungsgeschichte Afrikas.

Reinhard Escher

In der Geschichte der afrikanischen Reisen und Entdeckungen bildet die Erforschung des Kilimandscharo, soweit sie bis heute gediehen ist, eines der interessantesten Kapitel. Zu seiner Skizzierung sei im Nachstehenden der Versuch gemacht.

Es ist allgemein bekannt, daß schon das klassische Altertum von Bergen und Seen berichtet, in denen der »Neilos«, der Nil, seinen Ursprung nehme, und daß dieses Gebirge der Nilquellen von Ptolemäos (1) den Namen »Mondberg« erhalten und nebst den Quellseen des Nils südlich vom Äquator auf der Karte festgelegt worden ist. Auf welches Gebirge und auf welche Seen beziehen sich aber die Ptolemäischen Nachrichten und die Nachrichten aller derer, die auf der Ptolemäischen Erdkenntnis weiterbauten?

Wenn wir einer weitverbreiteten Ansicht folgen, die Stanley (2) in einem besonderen Kapitel seines Buches »Im dunkelsten Afrika« vertritt und durch zahlreiche Zitate zu stützen sucht, so müssen wir annehmen, daß sich die Nachrichten der Alten und der frühen Araber von den Bergen der Nilquellen und den Quellseen des Nils auf den südlich vom Äquator liegenden, von Stanley umgangenen Ruwensori und auf die östlich und westlich von demselben gelegenen großen Nilseen beziehen, von deren Existenz das Altertum und Mittelalter eine unser mangelhaftes geographisches Wissen von Afrika beschämende Kenntnis gehabt hätten. Wenn wir dagegen der Ansicht anderer Geographen folgen, denen sich auch E. G. Ravenstein (3) anschließt, so gelangen wir zu einem anderen, viel wahrscheinlicheren Resultat und wahren nebenbei die Priorität der Ruwensori-Entdeckung – nicht Stanley, der sich derselben ohne großen Schmerz zu entschlagen scheint, sondern Casati (4), der schon im Jahr 1887 Emin Pascha (5) auf jene schneebedeckten Berge aufmerksam gemacht hat.

Vor Ptolemäos glaubte man, wie auch die Karte des Eratosthenes (6) zeigt, daß der Nil seine Quelle in Seen habe, die dem Indischen Ozean nahe lägen, wenn nicht gar im Indischen Meer selbst entspränge. Diesem letzteren Unsinn trat Ptolemäos entgegen und ließ auf seiner Karte den Nil in einem Gebirge, das er Mondgebirge nennt, aus mehreren Quellen entspringen, die sich in zwei Seen zum Abfluß nach Norden sammeln. Woher hat Ptolemäos dieses Wissen? Von Nordafrika her gewiß nicht, denn daß von dort aus ein Reisender, ein Händler, ein Eroberer bis in jene ungeheuer fernen Länder jenseits vom Äquator vorgedrungen sei, ist unwahrscheinlich und findet sich nirgends berichtet; auch würde dann Ptolemäos nicht von dem viel näheren Nilzusammenfluß in Meroe eine so falsche Zeichnung haben liefern können. Die Nachricht kann ihm nur von Osten her gekommen sein, wie ja schon nach A. von Humboldts (7) Untersuchungen gerade seine Nomenklatur ein geschichtliches Denkmal für die Handelsbeziehungen des Okzidents zur afrikanischen Ostküste ist. Ins Innere ist von der Ostküste aus gewiß niemand in die Zentral-Äquatorialregion gereist, ohne daß Ptolemäos von einem solch außerordentlichen Unternehmen entweder auf seiner Karte ein Itinerar gegeben hätte, wie er es in anderen Fällen getan, oder in einem einleitenden Buch darauf hingewiesen hätte, wie es gleichfalls sonst seine Gewohnheit ist. Wir können also nur annehmen, daß seine Angaben ausschließlich auf Erzählungen von Küstenfahrern beruhen, und damit erklärt sich manches.

Werfen wir nämlich einen Blick auf die Ptolemäische Karte, so sehen wir, daß auf ihr die Stromvereinigung in Meroe sich zusammensetzt aus dem Fluß, welcher Axum passiert, aus dem Astapus, der vom äquatorialen Koloesee kommt, und aus dem Nil, den die beiden südlich vom Äquator liegenden Seen speisen. Von den küstennahen Gebieten Abessiniens, vom Hawashfluß und seinen Seen, die schon Strabon (8) kannte, und anderen Punkten, die damaligen Reisenden nicht unbekannt waren, erwähnt Ptolemäos nichts; sein Abessinien ist ein Zerrbild, gezeichnet nach den Berichten der Küstenfahrer. Daß trotz alledem Ptolemäos Kenntnis von den so sehr viel weiter im Innern des Kontinents gelegenen Nilseen und Quellbergen gehabt haben soll, ist nicht anzunehmen.

Mit Bezug aber auf seine Nilzeichnung finden wir in dem anonymen Periplus des Roten Meeres (9), daß Koloe 3 Tagesreisen von dem an der Küste gelegenen Adule entfernt ist, daß man von dort in 5 Tagen nach Axum gelangt, bei weiterer Reise den Nilus kreuzt und dann wohl die Pylaeen (Pässe) in Samen erreicht. Das Koloe des Ptolemäos kann also nicht da liegen, wo es die Ptolemäische Karte am Äquator zeigt, sondern wir haben es in Abessinien zu suchen und können es dort auch mit dem Koloe der abessinischen Chroniken und dem heutigen Halai (Kalai) am Plateaurand identifizieren. Ferner nennt Ptolemäos die Katadupi an seinem von Süden kommenden Nil. Diese Katadupi liegen aber nicht am Weißen, sondern am Blauen Nil, d. h. der Ptolemäische Nil, der den Seen entspringt, ist nicht der Weiße, sondern der Blaue. Unter solchen Verschiebungen bekommt die Ptolemäische Karte eine ganz andere Deutung. Wir sehen nun in dem Fluß, welcher Axum passiert, den heutigen Mareb, im Astapus, der dem Koloesee entfließt, den heutigen Tagase, und im Nilus, der aus den beiden Quellseen hervorgeht, den Blauen Nil, welchen Ptolemäos, getreu der alten Überlieferung, in entfernten Seen entspringen läßt. Den Koloesee des Ptolemäos haben wir aber als den Tanasee zu deuten, wo die eigentümliche Figuration der Abflußrichtungen eine Verwechselung des Tagase-Atbara mit dem Blauen Nil nahelegte. Haben doch auch die ersten Portugiesen, die am Tanasee gewesen waren, geglaubt, im oberen Blauen Nil den oberen Atbara zu sehen.

Wenn aber der Nil des Ptolemäos der Blaue Nil ist, so haben wir unter den »Mondbergen« nicht den Ruwensori, sondern die abessinischen Quellgebirge zu verstehen, und auch diese Verschiebung harmoniert mit der Beschreibung der Mondberge, denn auch in Abessinien wird der Nil zeitweilig von Schneebergen gespeist. Daß man die Mondberge mit dem Land Unjamwesi in Verbindung brachte, weil Unjamwesi »Mondland« heiße, ist nicht berechtigt, denn das Wort Unjamwesi hat offenbar mit dem Wort mwesi (Mond) gar nichts zu tun, sondern steht sehr wahrscheinlich mit seiner Silbe »njam« in näherer Beziehung zu den Namen Unjamjembe, Unjambungu, Unjammanga, Unjambewa, Unjamwenda und anderen. Nach Bantuform müßte »Mondland« Umwesi heißen.

Die Erben der klassischen Geographie, die Araber, blieben in der Hauptsache ihrem großen Vorbild Ptolemäos treu. Auch sie versetzten die Nilseen und die »Mondberge«, die sie im gleichen Sinn djebl quamr nennen, ins Herz von Afrika, sie lassen aber die ihnen entströmenden Flüsse den unter dem Äquator gelegenen See Kura oder Kawar bilden, aus dem wiederum der Fluß von Ghana (Niger), der eigentliche Nil und der Nil von Makadosho oder von Sendsch (der Webbi Schabecla oder Haines Fluß) entströmen soll. Sie scheinen in der Tat einen schlecht gelungenen Versuch gemacht zu haben, die bereits von Ptolemäos verworfenen Ansichten des Marinus (10) abermals zur Geltung zu bringen. Wenn wir nun von ihnen belehrt werden, daß »dem djebl quamr das Land Serendib (Ceylon) gegenüberliege«, daß »die Quellen des Flusses Sindh (Indus) und des Nil an einer Stelle gelegen seien« und dergleichen mehr, so liegt es doch klar zu Tage, daß ihre Kenntnis der Seeregion eine ungemein dürftige gewesen sein muß. Sollten sie wirklich von der Ostküste aus ins Innere vorgedrungen sein, wie sie es ja bestimmt von der Nordküste aus in die Gebiete des Niger und Tschadsees waren, so finden wir in ihren Schriften keine Spur davon. Ob ihr Kura-Kawarsee mit dem Tanasee, d.h. dem Koloe des Ptolemäos, oder mit dem südlich von Kawar gelegenen Tschadsee zu identifizieren ist, mag dahingestellt sein. Weit ins Innere haben sie ihre Handelszüge bestimmt nicht vor den dreißiger Jahren unseres Jahrhunderts ausgedehnt und erst dann sichere Nachrichten über Schneeberge und große Seen an die Küste gebracht. Auf vielen anderen Karten des Mittelalters beweist endlich die ganze Nomenklatur, daß es sich bei den auf ihnen dargestellten mittelafrikanischen Seen und Bergen nur um Abessinien handelt.

Nach alledem ist es sehr wahrscheinlich, daß die »Mondberge« des Altertums und des Mittelalters mit keinem äquatorialen Schneeberg, weder mit dem Ruwensori noch mit dem Kilimandscharo, etwas zu tun haben. Die erste bestimmte Erwähnung des Kilimandscharo finden wir daher erst im 16. Jahrhundert bei einem spanischen Schriftsteller. Fernandez de Encisco war auf einer ostafrikanischen Küstenreise in Mombassa gewesen, wo seit 1507 die portugiesische Flagge wehte, und hatte dort wohl von den einheimischen Karawanen Nachrichten über das Binnenland gesammelt. 1519 schreibt er in seiner »Summa de Geographia«: »Westlich von diesem Hafen [Mombassa] liegt der äthiopische Olympos, der sehr hoch ist, und weiterhin liegen die Mondberge, von denen der Nil entspringt.« Letzteres sicherlich eine Ptolemäische Reminiszens. Auf den Karten der nächsten Jahrhunderte verschwindet und erscheint aber dieser Olympos in anmutigem Wechsel je nach Wissenschaft und Auffassung des betreffenden Geographen, bis er endlich im Jahr 1848 in Permanenz erklärt werden mußte.

Es war einem deutschen Missionar vorbehalten, eines der größten Wunder Afrikas, den Schneeberg, der den Äquator verhöhnt, zum ersten Mal leibhaftig zu erschauen. Johann Rebmann (11) hatte gemeinsam mit Dr. Ludwig Krapf (12) im Jahr 1846 bei dem Küstenplatz Mombassa im Auftrag der Church Missionary

Society die Missionsstation Rabai mpia (Neu-Rabai) gegründet, wo noch heute das von ihnen errichtete Häuschen als Missionarwohnung dient. Von dort unternahm Rebmann im April 1848 seine erste größere Missionsreise nach dem Innern, um dem Land Dschagga, das ihnen so oft genannt worden war, das Evangelium zu bringen. Am 11. Mai, eine Tagereise von Taweta, schreibt er in

Johannes Rebmann, der als erster Europäer den Kilimandscharo erblickte

sein Tagebuch die schlichten Worte: »Wir sahen diesen Morgen die Berge von Dschagga immer deutlicher, bis ich gegen 10 Uhr den Gipfel von einem derselben mit einer auffallend weißen Wolke bedeckt zu sehen glaubte. Mein Führer hieß das Weiße, das ich sah, schlechtweg ›Kälte‹; es wurde mir aber ebenso klar als gewiß, daß das nichts anderes sein könne als Schnee.« »Alle die sonderbaren Geschichten von einem unzugänglichen, weil von bösen Geistern bewohnten Gold- und Silberberg im Innern, die ich mit Dr. Krapf seit meiner Ankunft an der Küste oftmals gehört hatte, waren mir nun auf einmal klar geworden.« Rebmann zog nach der Dschaggalandschaft Kilema weiter, wo er »den scheinbar nur wenige Stunden, in Wirklichkeit aber 1 – 2 Tagereisen entfernten, mit ewigem Schnee und Eis bedeckten Kilimandscharo erblickte, so oft er die Augen aufhob«, und kehrte im Juni mit der Kunde seiner wunderbaren Entdeckung nach Rabai zurück. Aber im November desselben Jahres war der unermüdliche Glaubensbote schon wieder auf dem Weg nach Dschagga. Vom Kilema nach Madschame vordringend, kam er »dem Kilimandscharo so nahe, daß er sein herrliches Schneehaupt sogar bei Nacht im Mondschein ganz deutlich sehen konnte«, und glaubte sich in Madschame selbst vom Fuß des Kibo »nur eine Stunde entfernt«. »Es sind zwei Hauptgipfel«, lautet sein Tagebuch, »die sich auf der gemeinsamen, etwa 10 Stunden langen und ebenso breiten Basis so lagern, daß zwischen denselben ein Sattel gelassen ist, der sich von Osten nach Westen 3–4 Stunden ausdehnt. Der östliche Berggipfel ist niedriger und von spitzigen Formen, während der westliche höhere eine prächtige Kuppe darstellt, die auch in der heißen Jahreszeit, wo der östliche Nachbar seine weiße Decke nicht mehr halten kann, mit einer Masse von Schnee bedeckt ist.« »Die Suaheli an der Küste heißen den Schneeberg Kilima-Ndscharo (Berg der Größe), die Dschagga aber nennen ihn Kibo, was zugleich den Schnee selbst bezeichnet.« Rebmann hatte richtig beobachtet bis auf die irrigen Größenangaben und die Deutung des Namens Kilimandscharo als »Berg der Größe«. Beide Irrtümer werden wir später richtigstellen können.

Im Februar 1849 nach Rabai zurückgekehrt, plante der wackere Missionar eine dritte, weitgehende Expedition »bis in die Mitte Afrikas« und brach zwei Monate später im April, trotz der Regenzeit und ohne irgendeinen anderen Schutz als einen Regenschirm mit 30 Trägern nach Dschagga auf. Wieder wanderte er dort von Kilema durch Uru nach Madschame zur Südwestseite des Kilimandscharo und kam da seiner Ansicht nach »der Schneeregion so nahe, daß, wären keine Abgründe dazwischen gelegen, sie nach 3–4 Stunden den Schnee erreicht hätten«. Krankheit und Entbehrungen zwangen leider Rebmann im Juni zur Heimkehr, aber sein Plan, möglichst »bis in die Mitte Afrikas« vorzudringen, wurde von seinem Mitarbeiter Dr. Krapf aufgenommen und auf anderen Wegen wenigstens teilweise zur Ausführung gebracht.

Noch im November desselben Jahres (1849) unternahm Krapf eine Reise nach Ukamba nordöstlich vom Kilimandscharo und hatte am 10. November von Maungu aus »eine schöne Aussicht auf den Schneeberg Kilimandscharo in Dschagga, der über Ndara und Bura hervorragte«. »Sogar in dieser weiten Entfernung konnte ich wahrnehmen, daß die weiße Materie, die ich sah, Schnee sein müsse.« Noch dreimal wurde Krapf auf seiner Ukambareise aus nah und fern des »Schneehauptes« des Kilimandscharo ansichtig und erhob damit Rebmanns Nachrichten über allen Zweifel. Die Höhe des Berges schätzte Krapf auf 12,500 englische Fuß.

Trotz dieser positiven Erfolge stellte der Londoner Geograph Desborough Cooley (13) nicht nur die Angaben beider Missionare plattweg in Abrede, sondern griff auch die bescheidenen Männer mit maßloser Heftigkeit an. Durch diese Angriffe wie durch seine späteren Ausfälle gegen den Reisenden von der Dekken ist dieser im übrigen verdienstvolle Gelehrte zu einer eigentümlichen Art von Berühmtheit gelangt, und seine Polemik sei hier registriert, weil sie durch das interessante Problem der Schneeberge Äquatorial-Afrikas veranlaßt worden ist. Rebmanns Entdeckung, so eiferte Cooley, beruhe lediglich auf Sinnestäuschung, denn der ewige Schnee könne nicht vorhanden sein. Krapf aber sei von einem ungerechtfertigten Ehrgeiz besessen, hänge blind an großen Problemen und scheine gänzlich jener geistigen Schärfe bar zu sein, ohne welche ein tätiger Verstand eine gefährliche Eigenschaft werde. Die Entdeckung des ewigen Schnees, an welche Rebmann und Krapf ihr Herz gehängt, trage geradezu einen gespenstischen Charakter. Damit glaubte Cooley, und viele andere mit ihm, die äquatorialafrikanischen Schneeberge für immer abgetan zu haben. Allein die Sache kam anders.

Ende Juli 1861 war der hannöversche Baron Klaus von der Dekken (14), der im Jahr vorher vergeblich versucht hatte, zum Nyassasee vorzudringen, mit dem englischen Geologen Thornton (15), dem früheren Begleiter Livingstones (16), in Dschagga angekommen und hatte im August die Besteigung des Kilimandscharo , dessen Schneekuppe ihnen längst vor Augen gestanden, von Kilema aus in Angriff genommen. Drei Tage stiegen sie im Urwald hinan, aber die Ungunst der Witterung zwang sie bei ca. 8000 Fuß Höhe zur Umkehr. Wie früher Rebmann, so wandte sich auch von der Decken von Kilema der Westseite des Kilimandscharo zu und sah dort den Kibo in vollster Klarheit. »Prächtig leuchtete die glänzende Kappe seines stolzen Hauptes, bei Sonnenuntergang mit zartem rosigen Licht übergossen.« »Weit jenseits erhebt der zackige Ostgipfel, eine rauhe, fast waagerechte Plattform bildend, sich jäh aus einer von Osten her in geringem Winkel ansteigenden Fläche; ein 3000 Fuß niedrigerer Sattel, gleichsam ein Thal zwischen zwei ungeheuren Wellen, trennt ihn von dem erhabeneren westlichen Dome.« Nach Europa zurückgekehrt, berichtete von der Decken: »Der Berg (Kibo), dessen Gipfel eine Kuppel bildet, ist etwa 20,000 Fuß hoch und in der Höhe über 17,000 Fuß mit Schnee bedeckt« und stellte damit die Richtigkeit der Angaben Rebmanns und Krapfs außer allen Zweifel.

Von der Decken ließ sich aber an seinem ersten Erfolg nicht genug sein. Im folgenden Jahr verband er sich mit Dr. Otto Kersten (17) zu einem zweiten Besuch des Kilimandscharo und erreichte im Dezember von Modschi aus eine Höhe von 13,000 Fuß. »Nachts schneite es tüchtig«, heißt es in seinem Bericht, »und am

Klaus von der Decken, der die erste wissenschaftliche Expedition zum Kilimandscharo unternahm

anderen Morgen sahen wir den Schnee zur Rechten und Linken unterhalb unseres Standpunktes liegen. Somit wird die Schneenatur dieses Berges wohl nicht mehr von dem obstinaten Cooley in Zweifel gezogen werden.« Heimgekehrt, fügte Decken die Beobachtungen hinzu, daß die Westspitze des Kilimandscharo 20,065 Fuß Höhe habe, die Ostspitze dagegen 17,340. Die Schneegrenze liege auf der Westspitze bei 16,400 Fuß; bei 9000 Fuß gebe es kein Wasser, bei 12,000 Fuß keine Vegetation mehr. Und vom Kibo äußerte Thornton die Ansicht, daß »der nordöstliche Teil noch den alten Kraterrand repräsentiere, während der südwestliche Teil, der einige tausend Fuß niedriger sei, zerstört zu sein scheine«. Das ganze Gebirge bestehe aus Lava, welche an der Luft erstarrt sei.

Der »obstinate Cooley« gab jedoch seine Sache nicht verloren und trat mit einem wahren Ingrimm gegen von der Decken auf. »Der Baron sagt, es habe bei Nacht stark geschneit; im Dezember, als die Sonne vertikal stand! Ich kann dem Baron nur Glück wünschen zu einem Schneefall, der so gelegen kam. Aber ich glaube eher an die Exzentrizitäten eines Reisenden als an solche der Natur. Der nächtliche Schneefall in der heißesten Jahreszeit unter dem Äquator, in 13,000 Fuß Höhe, ist offenbar herbeigeholt, um Krapfs wunderliche Behauptung, daß auf dem Kilimandscharo ewiger Schnee in 12,500 Fuß Höhe und tiefer liege, zu bestätigen.« Durch solche böswillige Auslegungen der Deckenschen Berichte verurteilte sich Cooley selbst. Es hätte Heinrich Barths (18) Eintreten für Decken nicht bedurft, um dem letzteren für seine und seiner Begleiter Aufnahmen des ostafrikanischen Bergriesen die volle Anerkennung der geographischen Welt zuteil werden zu lassen. Auch die Londoner Geographische Gesellschaft verlieh ihm ihre große goldene Medaille. Der Inhalt der von Dr. Kersten herausgegebenen Bearbeitung der Deckenschen Reisen ist von den nachfolgenden Reisenden nur durch wenige erheblich erweitert worden, und wenn H. H. Johnston (19) angibt, die Deckenschen Expeditionen hätten an naturwissenschaftlichem Material nur »einige Käfer und eine oder zwei Pflanzen« mitgebracht, so lehrt ein Blick in Kerstens Reisewerk, daß sich Johnston schlecht unterrichtet hat. Auch die Deckensche Karte des Kilimandscharo-Gebietes hat bis auf Höhnels (20) und meine Aufnahmen keine wesentlichen Berichtigungen und Vervollständigungen erfahren.

Neun Jahre lang blieb der Kilimandscharo unbehelligt von reisenden Forschern und forschenden Missionaren. Erst im Jahr

1871 finden wir wieder zwei Missionare, Charles New und R. Bushell, in Modschi und kurz nachher den ersteren von beiden auf dem Weg nach den oberen Gebirgsregionen. Durch stürmisches Wetter zurückgetrieben , unternahm New im August eine zweite Besteigung und gelangte diesmal im Südosten des Kibo, wo die eisige Haube bis auf die Basis des Bergkegels herabreicht, bis an den Schnee, von dessen Wirklichkeit er sich als erster Europäer handgreiflich überzeugen konnte. Seiner ziemlich unklaren Schilderung zufolge liegt dieser Punkt etwa in 4000 Meter Höhe. Wichtiger aber als dieser Besteigungsversuch ist seine Beobachtung von sechs verschiedenen Vegetationsregionen, die er vom Fuß des Gebirges bis zur Schneegrenze durchkreuzte. Auf der Rückkehr entdeckte New am Südostfuß des Kilimandscharo den kleinen Kratersee Dschala und ward durch diese Erfolge wie durch die Schönheit des Dschaggalandes so erfüllt von wissenschaftlichem Eifer für den Kilimandscharo, daß er zwei Jahre später noch einmal dorthin zurückkehrte, diesmal leider, um von dem habgierigen Häuptling Mandara bis aufs nackte Leben ausgeplündert zu werden. Er starb, krank an Geist und Körper, bevor er die Küste wiedergewann.

Das bittere Los News scheint die Europäer auf längere Zeit vom Besuch des Kilimandscharo-Gebietes abgeschreckt zu haben. Wieder vergingen 10 Jahre ohne Nachrichten von den ostafrikanischen Schneebergen, bis Dr. G. A. Fischer (21) im Jahr 1883 auf seiner Reise zum Naiwaschasee an der Südseite des Kilimandscharo entlang zog und die vorgelagerten Aruschaberge sowie den großen Nachbar des Kilimandscharo, den Meru, besuchte und kartographisch festlegte. Den Kilimandscharo selbst aber betrat kurze Zeit darauf der schottische Geolog Joseph Thomson, der ehemalige Begleiter von Keith Johnston (22), auf seiner Reise ins Massailand. Obwohl Thomson vom Gebiet Modschi des »abgefeimten Diebes Mandara« nur bis in die Urwaldzone zu 2700 m Höhe aufzusteigen vermochte, hat er doch durch den Vormarsch zu der im Westen des Kilimandscharo jenseits Madschame auslaufenden Schirakette und durch die Umgehung der Nordostseite des Gebirges neue Bahnen betreten, einen umfassenden Überblick über das ganze Bergsystem gewonnen und mit seinem offenen, vielgeübten Blick den geologischen Bau des Kilimandscharo erkannt. Daß die ganze Nordseite des Gebirges eine »ungewöhnlich steile Einöde ohne vortretende Hochflächen« sei und daß von der Nordseite nicht ein einziger nennenswerter Bach abfließe, hat vor Thomson niemand beobachten können, aber auch indem er mit vollendeter Anschaulichkeit den Mawensi als den ursprünglichen Eruptionsherd, den Kibo, aus dessen Gestalt er auf das Vorhandensein eines Kraters schließt, als die Bildung späterer Ausbrüche, die Hügel in Dschagga und am Fuß des Gebirges als die jüngsten vulkanischen Erzeugnisse darstellt, tut Thomson einen weiten Schritt in der Kunde des Kilimandscharo vorwärts.

Weniger fruchtbringend für die geographische Kenntnis des Kilimandscharo ist der auf Thomsons kurzen Besuch folgende sechsmonatige Aufenthalt seines Landsmannes H. H. Johnston gewesen. Diesem vom Kongo her mit afrikanischen Verhältnissen bekannten Reisenden war von der British Association und der Royal Geographical Society der Auftrag geworden, Afrikas höchsten Berg nach seiner Flora und Fauna hin zu erforschen, und Johnston hat dieser Aufgabe durch ein sechsmonatliches Sammeln an der Südseite des Gebirges gerecht zu werden gesucht. Wenn auch der Umfang seines gewonnenen Materials der langen Sammelzeit nicht ganz entspricht, hat doch Johnston daneben mit gewandter Feder ein Reisebuch geschrieben, das reich an anschaulichen und reizvollen Natur- und Menschenschilderungen ist und eine große Zahl sehr geschickter Zeichnungen enthält. Aber ebenso reich ist das Buch auch an phantastischen Übertreibungen, wo es sich um die Schwierigkeiten des Reisens, um eingebildete Gefahren, um Plänkeleien der Eingeborenen, um Zeit- und Größenmaße und ähnliches handelt. Seine auf die englische Annexion des Kilimandscharo-Gebietes hinzielende, der Wirklichkeit nicht entsprechende Darstellung der Handelsaussichten für diese Landstriche wäre geradezu eine Mystifikation, wenn sie nicht jeder unbefangene Leser durchschauen könnte. Unser topographisches Wissen vom Kilimandscharo ging ganz leer aus, denn Johnstons Karte ist eitel Phantasie ...

Mit dem Jahresschluß 1884 war Johnston nach England zurückgekehrt. Wohl auf seine glühenden Schilderungen hin beschloß die außerordentlich tätige Church Missionary Society die Gründung einer Missionsstation in Modschi und veranlaßte den Bischof Hannington, den nachmaligen Märtyrer von Uganda, Dschagga zu besuchen. Hannington kam im März 1885 nach Modschi und Marangu und sammelte bei dieser Gelegenheit unter anderem interessante Moose und Flechten, denen bis zu jener Zeit noch niemand Aufmerksamkeit geschenkt hatte, obwohl sie doch für die Pflanzengeographie des Hochgebirges mit am wichtigsten sind ... Nach Hannington walteten mehrere Missionare auf der neugegründeten Station Modschi ihres Amtes. Ihre Anbahnung britischer Interessen wurde aber unterbrochen durch den Zug der Emissäre Dr. Jühlke und Leutnant Weiß von der Deutsch-Ostafrikanischen Gesellschaft, welche kurz nach Mandaras Abkommen

Harry H. Johnston, von der britischen Königin seiner Verdienste wegen geadelt

mit dem englischen Sultansgeneral Mr. Matthews über Anerkennung der Oberhoheit des Sansibarsultans noch einen Vertrag mit Mandara über Anerkennung der Oberhoheit der Ostafrikanischen Gesellschaft schlossen, der später zur Abtretung des Kilimandscharo an Deutschland geführt hat.

Thomsons und Johnstons Reiseschilderungen gaben aber auch den Anstoß zu den beginnenden Jagdzügen vorwiegend englischer und amerikanischer Sportsmen ins Kilimandscharo-Gebiet. Unter ihnen hat die Jagdgesellschaft der Herren Willoughby und Harvey, die von ihrem Standquartier Taweta aus 1886 und 1887 den Berg nach verschiedenen Richtungen hin besuchten und bis zum Sattelplateau hinanstiegen, für die zoologische Kenntnis des Kilimandscharo umfangreiches Material gesammelt. Ihr System des Jagens jedoch, welches mit seinem Erstreben einer möglichst großen »Kopfzahl« eine verteufelte Ähnlichkeit mit Massenmord hat, verdient die allerschärfste Verurteilung. Andere Sportsmen sind ihnen gefolgt, und wenn es so fort geht, wird in absehbarer Zeit der reiche ostafrikanische Wildstand das Schicksal der südafrikanischen und nordamerikanischen Jagdgründe teilen: ausgelöscht zu sein aus dem Buch der Lebendigen.

Den größten Fortschritt seit den Zeiten von der Deckens machte unser Wissen vom Kilimandscharo durch die Expedition des ungarischen Grafen Teleki (23) und seines Reisegefährten Leutnant von Höhnel. Nachdem die beiden Reisenden in der Südebene von Taweta nach Kahe und zum Berg Meru neue Bahnen gewandelt, stiegen sie auf Johnstons Route von Marangu zum Sattelplateau auf, von wo es Teleki gelang, als erster Mensch am Kibokegel selbst bis ca. 4800 Metern emporzuklimmen, während wir Höhnel reiche Sammlungen und eine große Reihe wertvoller Ortsbestimmungen, Höhenmessungen und Peilungen verdanken, die sich auch auf die von der Expedition später umgangene Nordseite des Gebirges erstrecken.

Mit den vom Kilimandscharo gerade zurückgekehrten Herren Teleki und Höhnel traf meine erste Kilimandscharoexpedition im August 1887 in Taweta zusammen. Von ihnen beraten, drang ich mit Herrn von Eberstein über Marangu zum Sattelplateau vor und von dort an der Ostseite des Kibokegels über Schneefelder bis zum Eisabsturz der oberen Kibohaube in ca. 5500 Meter Höhe ... Bei Taweta begegneten wir danach einer Expedition der Deutsch-Ostafrikanischen Gesellschaft, die späterhin in Modschi und in Klein-Aruscha Stationen gründete und manches zur Kenntnis der Südebene beigetragen hat.

Einigen englischen Besuchern folgte im Frühjahr 1888 der amerikanische Naturforscher Dr. Abbott. Er hat in 1½ jährigem Durchstreifen des Landes ganz Dschagga und den Berg bis zum Sattelplateau hinauf untersucht und abgesammelt und die Botanik und Zoologie des Kilimandscharo mit großem Erfolg studiert. Mit ihm verband sich, während ich mit Dr. Baumann (24)

Usambara bereiste, im Herbst 1888 der für die Deutsch-Ostafrikanische Gesellschaft auf der Kilimandscharo-Station weilende Herr Otto Ehlers ...

Nach Ehlers, der irgendwelches wissenschaftliche Material von Belang nicht heimgebracht, aber hübsche humoristische Volksbilder aus Dschagga entworfen hat und dem Zug kolonialer und anthropologischer Ausstellungen durch Vorführung einiger Dschaggaleute in Deutschland gerecht geworden ist, haben wieder mehrere Missionare und Jäger die Dschaggalandschaften besucht, unter denen sich der Amerikaner Mr. Chanler durch die, wenn auch nur zu Jagdzwecken ausgeführte Umgehung des ganzen Gebirgsstockes ausgezeichnet hat. Ihnen folgte im September 1889 meine dritte ostafrikanische Expedition, und was sie zur Vermehrung unseres Wissens vom Kilimandscharo beigetragen hat, nachdem im Lauf der Jahrzehnte 49 Europäer das Gebirge zu den mannigfachsten Zwecken bereist und erkundet haben, das sollen die folgenden Blätter zu schildern versuchen.

Von Mombassa nach Taweta

... Auf dem Marsch wiederholt sich Woche für Woche das gleiche Tagewerk. Kaum graut der Morgen, so wecke ich vom Zelt aus mit lautem Ruf Ali, den ersten der Somali (25). Sofort wird es im Lager lebendig. »Ondoka, funga mkeka« (»Steh auf, schnür die Schlafmatte«) (26), tönt es wiederholt von den Lippen der beiden Niampara. Gähnend kriechen die Leute aus ihren Schlafmatten hervor, in denen sie an der Erde gelegen, wickeln sich ihr Gewand leibbindenartig um die Hüften und holen schlaftrunken ihre Lasten aus dem Zelt, in dem diese während der Nacht zusammengehäuft waren. Während die Somali und Zeltträger die Zelte umlegen und mit rhythmischem Gesang diese sowie die Feldbetten, Tische, Geräte usw. verpacken, hat der Koch eine Schale dampfenden Kakao fertiggebracht, den wir stehend mit etwas kaltem Fleisch verzehren. In weniger als einer halben Stunde vom Weckruf an ist die Karawane fertig zum Aufbruch. Sobald auf meine Frage: »tayari?« (fertig) vom Niampara »tayari!« geantwortet ist, nehme ich den Kompaß zur Hand, lese Barometer- und Thermometerstand ab, notiere die Uhrzeit und gebe mit lautem »haya!« (vorwärts) das Kommando zum Aufbruch.

Vor mir schreitet Muini Amani mit der eingerollten deutschen Flagge und der eingeborene Führer, falls ein solcher vorhanden ist, und mit dem ersten Schritt beginnt die mühevolle Arbeit der Routenaufnahme. Bei jeder geringsten Richtungsänderung des Pfades werden der Kompaß und die Uhr abgelesen und beide Werte flüchtig im Itinerar notiert; bei jeder merkbaren Niveauänderung wird der Aneroidstand beobachtet und ebenfalls im Itinerar vermerkt. Sobald aber ein hervorragender Hügel oder Berg sichtbar wird, wird er mit dem Prismenkompaß angepeilt und die abgelesene Gradzahl im Itinerar notiert. Auf diese Weise findet alle 2–3 Minuten eine Beobachtung statt, abgesehen von den Ablesungen ohne Stehenbleiben, und die Instrumente lege ich erst aus der Hand, wenn wir wieder im Lager angelangt sind.

Auf dem Fuß folgt mir Achmed, der Somali, mit meinem Jagdgewehr; denn an der Spitze des Zuges findet sich des öfteren Gele-

Eine Straße in Mombassa

genheit, vom Pfad aus ein Reb- oder Perlhuhn zu schießen oder einer fliehenden Antilope eine Kugel nachzusenden, falls die Karawane frisches Fleisch braucht. Nur eigentliches Jagen erlaubt die Marschdisziplin und die Routenaufnahme nicht. Hinter Achmed wandern, voran die bedächtigen Wanyamwesi (27), in möglichst geschlossener Linie die Träger, danach die Somali und zum Schluß die Niampara und Herr Purtscheller. Einer geht hinter dem andern, denn der gossenartig ausgetretene Pfad, die »große Karawanenstraße«, ist zu schmal für ein Nebeneinandermarschieren. Auf den früheren Expeditionen hatte ich einige Maskatesel mittreiben lassen, um im Fall ernstlicher Erkrankung Reittiere zu haben, habe aber für meine Person niemals Gebrauch gemacht. Diesmal hatte ich gar keine Esel mitgenommen und schreibe es gerade dem Umstand, daß ich jeden Kilometer meiner Reisen zu Fuß zurücklegte, also der starken Bewegung und dem lebhaften Stoffwechsel, zu, daß ich im Innern des Landes niemals einen schweren Krankheitsanfall gehabt habe.

Unter Lachen, Plaudern und Zurufen vergehen die ersten zwei Stunden ohne Unterbrechung. Dann gebietet das allmähliche Längerwerden der Kette die erste Rast. Unter einem am Pfad stehenden Schattenbaum wird Halt gemacht, und während sich die Karawane sammelt, von den Somali Bericht über Marschvorkommnisse erstattet wird und die Leute ihre Lasten von neuem schnüren und ordnen, peile ich terrestrische Objekte an und mache bei günstigen Gelegenheiten photographische Aufnahmen. Nach 20–30 Minuten geht es weiter. Die Sonne brennt, und die Karawane wird schweigsam. Nur die sich immer wiederholenden Warnrufe: »shimo«, »mawe«, »miti«, »miba«, »siafu«, »nyoka« unterbrechen die Stille, wenn auf dem Pfad ein Loch, Steine, Holzstücke, Dornen, Ameisen oder eine Schlange die Füße der wandernden Träger bedrohen. Nach 1½ stündigem Marsch wird die zweite Rast gehalten, und in dem Maß, in welchem die Träger müder werden, folgt nun etwa stündlich eine kurze Ruhepause.

Vor Mittag treffen wir gewöhnlich am Lagerplatz ein, wo von altersher die diese Route wandernden Karawanen an den vorhandenen Wasserlöchern oder Rinnsalen ihre Zelte aufzustellen pflegen. Auch wir schlagen die unsrigen auf, die Somali häufen die Lasten auf untergelegte Baumäste und Steine gegen Nässe und Termiten und bedecken sie mit einem regendichten Segeltuch, die Leute errichten sich aus Gras und Zweigen Schutzdächer für die

Nacht, und ich mache mich bei größter Sonnenglut mit dem Theodoliten an die Mittagsobservation, wobei mich Herr Purtscheller durch Ablesen der Uhrzeiten unterstützt. Wenn die Beobachtung beendet ist, hat auch der Koch einen kleinen Imbiß fertig, der uns nach getaner Arbeit vorzüglich mundet. Mit innigem Behagen stecke ich mir darauf mein Pfeifchen an und setze mich zur Rohkonstruktion der am Vormittag aufgenommenen Route nieder, während Herr Purtscheller die Umgebung zu botanischem und geologischem Sammeln abstreift. Die Leute kochen ihre Tagesnahrung, flicken ihre zerrissenen Gewänder, essen, lachen und schlafen. Einige unter ihnen, vor allem ein scheeläugiger Bursche mit Namen Hassani, spielen sich auf die rigorosen Mohammedaner hinaus und beten coram publico, so oft sich Zeit und Gelegenheit bieten.

Ist meine Kartenzeichnung beendet, so hänge ich das Gewehr auf die Schulter, lasse einen Somali den photographischen Apparat mittragen und suche in der Nähe weniger Wild als Bilder. Der Gefahr, vom Jagdeifer zu weit abgetrieben zu werden, bin ich nicht ausgesetzt, denn, zu meiner weidmännischen Schande sei es gesagt, die Jagd ist mir nur Mittel zum Zweck der Naturbetrachtung, und ohne das Bedürfnis nach frischer Fleischnahrung sowie ohne die absolute Sicherheit, des geschossenen Tieres habhaft werden zu können, lege ich vor dem Wild die Büchse nieder und beobachte die Tiere in ihrem freien Gebaren ...

Inzwischen ist die Sonne tief gesunken, Achmed und Mohammed haben den Speisetisch hergerichtet, und nachdem wir in unseren Gummiwannen ein frisches Bad genommen, setzen wir uns zur Hauptmahlzeit an den mit einem weißen Tuch nett gedeckten Tisch und entwickeln einen Appetit, wie man ihn eben nur bei solcher Lebensweise haben kann. Ich habe in Europa über Weniges verkehrtere Anschauungen gefunden als über das, was man auf afrikanischen Reisen zu essen pflegt. In außergewöhnlichen Verhältnissen ist natürlich öfters Schmalhans Küchenmeister, aber in den meisten Fällen des gewöhnlichen Reiselebens trägt nur das Ungeschick und die Unkenntnis des Reisenden Schuld, wenn er schlecht ißt oder gar darbt. Die Mannigfaltigkeit der afrikanischen Nahrungsmittel ist allerdings keine große und in den verschiedenen Landstrichen von sehr verschiedener Beschaffenheit, aber mit einiger Phantasie und gutem Willen läßt sich viel nachhelfen, und wenn man sich die Mühe nicht verdrießen läßt, dem

Koch immer wieder Anleitung in der europäischen Zubereitung des einheimischen Materials zu geben und mitunter selbst Hand anzulegen, kann man es ziemlich weit bringen. Ich habe grundsätzlich von Europa und Sansibar nur Kakao, Tee, Salz und Reis in größeren Mengen, konzentrierte Essigessenz, Pfeffer und Sacharin (anstatt Zucker) in kleiner Quantität mitgenommen, sonst gar keine Konserven bis auf drei Büchsen Corned Beef für äußerste Notfälle. An europäischen Getränken führte die Expedition nur zwei Flaschen Rotwein, zwei Flaschen Kognak und zwei Flaschen Portwein mit, von denen wir die ersteren im Anfang der Reise, den Kognak auf den kalten Höhen des Kilimandscharo und eine Flasche Portwein in Krankheitsfällen ausgetrunken haben, die

Karawanenträger

zweite Flasche Portwein aber zum größten Erstaunen unserer Freunde wieder nach Sansibar zurückbrachten. Wasser mit einigen Tropfen Essigessenz oder Zitronensäure und während des Marschierens Wasser mit ein wenig Tee bildete unser tägliches Getränk. Daß unsere Speisezettel trotzdem der Reichhaltigkeit nicht entbehrten, mögen nachstehende Beispiele zeigen. In menschenleeren Gegenden: Wildsuppe, Perlhuhn mit Reis, Tee; oder Reissuppe, Antilopenrücken mit wildem Spinat, Tee; oder Suppe von wilden Tomaten, Zebrakeule mit Reis, Tee usw.; in bewohnten Gegenden: Fleischbrühe mit Ochsenzunge, Rinderbraten mit frischem Gemüse, geröstete Bananen mit Honig, Tee; oder Milchsuppe, Hammelkoteletten mit Tomaten, Reis mit Bananen, geröstete Maiskolben, Tee; oder Eiersuppe, Hühnerragout mit gebratenen Bataten, Ziegenkeule mit Bohnen, Tee usw.

Nach der Mahlzeit wird das Pfeifchen angesteckt und bei Laternenschein das Tagebuch mit Tinte und Feder geführt. Dann folgt noch ein behagliches Plauderstündchen, und um 8 Uhr liegt das Lager schon im tiefen Schlaf. In wollenen Decken auf das Feldbett gestreckt, genießen wir schlummernd die erfrischende Nachtkühle, während bisweilen von der weiten Steppe her das ferne Brüllen des jagenden Löwen, das heisere Bellen des Leoparden, das klagende Heulen der Hyäne unser Ohr trifft, bis mit dem ersten Morgengrauen das Zwitschern der Dämmerungssänger zum neuen Tagewerk weckt.

Am Morgen des 6. September ließen wir die Küstenlande hinter uns. Nachdem an jedermann ein Gewehr ausgeteilt worden war, schlängelte sich die lange Kolonne über die aufsteigenden Bodenwellen hinauf zum Rande des Hochplateaus nach der Missionsstation Rabai. An dieser Terrainstufe ist die Vegetation noch unter dem Einfluß der feuchten Seewinde; der Regenwald überzieht Hänge und Mulden. Kurz unterhalb Rabai tritt noch einmal die Kokospalme in ausgedehnten Beständen auf, an deren Rand wir eine kleine Station der Britisch-Ostafrikanischen Gesellschaft passierten, die Station I auf der langen Linie zum Victoria-Nyanza hin, welche durch die Punkte Taita, Ukamba, Baringosee, Kavirondo festgelegt ist.

Mit großer Liebenswürdigkeit kamen uns in Rabai Mr. und Mrs. Burneß von der Church Missionary Society entgegen, so daß wir schon nach Verlauf einer Stunde mit zwei Rabaiführern und zehn Reisträgern diesen letzten Punkt europäischer Kultur verlassen konnten, um unsern Marsch in die Baumwildnis des Hochplateaus zu beginnen. Die heftigen Regengüsse der letzten Tage, die ersten Vorboten der Regenzeit, hatten sich, wie man uns sagen konnte, weit ins Land hinein erstreckt und am Pfade die Felslöcher wieder mit Wasser gefüllt. Unter ihrem Einfluß begann aber auch die Vegetation aus ihrem Schlaf der regenlosen Monate zu erwachen, sich zu regen und zu strecken.

Die weite Baumwildnis trägt den starren Charakter des Trokkenwaldes, in welchem immergrüne Arten mit blattwechselnden gemischt sind. Harte Gräser und niedrige Stauden bedecken den lehmigen Boden. In der Nähe der Küstenlande stehen die Bäume ziemlich dicht, aber auch da ist ihr Wuchs nicht schlank und hoch wie in den Uferwäldern der Wasserläufe und im Gebirge, sondern ihr Stamm ist ärmlich und rissig, ihre Äste sind knorrig und voll abgestorbener Zweige. Inseln und Bänder von undurchdringlichen Sukkulentendickichten durchsetzen die Baumbestände nach allen Richtungen. Je weiter der Reisende nach dem Innern eindringt, je weiter er aus dem befeuchtenden Bereich des Meeres kommt, desto mehr findet er in der Organisation der Pflanzenwelt Schutz gegen Verdunstung ausgesprochen. Schon in der Nähe der drei Tagereisen von der Küste entfernten Tarohügel verschwinden die immergrünen Formen und überwiegen die Dornengewächse über andere Bestandteile. Gegen die Maunguberge zu geht der Trockenwald in einen lediglich drei Arten enthaltenden »Weißdornbusch« über, an welchen sich jenseits der schmalen Scheidewand der Maunguberge unvermittelt die Baumsteppe anschließt, anfangs mit einzelnen Dornbusch- und Buschwaldparzellen untermischt, später, jenseits der Taitaberge, in ihrer ganzen trostlosen Offenheit.

So teilt sich dieser Landstrich zwischen der Küste und dem Kilimandscharo im Wechsel der klimatisch-geognostischen Bedingungen in vier pflanzengeographische Regionen, welchen auch die sie mitbedingende größere oder geringere Wasserhäufigkeit entspricht. Bis Taro hin findet sich während der trockenen Jahreszeit doch an mehreren Stellen Regenwasser in Felslöchern und Sümpfen, zwischen Taro und Maungu fehlt es gänzlich, ebenso zwischen Maungu und Ndara-Taita sowie zwischen Taita und Taweta, während auf der Höhe von Maungu und am westlichen Ndara-Abfall Regenlochwasser zu finden ist und in Taita sogar zwei fließende Bächlein vorkommen. Wenn es regnet, findet sich außerdem noch vor Maungu und zwischen Taita und Taweta Wasser in kleinen Sümpfen ...

Am Mittag unseres ersten Reisetages schlugen wir unser Lager an dem bis auf einige Wasserlöcher ausgetrockneten Moadjebächlein auf, wo ich auch vor zwei Jahren mit Herrn von Eberstein mein erstes Lager gehabt hatte. Ein paar große, dichtbelaubte

Wasserlöcher in den Felsen von Taro

Mangobäume, die wahrscheinlich aus den weggeworfenen Kernen von Früchten, welche Karawanenträger von der Küste gebracht, entsprossen sind und am Wasser, nicht zu fern vom Meer, noch ein ausreichendes Fortkommen gefunden haben, beschatteten unsere Zelte. An den Lasten gab es nach dem ersten Marschtag erklärlicherweise vielerlei neu zu ordnen und zu ändern. Die Träger fanden sich aber schnell darein, ebenso wie in die Maßregel, daß ich ihnen bei Ankunft am Lagerplatz alle Gewehre zur Verhütung von Desertionen wegnehmen ließ, und tanzten und sangen abends bei Vollmondschein wie besessen bis tief in die Nacht hinein.

Als ich nach köstlich kühler Nacht aus dem Zelt in den taufrischen Morgen hinaustrat, bemerkte ich zwei der gestern gemieteten Rabaileute, die sich in aller Stille aus dem Lager zu entfernen suchten. Obwohl ihre Reislasten schon aufgezehrt waren, ließ ich sie des Prinzips halber von drei Somali ebenso still wieder einfangen und fernerhin in alten Petroleumkannen, die ich zum Zweck des Wassertransports in Mombassa gekauft hatte, schon jetzt Wasser für den Gebrauch auf dem Marsch mitschleppen. Aus den Büschen am Bachrand gluckten die wilden Perlhühner (Kanga), als wir uns in Bewegung setzten, und bald brachte Ali zwei fette Hennen für die Küche. Die ebene, graugrüne Waldwildnis der Landschaft Duruma mit ihrem gänzlichen Mangel an Ausblicken auf das Umland verschlang uns wieder für einige Stunden. Außer unserem Pfädchen und gelegentlich einem Fetzen Baumwollenzeug an einem Dornenast weist hier nichts auf die vorübergehende Anwesenheit von Menschen hin. Tiere des Waldes, wie in unseren nordischen Ländern, gibt es hier scheinbar nicht. Das große Wild scheut die Dickichte, wo sich ihm das Raubzeug ungesehen nähern kann, und sucht die offenen Baumsteppen auf; die Vögel aber werden erst bemerkbar, wenn sie nach Eintritt der regelmäßigen Regenzeit zur Paarung schreiten und ihre Stimmen erschallen lassen. Erst dann werden auch die Kerbtiere lebendig, die jetzt, außer großen Tausendfüßlern, gänzlich zu fehlen scheinen. So weit ist aber die Jahreszeit noch nicht. Die Vorregen sind unregelmäßig, waren vor einigen Tagen morgens um 4 Uhr gefallen, dann ausgeblieben und setzten nun um 11 Uhr vormittags ein, um eine Stunde lang in einzelnen kurzen und heftigen Güssen anzuhalten.

Mit triefenden Gewändern erreichten wir den aus aneinander gereihten Löchern bestehenden Magungabach und lagerten an seinen stark alaunig schmeckenden Wassern unter einer Sykomore. Vor zwei Jahren waren mir hier fünf Mann auf Nimmerwiedersehen davongelaufen mit Koffern, die unsere wertvollsten Ausrüstungsgegenstände, wie Karten, Ferngläser, Wollkleidung und anderes, enthalten hatten. Diesmal schien es ebenfalls zu einer kritischen Wendung kommen zu wollen, denn wie am Tag vorher, so ließ ich den Leuten auch diesmal wieder ihre Gewehre abnehmen und erregte damit einen Sturm von Unwillen unter denjenigen, welche sich mit Fluchtgedanken getragen hatten. Ein Haupträdelsführer veranstaltete eine große Deputation, um mich zur

Herausgabe von Gewehren und Munition in diesem »gefährlichen Feindesland« zu bewegen. Ich machte mich jedoch in wohlgesetzter Rede lustig über die angeblich Furchtsamen, bekam dadurch die Lacher auf meine Seite und hatte das Spiel gewonnen. Immerhin ließ ich die Somali in der Nacht scharf Wache halten und kontrollierte sie mehrfach bis zum Morgen.

Je weiter wir landeinwärts dringen, desto dürrer wird die Landschaft. Die Vorregen haben hier noch nicht viel von sich spüren lassen. Streckenweise haben frühere Grasbrände dem Boden eine tiefschwarze Färbung gegeben, so daß man mitunter an Humusbildung glauben könnte; wo aber ein Termitenhügel aufgehäuft ist, kommt die wahre rote oder gelbbraune Farbe des porösen Lateritgrundes verräterisch zum Vorschein. An anderen Stellen besteht der Boden aus einem gelblichen Sande, an dritten aus breccienartigen rötlichgrauen Sandsteinen, die erkennen lassen, daß wir die Region der Schiefertone hinter uns haben und in die der Sandsteine, der schmalen Kohlenregion Ostafrikas eingetreten sind. Gleichzeitig hebt sich das Land merklich.

Der Tag war sehr heiß, und die Träger ächzten; aber die an der Spitze marschierenden Wanyamwesi sangen aufmunternde kurze Strophen, und im Mitsingen des Refrains kamen die Suaheli (28) vom Fleck, ohne es selbst recht zu wissen. Nach Passierung der trockenen Wasserlöcher von Goreh trafen wir in Samburu reichliches schlammiges Wasser in großen Felsenbecken. Ins Lager kamen aus den im dichten Busch der Umgebung versteckten Waduruma-Dörfchen (29) Eingeborene (30) mit Ziegen und Rindern zum Verkauf, und froh, einen solchen Magnet für meine Leute gefunden zu haben, erhandelte ich einen Ochsen, um ihn bis zum nächsten Lagerplatz mittreiben zu lassen.

Obgleich wir Europäer in der Nacht gemeinsam mit den Somali auf Posten standen, gelang es doch drei Suaheliträgern, sich unbemerkt, vermutlich kriechend , wegzustehlen und ohne Waffen und Waren davonzulaufen. Es waren die unsicheren Burschen, deren Verlust mich wenig schmerzte, weil ich nun der übrigen um so sicherer war; denn wer an dieser letzten bewohnten Stelle vor dem Eintritt in die Taitawildnis nicht weggelaufen war, durfte mit Recht als williger Gefolgsmann angesehen werden. Und zunächst fesselte sie ja auch noch die Aussicht auf saftiges Ochsenfleisch.

Das störrische Tier durch die Dickichte zu treiben, in welchen der

Pfad oft kaum Raum für einen belasteten Träger bot, war eine schwere Aufgabe; sie wurde indes von Muini Amani und dem Somali Arali prompt gelöst, obgleich die beiden Nomaden dabei über irgendeine Frage in Streit gerieten und sich die Köpfe blutig schlugen. In einstündigem Marsch durchzogen wir die im Wald gerodeten Felder der Samburuleute (31), die mit fleißigen Händen beschäftigt waren, den Boden zu klären, um ihn bei der beginnenden Regenzeit von neuem mit Mais und Bohnen zu bestellen. An den mehrfach zu Tage tretenden Sandsteinkuppen ist Regenwasser in Felslöchern (Ngurungas) vorhanden. Das Terrain wird weiterhin etwas welliger und hebt sich schließlich zu den runden Hügeln von Taro an, wo die letzten Ngurungas vor Maungu den Karawanen das nötige Naß bieten. Gegen Mittag bezogen wir auf den Tarohügeln Lager, gerade rechtzeitig, um auch diesen Punkt astronomisch zu bestimmen ...

Mit soviel Wasser, wie nur jeder in seinen Kalebassen fassen konnte, und dazu mit fünf in die alten Petroleumtins gefüllten Wasserlasten begannen wir am nächsten Morgen unseren zweitägigen Gewaltmarsch durch die wasserlosen Dornenwildnisse nach Maungu. An den eine halbe Stunde jenseits Taro in flachen Sandsteinplatten liegenden Makanga Ngurungas erwartete uns ein Dutzend Wataita-Männer (32), die sich uns bis nach Taita anschließen wollten und sich zum Teil von unseren Karawanenleuten zum Tragen der Lasten mieten ließen. Natürlich geschieht das Mieten auf Kosten des betreffenden Trägers. Es ist dies ein bei

Wataita, zum Markt kommend

den Suaheli sehr beliebtes Geschäft, solange sie noch ein Stück Zeug und ein paar Perlen besitzen, und ich habe Träger gehabt, die sich von ihrem wöchentlichen Poscho (Verpflegungswaren) so viel abzusparen wußten, daß sie sich fast immer einen eingeborenen Träger für ihre Last mieten konnten und selbst als »große Herren« hinter ihrem Ersatzmann herschlenderten. Zu essen fanden sie in einer Freundesschüssel dann immer noch genug.

Ruhepausen wurden auf diesem Marsch nur alle 2–3 Stunden gemacht, und doch blieb die Karawane geschlossen bis zum Abend. Schweigsam und rastlos wanderte der Zug durch die Büsche und Dickichte. Um Mittag ruhten wir eine Stunde am ausgetrockneten kleinen Sumpf Siwa la Madjume. Und als wir zum heißen Gang wieder aufbrachen, traten uns von der anderen Seite aus den Bäumen einige dreißig fremde Träger entgegen, die uns nach kurzem »Jambo, jambo sana« und »Habari gani?« (»Was gibt's Neues?«) erzählten, daß sie vom Kilimandscharo kämen, wo sie von dem jetzt in Dschagga wohnenden amerikanischen Naturforscher Dr. Abbott entlassen worden seien, und zur Küste heimkehren wollten. Die Gesellschaft, welche ein paar Esel mitführte und bis auf zwei Halbblutaraber höchst sonderbar zusammengewürfelt aussah, kam mir aber ziemlich verdächtig vor, und später in Taita stellte es sich heraus, daß die Sprecher Sklavenhändler gewesen waren, welche 20 Dschaggasklaven (33) zur Küste brachten. Doch erhielten wir von ihnen allerlei wünschenswerte Aufschlüsse über den Zustand unseres ferneren Weges, Wasserverhältnisse, Massaigefahr (34) und anderes und trennten uns mit wohlgemeintem »Kuaheri« (»Lebt wohl«).

Allmählich wird bei unserer raschen Fortbewegung nach Westen eine Veränderung im Aussehen des Bodens und der uns umgebenden Vegetation bemerkbar. Der Sandstein ist verschwunden und hat kristallinischen Schiefern, Gneisen, metamorphischen Gesteinen Platz gemacht, die, durch die mächtigen klimatischen Faktoren in unfruchtbaren roten Laterit zersetzt, einander sehr ähneln. Der Baumwuchs wird niedriger, die Bestände werden offener, die Sträucher spärlicher, und der mit vereinzelten Grasbüscheln bestandene Lateritboden entschleiert zwischen den grauen Bäumen und Büschen sein rotes Antlitz immer mehr. Aber gerade darum gibt vielfach das Rot der Erde mit dem Hellgrau der flechtenbewachsenen Stämme und Äste und dem Blaugrün der ersten Blättchen ein farbenfreundliches Bild.

Die Routenaufnahme verlangt in diesen Wildnissen, wo kein Ausblick auf irgendwelche Peilpunkte geboten ist, doppelte Genauigkeit und ist mir an diesen Tagen herzlich sauer geworden. Deshalb begrüßte ich es am Spätnachmittag freudig, als im Süden für einen Augenblick die schroffe Pyramide des Kisigaoberges sichtbar wurde. Aber die Träger murrten über den kurzen Aufenthalt. Die Wasserlasten hatte ich schon vorher vorausgeschickt, damit sie an einer fernen Biwakstelle im Walde den Nachkommenden ein begehrenswertes Ziel sein sollten. Und so strebten die Durstigen und Müden gegen Abend und nach Sonnenuntergang im rasch eintretenden Dunkel, unter beständigem »Selemá, Selemá, Selemá« (»Lauft, lauft, lauft«) der Wanyamwesi und »Peleka msungu« (»Fördert den Europäer«) der Suaheli, durch den immer dorniger werdenden Baumwuchs stolpernd dem Nachtlager zu, bis endlich die Biwakfeuer der Wasserträger durch die Bäume leuchteten. Mit Gier schlürfte nun jeder seine Wasserportion, die Ali sparsam austeilte, denn den eigenen Wasservorrat hatten sie längst auf dem Marsch getrunken. Dann kaute jeder eine Handvoll Reis oder Mais, der von der letzten Mahlzeit übriggelassen war, wir selbst verzehrten eine am schnell lodernden Feuer erhitzte Erbssuppe und folgten dem Beispiel der anderen, indem wir uns in unseren Decken neben die ordnungslos zerstreuten Lasten streckten und schliefen. Dieses »Kulala mpolini«, das Nächtigen an einem Orte, der nicht ein altgewohnter Karawanenplatz ist, ist dem konservativen Sinn der Träger ein wahrer Greuel, besonders wenn der Ort offen, ohne Busch oder Baum ist, denn da kann der Mann nicht unterkriechen, sich nicht anlehnen, seinen Kram nicht aufhängen; er hat gewissermaßen »Platzfurcht«. Hier gab es jedoch Büsche in Fülle, und die übergroße Müdigkeit ließ alle anderen Gefühle schweigen.

Vom starken Taufall durchnäßt und fröstelnd erwachte ich um 2 Uhr morgens. Der volle Mond stand im Zenit. Die helle Nacht konnte vorzüglich zum Marsch benutzt werden, und ohne Zögern weckte ich die schnarchenden Schläfer. Die Karawane war rasch auf den Beinen. Die beiden Wasserlasten, welche uns von gestern abend übriggeblieben waren, schickte ich mit zuverlässigen Leuten wieder voraus, damit sie halbwegs zu dem Maunguberge uns noch einmal Trank spenden sollten, und setzte, an der Spitze des Trägerzuges marschierend, die Kompaß- und Aneroidarbeit des Vortages beim Schein eines Blendlaternchens fort. Fast lautlos

winden wir uns zwischen den langdornigen, im Mondlicht wahrhaft gespenstig grauen Bäumen fort. Durch den Dornenwuchs zu stetem Ausweichen gezwungen, schlängelt sich der Pfad in weiten Bogenlinien dahin und verlängert dadurch die Marschentfernung um mehr als das Doppelte der Luftlinie. Der Mond sinkt langsam unter den Horizont, und nach kurzem Dämmerlicht steigt am flammenden Osthimmel die Glutsonne empor, um uns von neuem zu peinigen.

Wir sind in der letzten Stunde schnell aus der bisherigen Trokkenwaldregion herausgekommen und wandern nun mitten in der Weißdornwildnis. Das Landschaftsbild ist meilenweit vollkommen das einer im freien gerodeten Feld angelegten Obstbaumpflanzung. Durch die Nährbedingungen der Luft und des Bodens sind die 2–4 Meter hohen pyramidenförmigen Bäume in regelmäßigen Abständen von 3–4 Meter über die Ebene verteilt und haben in ihrer kurz über dem Boden beginnenden Verzweigung, ihren hellgrauen, vielfach mit Flechten bezogenen Stämmen und Ästen, ihrer starren Zweigbildung und ihrer starken Dornent-

Die ostafrikanische Steppe

wicklung auffallende Ähnlichkeit mit winterkahlen Holzbirnbäumen. Der zinnoberrote Lateritboden trägt nur noch an einzelnen Stellen ein wenig Graswuchs; Sträucher und Stauden fehlen. Eine dünne Schlingpflanze mit $1/2$–1 Meter hohem sackförmigen Knollenstamm ist der einzige stete, wenn auch nicht häufige Begleiter der Dornenbäume durch den ganzen Landstrich …

Endlich ward links vor uns, im Nordwesten, der wolkenschwere Maunguberg sichtbar. Die gänzlich ermatteten Träger, die 20 Stunden lang Lasten von 70–80 Pfund geschleppt, wenig getrunken, noch weniger gegessen und kaum geschlafen hatten, faßten wieder Mut, und unter erneutem Zuruf und Antrieb ging es bis zu der Stelle, wo die vorausgeschickten letzten beiden Wasserlasten meiner Weisung gemäß uns erwarteten. Wie köstlich mundete den Durstgequälten die graue, in den Blechgefäßen mehr als lauwarm gewordene Flüssigkeit; kein Tropfen ging verloren. Nun strebte jeder nach besten Kräften dem Lagerplatz am Berg zu, von dem uns noch ein langgestreckter Gneisrücken trennte. Die Ordnung löste sich zum Schluß auf, aber bis Mittag war die Karawane vollzählig unter den Sykomoren des Maungulagers versammelt und labte sich an dem Regenwasser, das freilich erst von halber Bergeshöhe aus den dortigen Ngurungas herabgeholt werden muß.

Von unserem über der Ebene erhöhten Standpunkt aus genoß man nun endlich einmal einen freien Rundblick auf die nahe und ferne Umgegend, was uns im Wald bisher versagt gewesen war. Hinter uns türmt sich der mit Baumeuphorbien bewachsene Maunguberg steil 200 Meter hoch auf, östlich von ihm dehnt sich ins Unabsehbare die ebene Baumwildnis, der wir entronnen sind, westlich von ihm und durch ihn scharf von den östlichen Vegetationsformationen getrennt, erstreckt sich die buschige Baumsteppe bis zu den Ndara- und Taitabergen, die als dunstige, langgestreckte Mauer nach Norden verlaufen. Freilich ist wenig Relief in diesem Bild, aber man ist auch für weniges dankbar in diesem Teil von Ostafrika. Im übrigen suchte und fand ich in ausgiebigen Instrumentarbeiten Befriedigung.

Das einsame Maungulager ist kein fesselnder Aufenthalt für eine Küstenkarawane. Ich fertigte deshalb am Abend die aus Rabai mitgenommenen Reisträger ab, da ihre Lasten aufgezehrt waren, und schickte sie mit Briefen für Sansibar und Europa zur Küste zurück. Daß mit ihnen von meinen Leuten jetzt noch einer davonlaufen würde, war nicht mehr zu befürchten, nachdem sie die böse Strecke Taro-Maungu hinter sich hatten. Doch war nach den vorausgegangenen Beschwerden auch die achtstündige Wanderung nach Ndara am folgenden Tage recht mühsam …

Als Richtungszeichen bleibt auf dem ganzen Marsch der schroffe Südfels der Ndarakette in Sicht, den wir südlich umgehen müssen, um an der Westseite der Ndaraberge wieder Wasser anzutreffen. Langsam nähern wir uns den Manyanihügeln, welche südlich Ndara vorgelagert sind. In der Einsenkung vor ihnen nimmt der Laterit jene nach Humus aussehende dunkelbraune Färbung an, welche stets mit der allerdürftigsten Vegetation, mit Knollendornmimosen und Aloes, zusammen geht. Die außerordentlich rissige Bodenbeschaffenheit deutet auf ungenügenden Wasserabfluß in der Regenzeit, das Haupthindernis des Baumwuchses, und auf starke Auslaugung durch Schwemmwasser hin.

Zu den Hügeln aufsteigend, passieren wir mehrere trockene

Bachrinnen, weiterhin den im Dorngestrüpp gelegenen Lagerplatz Marago ya Kanga, wo ich im Juli 1887 genächtigt hatte, und winden uns, während zu unserer Rechten oben auf waldiger Bergeshöhe ein Gewitter niedergeht, in der trockenen Glut der Ebene um den mit riesigen blattlosen Baobabs oder Affenbrotbäumen bestandenen Südfuß des Ndarafelsens herum zur Westseite der Bergmauer. An der gewaltigen kahlen Gneiswand, welche den größten Teil dieser Gebirgsseite bildet, schlenderten wir am Nachmittag in weit auseinander gezogener Kolonne entlang, bis endlich am oberen Bergesrand die Hütte der Missionsstation Sagala und unten neben einigen alten Sykomoren ein kleiner Wassertümpel sichtbar wurden: letzterer Platz war unser Ndaralager.

Als wir unsere Zelte aufstellten und durch Schüsse der Missionsstation unsere Ankunft anzeigten, ertönten auch von oben Schüsse zur Anwort, und bald darauf konnte ich mit dem Fernglas erkennen, daß ein tropisch gekleideter Europäer mit einigen Schwarzen an der felsigen Berglehne herabzuklettern begann. Eine Stunde später begrüßte ich Mr. Wray von der Church Mission am Zelt. Er hatte, ohne zu wissen, wen er zu besuchen kam, frische Butter, Milch und ein paar Kohlköpfe als Gastgeschenk mitgebracht und fand bei uns sehr viel Verständnis für solche seltene Leckerbissen. Unsere Nachrichten von der Küste wurden gegen die seinigen aus dem Inneren ausgetauscht, und allzu schnell zwang die sinkende Sonne den interessanten Mann zur Heimkehr in die Berge, wo ich ihm für den nächsten Tag einen Besuch versprach.

In nächster Nähe der Ndarabevölkerung (35), welche bei den Karawanen in keinem guten Ruf steht, war es geboten, meinen Leuten in der Nacht ihre Gewehre zu lassen und Munition dazu zu geben. Es war aber auch zu erwarten, daß die Kerle trotz strengen Verbots im Schutz der dunkeln Nacht wie unartige Kinder sich an überflüssigem Knallen belustigten; und dies dauerte so lange, bis einer eine volle Pulverladung auf den Rücken bekommen hatte. Dann war Ruhe. Beim stillen Glanz des Zodiakallichtes hörte ich noch lange dem gemütlichen Quaken eines im nahen Pfuhl sitzenden Frosches zu und ließ die bisherigen Reisebilder noch einmal vor dem innern Auge vorüberziehen, bis mir die Lider zusanken.

Die Anstrengung der letzten Marschtage erforderte die Einschaltung eines Ruhetages, denn die meisten Träger hatten Fußwunden und hinkten. Mir kam die Rast der Karawane sehr gelegen zu einer umfangreichen astronomischen Breiten- und Zeitbestimmung. Den Vormittag aber benutzte ich zu einem Besuch der Missionsstation, deren kühle Höhe ich auf steilem Pfad in einer Stunde erkletterte. Mr. Wray war gerade vor seiner Wellblechhütte beschäftigt, eine primitive Zuckerpresse zu konstruieren, denn Zuckerrohr gedeiht hier oben vorzüglich. Neben der Hütte trocknete die Haut einer Löwin, die der weidlustige Missionar 14 Tage vorher unten an unserem Lagerplatz auf dem nächtlichen Anstand geschossen hatte. In seiner Bude aber sah es so kraus aus, wie es eben nur bei einem einsamen Junggesellen im Innern Afrikas aussehen kann, der acht Jahre lang nicht von seiner Station weggekommen ist. Am merkwürdigsten war mir ein in der Ecke stehender eiserner Ofen, dessen Notwendigkeit während der kühlen Juni- und Julinächte für das Klima dieser nur 200 Meter über der Ebene liegenden Höhenzone bezeichnend ist.

An dem die Wellblechhütte umlagernden Haufen von Bienenkorbhütten der Ndaraleute ist nichts Bemerkenswertes, ebensowenig an den ohnehin viel beschriebenen wenigen Bewohnern selbst, jenseits aber senkt sich ein liebliches, bachdurchflossenes Hochtal ab, in welchem Zuckerrohr und Bananen neben europäischen Gemüsen üppig gedeihen. Schmuckes Rindvieh weidet an den grasigen Tallehnen. Das Gestein ist, wie am äußeren Gebirgsabhang so auch hier oben, ein so derber, quarziger Gneis, daß man ihn mitunter für Granit halten könnte.

Lange schauten wir dem mannigfaltigen Spiel der Wolken zu. Die vom Meer herüberwehenden Passate treffen nach ihrem weiten Zug über die östlichen Ebenen zum erstenmal in Ndara auf Widerstand und verdichten auf den kühlen Bergeshöhen ihren Gehalt an Wasserdampf zu Wolken, die sich teilweise niederschlagen, teilweise westwärts zu den Taitabergen weiterziehen, um auch diesem Gebirge Regen zu bringen. Dann ist ihr Feuchtigkeitsgehalt erschöpft; die Baumsteppen jenseits Taita liegen im »Regenschatten« der Berge.

Aus der Ebene herauf wehen aber auf allen Seiten des Gebirgsrandes mit dem Aufsteigen der erhitzten Luft tagtäglich Steigungswinde, und unter ihrem Einfluß wallen und wogen die Wolkenmassen über den Bergen durcheinander, daß keine Hauptrichtung mehr zu erkennen ist, bis sich gegen Abend nach Abkühlung der Ebene die Steigungswinde in Fallwinde umsetzen und der

Wolkenzug, sofern ein solcher noch in der abgekühlten Luft vorhanden ist, wieder ungehindert der Ost-Westrichtung des Passates folgen kann.

Der Blick reicht von der Höhe nach Süden zum einsam ragenden Kisigaoberg und darüber hinaus bis zu den graudunstigen Usambarabergen, nach Südwesten zum Parehgebirge und nach Westen zur Taitakette, die in parallelem Verlauf mit den Ndarabergen sich von Süden nach Norden erstreckt. Wie Inseln mit steilen Ufern erheben sie sich alle aus dem bewegungslosen grauen Ozean der Baum- und Steppenebenen. Während aber der klare Meeresspiegel im Spiel der leichtbeweglichen Wellen ein Bild des Lebens ist, liegt die unabsehbare Baum- und Grassteppe starr und tot und erfüllt darum in ihrer Unbeweglichkeit das Gemüt viel mehr mit dem Gefühl der Unendlichkeit, regt den Geist weit mehr zu Reflexionen höherer Ordnung an als der Anblick des Ozeans.

Nach herzlichem Abschied von dem Einsiedler auf Sagala kehrte ich zur Mittagsobservation hinab ins Lager zurück. Im Lauf des Nachmittags erkrankte daselbst einer der besten Träger so heftig an blatternverdächtigen Erscheinungen, daß ich ihn notgedrungen unter der Obhut des wohlwollenden Mr. Wray zurücklassen mußte, als sich am folgenden Morgen die Karawane wieder in Gang setzte. Keiner anderen Ansteckungsgefahr ist der Neger (36) so sehr ausgesetzt wie den Blattern; ganze Expeditionen sind durch diese Seuche bis auf den letzten Mann dahingerafft worden. Ich hatte mich deshalb für alle meine Leute reichlich mit Lymphe zur eventuellen Impfung versehen. Allein es blieb bei dem einen Fall, und auch diesen Kranken konnte ich zwei Monate später, auf dem Rückweg, genesen zur Küste zurückführen.

Nach Verlassen des Ndaralagers traten wir in einen Teil der Strauchsteppe ein, welche, im Regenschatten der Ndaraberge gelegen, einen entsetzlich vermoderten Eindruck machte. Nicht braungrau, wie früher, sondern aschgrau ist die Grundfarbe der Landschaft. Trotz dieser Beschaffenheit wechseln aber große Antilopen und Löwen durch diese trostlose Gegend, wie wir mehrfach an den Spuren erkennen konnten. Nach zweistündigem Marsch überschritten wir den Gogolonirücken, welcher mit scharfem Quarzgerölle die Ebene zwischen Ndara und Taita durchsetzt, und wanderten auf den trotzigen Dschaviafels, die Südspitze von Taita, los, der, wie früher der Ndarafels, eine hochra-

gende Landmarke bildet. Gegen Mittag sahen wir das breite , tief eingesenkte Tal des Matatebaches unter uns und lagerten eine halbe Stunde später nach Durchwaten des schlammigen Gewässers am Fuß des Dschaviaberges auf unserem alten Lagerplatz von 1887, dessen grünfrische Umgebung wieder wie vor zwei Jahren elektrisierend auf die Leute wirkte.

Bald entfaltete sich auf unser Schießen hin ein reges Marktleben um unser Lager her, und Träger wie Herren schwelgten in Zuckerrohr- und anderen Fruchtgenüssen. Auch zu Zank und Streit kam es in kurzer Zeit, denn die Wataita von Matate stehen mit Recht in dem bösen Ruf, die gewandtesten Diebe und Betrüger dieser Gebiete zu sein, während von ihren Weibern die Erfahrung weit Schlimmeres verzeichnet. Auch unter meinen Karawanenleuten trugen sich nicht wenige noch Monate nachher mit

Auf Expedition in Ostafrika

Denkzetteln an ihre Matate-Schäferstündchen. Daß es den Suaheli in Matate gefällt, ist begreiflich; allgemein wurde der Wunsch nach einem zweiten Rasttag laut. Jeder Tag mehr in diesen Gegenden war aber von vornherein eine Beeinträchtigung unserer Unternehmungen am Kilimandscharo, da die Regenzeit nicht mehr fern war, während welcher in den Bergen voraussichtlich nichts anzufangen war …

Der Pfad führt durch Gestrüpp steil zur Südlehne des schroffen Dschaviaberges empor. Bevor er aber die halbe Höhe erreicht hat, schlägt er horizontale Richtung ein und zieht sich unter den nackten Gneiswänden in etwa 100 Meter Höhe über der Ebene am Bergabfall hin, mit ununterbrochen schöner Aussicht nach links auf die Südebene. Dicke Schichten von schneeweißem kristallinischen Kalkstein durchsetzen den Fels, leicht nach Norden einfallend.

Nach drei Stunden stiegen wir in das Tal des Burabaches hinab, der, wie der Matatebach, aus den Taitabergen nach Süden fließt, und stellten am grasigen Rand seines kaum 20 Meter breiten, aber hochstämmigen »Wasserwaldes« unsere Zelte auf, mit dem Ausblick nach Norden auf den Oberlauf des Burabaches und auf das ihn umrahmende mächtige Amphitheater von hochgewölbten Felskuppen der westlichen Taitaberge. Da es von hier ab bis nach Taweta hin kein Wasser mehr gibt, mußte ich mich mit dem kurzen Tagesmarsch begnügen.

Aber leider kamen wir am nächsten Morgen nicht so früh weg, wie ich gewünscht hatte. Ein zweiter Kranker war zurückzubefördern und mehreres andere in Ordnung zu bringen, so daß wir erst bei hoch stehender Sonne in Bewegung kamen. In der atembeklemmenden Mittagsglut folgten wir eine Stunde lang dem ebenen Grasband am Uferwald des Burabaches abwärts. Wie europäische Forsten gegen die anstoßenden Äcker und Wiesen scharf abgegrenzt sind, so ist es hier der Uferwald gegen die Grasflur; dort ist die Hand des Menschen das regulierende Prinzip, hier die Erstreckung des Grundwassers im Boden der Bachufer. Über die südlichen Vorberge von Taita, die noch dicht mit Buschwald bewachsen sind, hinweg umkreisten wir dann den hohen Felsdom des Muria und wanderten langsam in die ausgedehnteste Baumsteppe des mittleren Ostafrika hinein.

Dieselbe nimmt sogleich von Taita ab den Charakter an, den sie gleichmäßig bis zum Kilimandscharo beibehält. Es ist der Typus der Baumsteppe, wie sie häufig in afrikanischen Reisewerken abgebildet worden ist. Vorwiegend Gras und kleine Stauden, wenige Dornsträucher und alle 100 bis 200 Schritt ein Baum oder Busch von der Mimosenform, aber keine Sykomoren, keine Euphorbien oder andere Sukkulenten, keine Schlinggewächse, wie sie in der östlichen Ebene vertreten sind: das ist ihr Florencharakter. Wenn der Graswuchs nicht so offen und die Grasnarbe nicht so klein wäre, könnte man die Landschaft auch Baumsavanne nennen. Da aber das Gras verhältnismäßig kleinblättrig ist und keine einheitliche, geschlossene Decke bildet, sondern in einzelnen, durch freie Zwischenräume getrennten Büscheln wächst, stellenweise den roten Lateritboden auf kleineren Flächen ganz nackt liegen läßt, so ist die Benennung Baumsteppe bezeichnender. Meist stehen die Bäume so weit auseinander, daß man nach allen Richtungen kilometerweit zwischen ihnen hindurchsehen kann, seltener rücken sie näher zusammen und geben durch Aufnahme von Sträuchern der Landschaft das vielgenannte »parkartige« Aussehen, das der Fruchtbarkeit des Landes immer ein böses Zeugnis ausstellt.

Mag der Baum einen Einzelstamm haben oder sich strauchartig unmittelbar über dem Boden verzweigen, in jedem Fall strebt er zuerst möglichst in die Höhe, um sich dann waagerecht wie ein Pilz oder Schirm auszubreiten. Oben ist er immer flach, wie abgeschnitten. Tausende und Abertausende dieser meist graubraunen Baumschirme, zerstreut über die vom roten Boden durchleuchtete, während der längsten Jahreszeit braune Grasflur, verleihen der Landschaft ihre eigenartige Physiognomie ...

Unser Reiseterrain ist nun ein beständiges Auf und Ab weiter Bodenwellen, die in der Längserstreckung von Nordosten nach Südwesten von Taita zum Kilimandscharo hinzuwogen scheinen. Von der Höhe der einen aus öffnet sich immer wieder ein neues bis 1½ Stunden breites Wellental mit seiner graubraunen Grasflur und seinen graubraunen Mimosen auf rotbraunem Lateritgrund. Mit Sonnenuntergang erhob sich ein kräftiger, kalter Wind aus Südwesten, vor dem wir ein Biwak am Pfad bezogen und am lodernden Feuer bald einschliefen.

Gegen Mitternacht stieg der Mond im dritten Viertel empor. Sein Licht genügte zum Weitermarsch, und so wanderten wir im Dämmerlicht fort, aus der Ferne begleitet vom Gebrüll zweier jagender Löwen. Allmählich senkte sich dichter kalter Nebel herab, aus welchem die einsamen Schirmakazien uns gespenstig ihre langen Arme entgegenstreckten oder gelegentlich ein aufgescheuchtes Wild schattenhaft an uns vorbeihuschte. Es war Stimmung in dem mondfahlen Nachtbild. Gegen Morgen wurde kurze Rast gehalten, um die kältesteifen Hände etwas zu erwärmen, denn das Schleuderthermometer stand auf +8 °C. Dann ging's weiter. Als aber die ersten Strahlen der Sonne aufglühten, teilte sich schnell der Nebelschleier, und aus Nordwesten strahlte herrlich, groß und überirdisch das Schneehaupt des Kilimandscharo zu uns herüber. Von derselben Stelle hatte ich auch im Juni 1887 den ersten Ausblick auf das wundersame Bergbild, und voll von dem Eindruck schrieb ich damals am Abend in mein Tagebuch: »Man mag tage- und wochenlang das sichere Eintreten eines Ereignisses erwartet haben und noch so gefaßt dem nahenden entgegensehen, es packt uns doch mit unwiderstehlicher Gewalt, wenn es mit einemmal zur Tatsache wird. So ergriff mich hier die plötzliche Erscheinung des sehnlich erstrebten Zieles, des Kilimandscharo. Das Auge war tagelang über die weiten graubraunen Ebenen der Steppen und Savannen geschweift, vergeblich die ersehnte Gebirgslinie am Horizont suchend, und hatte sich an der beständigen Einförmigkeit ermüdet. Da plötzlich öffnet sich vom Kamme eines Höhenzuges ein wundersames Panorama. Einige Meilen vor uns erstreckt sich der schmale, hell schimmernde Dschipe-See nach Süden, dahinter ragen die dunkeln, schroffen Mauern der Uguenoberge bis in die grauen Schichtwolken empor; nach rechts hin zieht sich im Mittelgrund der dunkle Streifen der Wälder, welche den Lumifluß umsäumen und Taweta einschließen. Hinter diesen Wäldern steigt die Steppe leicht an und verläuft in dunstiger Ferne zu dem unteren Teil des mächtigen Gebirgsstockes des Kilimandscharo, der nun mit einemmal zu der Riesenhöhe von 6000 m unvermittelt aus der Steppenebene emporwächst. Ziemlich deutlich lassen sich unterhalb der breiten Wolkenschicht, welche den mittlern Teil des Gebirges umhüllt, die waldigen Hügel der Dschaggalandschaften erkennen, und über den Wolken strahlt plötzlich aus dem Himmelsblau ein wunderbar erhabenes Bergbild in schneeblendender Weiße hervor wie eine Erscheinung aus einer andern Welt. Es ist der Kibo, der Hauptgipfel des Kilimandscharo. Sein kleinerer Zwillingsbruder Mawensi verbirgt sich hinter einer hoch aufgewölbten weißen Cumuluswolke, nur der nordöstliche Abfall tritt unter den Wolken als eine weit geschwungene, geradezu architektonisch regelmäßige Linie hervor. Welche Gegensätze sind in diesem Bild harmonisch vereint! Hier unten die Glut des Äquators und tropisches Leben, neben uns der nackte Neger und vor uns Palmenhaine am Rande des Tawetawaldes; dort oben die Eisluft der Pole; die überirdische Ruhe einer gewaltigen Hochgebirgsnatur, ewiger Schnee auf erloschenen Vulkanen.«

Auch diesmal wieder war es für mich und meinen Gefährten ein Moment völligen Vergessens aller Mühen. Wir standen nur und staunten, während der Troß der Karawane an uns vorbeitrottelte. Nach der ersten Augen- und Seelenweide begannen wir die Möglichkeit der Ersteigung zu erörtern und schon von hier aus nach Angriffspunkten auszulugen. Es schien mir auch, als schaue über den schneeigen Ostrand des Kibo die dunkle Innenwand des Westkammes herüber, und zweifelnd schrieb ich in mein Itinerar: »Es wäre doch prächtig, wenn wir nach diesem Anblick ausfindig machen könnten, ob der alte Kibokrater innen wirklich schneefreie Abstürze hat.«

Zu langen Beobachtungen war jedoch hier keine Zeit; wir eilten der Karawane nach. Und das nun folgende Marschstück war das schwerste der ganzen Reise. Je mehr wir uns der Senkung des Lumi und Dschipe-Sees näherten, desto sengender brannte die Sonne. Unsere letzte Wasserlast war ausgetrunken. Von der vorletzten Bodenwelle aus genossen wir einmal einen ermutigenden kurzen Blick auf den silberglänzenden, langgestreckten See, aber nach Passierung der wasserlosen Felslöcher Landjoro mdogo, wo ich 1887 gelagert hatte, standen uns noch vier Stunden anstrengenden Marsches bis zum »Wasserwald« von Taweta bevor. Nun lief jeder, so gut und schnell er vermochte. Schließlich wanderte ich nur mit Herrn Purtscheller und sechs Trägern der nötigsten Lasten, die anderen blieben gänzlich marode und resigniert am Weg liegen und trafen großenteils erst am nächsten Morgen ein, nachdem ihnen Wasser entgegengebracht worden war. Auf dem wirr verschlungenen Pfade drangen wir endlich in den paradiesisch schattigen Tawetawald ein, kletterten über die vielen Verhaue, die von den Tawetanern (37) zum Schutz gegen plündernde Massai errichtet waren, krochen durch das niedere Palisadentor der Tawetalandschaft und bezogen mit dem Sonnenuntergang des 17. September im alten englischen Lager die seit dem Jahr 1887 sehr baufällig gewordenen Strohhäuschen am still fließenden, kalten Lumifluß.

Bei Mandara und Mareale

Wie der syrische Beduine die schattigen Quellen von Damaskus besingt als das köstliche Ziel nach sonnenheißen Wüstenmärschen, so lobpreist der Sansibar-Araber und Karawanenneger das wasserkühle, schattige Taweta als das Paradies von Inner-Ostafrika. Und fürwahr, ein größerer Gegensatz wie der zwischen den weiten, heißen Baumsteppen und der schmalen, dunkeln Waldlandschaft Taweta ist nicht denkbar. Wenn Ägypten ein Geschenk des Nils ist, so ist Taweta eine Gabe des Lumiflusses, der, am Ostabfall des Mawensi entspringend, in einer langen Bodensenkung südwärts zum Dschipe-See fließt und so weit einen Waldwuchs in aller tropischen Üppigkeit aufwuchern läßt, wie an seinen beiden Ufern der Einfluß des Grundwassers und der Verdunstung reicht. Dieser Machtbereich des Wassers ist freilich im 2 Kilometer langen Mittellauf des Flusses, wo Taweta liegt, kaum 1 Kilometer breit, während der im Oberlauf infolge der wenig günstigen Bodengestalt zu einem schmalen Galeriewald (38) zusammengeschrumpft und im Unterlauf sich in ein undurchdringliches Sumpfdickicht verflacht, das schließlich in den offenen Dschipe-See übergeht; aber was ihm an Ausdehnung mangelt, sucht der Wald durch Fülle des Wachstums, Größe der Formen und Reichtum der Arten auszugleichen.

An den beiden der Steppe zu gelegenen Außengrenzen des Tawetawaldes treten die großen Mitglieder der Steppenflora, die Mimosen, Sykomoren, Tamarinden, Adansonien, Kigelien, zu einem offenen Hain gesellig zusammen. Sie stehen offenbar außerhalb der Grundwassererstreckung, finden aber noch im Verdunstungsbereich des Flusses vollauf Befriedigung ihres Feuchtigkeitsbedürfnisses. An wunderlichen Formen ist kein Mangel. Insbesondere die Kigelien mit ihren hellgrauen, täuschend wie kolossale Leberwürste aussehenden Früchten scheinen direkt aus dem Schlaraffenland hierher versetzt zu sein. Dahinter aber strebt an der Grundwassergrenze mauergleich der geschlossene Urwald mit seinen Ficus-Arten, seinen Wollbäumen, Bananen, Palmen, Lianen u.s.w. zu riesenhafter Höhe empor. Kerzengerade Stämme von 40 Metern bis zur ersten Verzweigung sind nicht selten, Raphiapalmblätter von 15–18 Meter Länge suchen allerwärts zum Licht hindurchzudringen. Namentlich in unmittelbarer Nähe des Flusses, der, nur 6–8 Meter breit, die immer kalten Bergwasser in ruhiger Strömung zur Ebene führt, scheint das Wachstum keine Grenzen zu kennen. Ein Bananenschaft genügt da vollkommen, um als Steg über den Fluß zu dienen.

Zwei Affenarten und ein Halbaffe, große und kleine Hornvögel und mehrere Tauben sind die bemerkbarsten Tierbewohner der Landschaft. Während des Tages schweigt die Tierwelt, aber in der Nacht schallt das Kreischen der Affen, das Zirpen der Zikaden, das klägliche Geheul der Hyäne laut durch die hohen Hallen des

Waldes, abwechselnd mit dem dumpfen Trommelschlagen der Eingeborenen, das die Wildschweine aus den Feldern vescheuchen soll.

Diese wunderbare Vegetationsschöpfung dient dem Wakuafistamm der Wataweta zum Wohnsitz. Den Massai in Erscheinung, Sitten und Sprache ähnlicher als den Bantunegern (39) der Küstenregion, haben sie doch auch keine nähere Ähnlichkeit mit ihren Dschagganachbarn, wiewohl sie gemeinsam mit den letzteren durch die Bodensässigkeit und den Ackerbau scharf von den nomadischen Massai unterschieden werden. Die Zopffrisur, die langblattigen Speere und Messer, den Mangel an Blößenbedekkung, das Einschmieren des Körpers mit lateritrot gefärbtem Fett haben die Männer mit den Massaimännern, das Rasieren des Schädels, die Spiralform des an die Ohren, um Hals, Arme und Beine gewundenen Drahtschmuckes und den Lederschurz haben die Weiber mit den Massaiweibern gemein.

Nicht als geschlossenes Dorf, sondern wie in Dschagga verstreut durch den Wald liegen ihre Gehöfte im Dickichtschutz. Zwei bis vier Grashütten von Bienenkorbform umgibt ein solider Palisadenzaun mit so niedrigem Schlupfloch, daß dem Vieh (Ziegen, Fettsteißschafe, Buckelrinder) der Ausgang unmöglich gemacht wird. Nur die Hühner spazieren auch draußen herum.

Noch vor zwei Jahren hatten wir in der ganzen Landschaft Taweta kein Stück Vieh zur Fleischkost kaufen können. Aus Furcht vor den viehraubenden Massai hatten die Tawetaleute ihre Viehzucht aufs äußerste eingeschränkt. Seitdem sie aber die Massai wiederholt mit blutigen Köpfen heimgeschickt, geben sie auch der Viehzucht größere Ausdehnung, wagen es aber immer noch nicht, so wenig wie die Wadschagga, das Vieh auf die offene Weide zu treiben; es gibt bloß Stallfütterung. Rinder konnte ich für Waren im Wert von 30 Rupies, Ziegen für ein Äquivalent von 10 Rupies kaufen, also ungefähr zum nämlichen Preis wie an der Küste. Die Furcht vor Beraubung ist als ein Hemmnis der Kulturentwicklung durch ganz Ostafrika von bestimmender Bedeutung, und die Viehzucht der Tawetaner ist ein sprechendes Beispiel dafür.

Daß Taweta, diese am Rande des Massaigebietes gelegene Oase in der Wüste, der Knotenpunkt fast aller von der zwischen dem Rufu und dem Sabaki gelegenen Küstenstrecke aus ins Innere führenden Karawanenrouten ist, versteht sich nach alledem von selbst. In der Richtung zur, bzw. von der Küste sind die Pfade

Markt auf dem Lagerplatz von Taweta.

Taweta–Mombassa und Taweta–Pangani am wichtigsten, nach dem Innern die südlich am Kilimandscharo vorüberführende Route zum Victoria-Nyanza und der östlich am Kilimandscharo vorbeilaufende Pfad nach Ukamba, dem Keniagebiet und Samburu-See. Keine Karawane kommt vom Innern oder geht ins Innere, ohne in Taweta nicht wenigstens einige Tage gerastet zu haben. Aus demselben Grund ist Taweta auch das Standquartier für die in der wildreichen Kilimandscharogegend jagenden Europäer geworden, seitdem dieser systematischen Ausrottung des großen ostafrikanischen Wildes namentlich von seiten englischer und amerikanischer Sportsmen gefrönt wird. Wie 1886 der Engländer Johnston, so hatte sich jetzt ein junger Amerikaner hier ein sehr schmuckes »Camp« mit Häuschen, Hütten und Gärtchen errichtet, in welchem ein paar kranke Aufseher den gerade abwesenden Herrn vertraten.

Jede von der Küste kommende Karawane muß in Taweta einen Durchgangszoll (hongo), bestehend in Zeug und Perlen, erlegen, bevor ihr Lebensmittel zum Verkauf gebracht werden. Früher waren zur nachdrücklichen Zollerpressung alle verfügbaren Krieger mit wildem Geheul angetanzt gekommen, als beabsichtigten sie einen Überfall; aber diesmal erschienen nur einige Greise, und die Sache nahm einen ruhigen, geschäftsmäßigen Verlauf.

Während nun meine Leute sich von den Mühen des Weges durch Essen, Trinken, Schlafen, Liebeleien und Tanzen erholten und sich der einzigen Arbeit, dem Auffädeln der Perlenvorräte auf Fasern der Raphiapalme von der als Münze üblichen Perlschnurlänge, mit Eifer hingaben, weil dabei viel Gelegenheit zum »Mausen« geboten ist, ordneten wir die angerissenen Lasten aufs neue, beobachteten und sammelten. Aus der frischen Milch, die uns täglich zweimal ein phantastisch aufgeputzter Krieger, ein rechter Taweta-Dandy, als persönliches Gastgeschenk brachte, verfertigte Herr Purtscheller abends eine köstliche Milchsuppe, dergleichen ich nie vorher und nachher genossen habe. Andere Tawetadelikatessen waren der barschartige Fisch des Lumiflusses und der gegorene Wasserauszug aus dem Mark der Raphiapalme, also Palmenpombe, der nur die mißliche Wirkung hatte, daß er ganz bösartig »stürmte«. Seinem übermäßigen Genuß haben einige im Zechen widerspenstig gewordene Träger eine schwere Tracht Prügel zu verdanken; selbst Ali, der mohammedanische Somali, schien mir einmal der Versuchung nicht haben widerstehen zu können, denn er gab sich eines Abends mit Tränen im Auge tiefsinnigen Betrachtungen hin über die Schwachheit des Willens im Allgemeinen und seines Fleisches im Besonderen. Am Feuer geröstete junge Maiskolben bildeten den besten Ersatz für das fehlende Brot.

Trotz oder vielmehr gerade wegen seiner Üppigkeit ist aber Taweta leider ein recht ungesunder Platz. Nicht wenige meiner Leute litten ebenso wie wir selbst bald an Fiebern und Unterleibsbeschwerden und erinnerten mich daran, daß ich im Jahr 1887 hier sogar einen Mann am Fieber verloren hatte.

Am Tag nach unserer Ankunft hatte ich Boten in die Dschaggalandschaft Modschi am Südkilimandscharo gesandt, um dem dortigen Häuptling Mandara, in dessen Gebiet die englische Church Mission und die Deutsch-Ostafrikanische Gesellschaft Stationen errichtet haben, meine Ankunft zu melden. Er hatte im Jahr vorher mit einigen seiner Leute einen Elefantenzahn an den deutschen Kaiser nach Berlin geschickt und lebte nun in der Erwartung großer Gegengeschenke, die auch wirklich gleichzeitig mit mir in Sansibar angekommen waren. Da ich der erste Deutsche war, der ihn seitdem wieder besuchte, fragte ich bei ihm an, ob er mich gut aufnehmen wolle, obwohl er die großen Gegengeschenke noch nicht erhalten habe und ich ihn nur verhältnismäßig gering beschenken könne. Die Antwort ließ nicht lange auf sich warten: Ich sei willkommen, wenn ich nur überhaupt etwas mitbrächte.

Inzwischen waren die fußlahmen Träger wieder genesen, von denen die Mehrzahl von dem Marsch auf dem glühenden Steppenboden regelrechte Brandblasen an den Fußsohlen davongetragen hatte. So konnte es am Morgen des 21. September weitergehen. Der still strömende Mfurrofluß (den nicht die Tawetaner, sondern die Suaheli Lumi nennen) wurde auf schwankender Bananenstammbrücke überschritten und auf seinem rechten Ufer der Urwald von neuem in Angriff genommen. In vielfachen Verzweigungen windet sich der Fluß durch das düstere Dickicht, von glatten Baumstämmen und Lianentauen überbrückt. Nach 1½ stündigem langsamen Übersetzen und Kriechen traten wir auf die westliche Baumsteppe hinaus, die sich von der großen östlichen nur dadurch unterscheidet, daß sich ihr Gestein sofort als vulkanisches offenbart, wo es der allgemeinen Lateritisierung widerstanden hat; und nun endlich gingen wir auf deutsches Gebiet über, wenn ich den Wortlaut des Londoner Vertrages (40) richtig verstehe.

Im Norden und Nordwesten dehnt sich breit die Basis des Kilimandscharo, dessen obere Teile durch dichte Cumuluswolken dem Blick entrückt waren. Vom grünen Gürtel der Dschaggaregion war noch nichts zu sehen. Graubraun grasig wie die Ebene ist auch der Unterteil des Bergstockes an dieser Seite. Westlich vor uns, also im Südosten des Berges, durchbrechen die parasitischen Kegel der Wadschimbagruppe die Ebene, und ferner im Südwesten stehen trotzig die dunstumzogenen massiven Mauern der Uguenoberge, deren schroffere Formen im Gegensatz zu den milderen des Kilimandscharo auf Gneisgebirge hindeuten.

Unser Pfad ist direkt auf die Südausläufer der Wadschimbahügel, auf den Südosten des Kilimandscharo zu, gerichtet. In kaum merklicher Hebung steigt das Terrain von der Lumimulde aus an. Je näher wir den Wadschimbahügeln kommen, desto mehr werden die Mimosen im Grasland von glanzblätterigen, niederen

Laubbäumen verdrängt, das Gras wird dichter und höher, alle Vegetation ein wenig frischer, d. h. mehr gelb als braun, so daß die Landschaft das Aussehen eines riesigen, dünnbestandenen Obstgartens im Herbstkleid bekommt. Aber dazwischen lugen auch hier überall die ersten grünen Blatttriebe hervor und sprießen die jungen Grashalme im tropischen Frühling. Wo trockene Bachbetten den Boden tiefer aufgeschlossen haben, kommt geschichtete graublaue vulkanische Asche, untermischt mit Basalttrümmern, zum Vorschein. Wild ist nirgends sichtbar; es hat sich vor den Feuerrohren der englisch-amerikanischen Jäger in abgelegenere Weidegründe zurückgezogen.

Ein dreistündiger Marsch brachte uns durch die kahle Wadschimbagruppe hindurch, und nun öffnete sich nach Norden in der Höhe der Ausblick auf den weit zurückliegenden dunkeln Wald-und Kulturengürtel von Dschagga. Aber immer noch blieb der obere Berg im Wolkentreiben unsichtbar. Ohne es recht bemerkt zu haben, sind wir schon ein gutes Stück am Berg hinaufgekommen. Die braune Südebene verläuft weit übersehbar links unter uns zum blauduftigen Uguenogebirge hin.

Mit Jubel wurde in der Mittagsglut das Auftauchen eines schmalen, dunkelgrünen, vom Berg in die Ebene hinabgewundenen Baumbandes begrüßt, denn ein solches kennzeichnet untrüglich einen wasserreichen Bachlauf. Bald netzten wir den trockenen Gaumen mit dem herrlich kühlen Bergwasser des Habaribaches, setzten erfrischt unsere Steppenwanderung nach Westen fort und trafen eine Stunde später am zweiten baumbestandenen Wasserlauf des Kilimandscharo, dem breiteren, 10 Meter tief eingeschnittenen Himobach, ein, an dessen schattigen, tiefliegenden Ufern das Lager aufgeschlagen wurde. Da das Bachwasser mit 18 °C gegen die 29 °C warme Luft einen Temperaturunterschied von 11 °C darstellte, war uns und unseren Leuten das Trinken und Baden eine köstliche Erfrischung, nachdem wir wochenlang das lauwarme Wasser aus Ngurungas der Steppen nur als Nahrung, nicht zur Erquickung zu uns genommen hatten.

Als wir nach dem Bad am Bachufer entlang schlenderten, um die vulkanischen Aschen und Agglomerate an den hohen Uferwänden zu untersuchen und die am steinigen Saum des Baches tändelnden prächtigen Schmetterlinge zu fangen, sah ich zu meinem Erstaunen am anderen Ufer einen mir unbekannten Europäer mit einigen Gepäck tragenden Negern erscheinen und auf dem Rücken eines Schwarzen durchs Wasser zu uns herüberreiten. Nach einem verwunderten »Hallo« herüber und hinüber schüttelten wir uns die Hand. Es war einer der in Modschi bei Mandara stationierten englischen Missionare, der auf einige Tage nach Taweta gehen wollte, um sich dort einen neuen Missionszögling zu holen. Am Teetisch plauderten wir bis gegen Abend über tausenderlei, wobei ich erfuhr, daß ich in Modschi außer seinem Mitapostel noch den amerikanischen Naturforscher Dr. Abbott und in diesen Tagen jedenfalls auch den Inhaber des schönen Taweta-Camp, den amerikanischen Sportsman Mr. Chanler, antreffen würde. Dann wanderte der Glaubensbote weiter zum nahen Habaribach zur Nächtigung. Daß er sich einen »Jungen« aus Taweta holen wollte, ist bezeichnend, denn so wenig wie auf anderen ostafrikanischen Missionsstationen lassen sich in Dschagga die Einheimischen herbei, Christen zu werden. In der großen Küstenstation Frèretown bei Mombassa, wo seit Rebmanns Zeiten (1847) das Evangelium gepredigt wird, sind die Missionszöglinge lauter gekaufte oder befreite Sklaven mit ihren Nachkommen, in Modschi ebenfalls einstige Sklaven oder spekulative Jungens von Taweta.

In ermüdender Einförmigkeit setzte sich unser Marsch am nächsten Vormittag durch das Busch- und Grasland am Südfuß des Berges fort. Von letzterem verdeckten Nebel und Wolken noch mehr als am Tag vorher. Desto klarer leuchtete im Süden die Kahe-Ebene herauf, westlich begrenzt durch die langgestreckten Aruschaberge, östlich abgeschlossen durch Ugueno. In dunkeln, langen Waldbändern schlängeln sich die Flüßchen durch sie südwärts, von Zeit zu Zeit steigen hier und da dichte Staubwolken zum Himmel und zeigen an, daß dort größere Wildherden spielen oder flüchtig werden. Mitunter auch wirbelt ein riesenhafter Staubtrombus empor und zieht gespenstig eine Strecke weit über die braungraue Fläche, um dann in nichts zu zerstieben. Immer wechselnd und immer gleich schön ist das Spiel der Wolkenschatten, die da und dort einen dunkeln See in die Steppe hineinzuzaubern scheinen und vor allem anderen jene Bewegung in das Bild bringen, die den wolkenarmen großen östlichen Steppen fast gänzlich fehlt.

Unser Marschterrain steigt und fällt, je nachdem sich wieder eine neue vulkanische Rippe vom Berg herabschiebt. Auch heute wieder bewegen wir uns in der Zone der parasitischen vulkanischen »Fußhügel« (ich zählte ihrer 14 bis zum Aufstieg nach Modschi) und haben eine größere Zahl trockener, von den Hügeln ausgehender Bachrinnen zu kreuzen. Immer weiter dreht der Pfad nach Westen.

Da die Leute in Erwartung der Modschi-Genüsse anhaltend marschierten, so kamen wir schon am frühen Nachmittag auf der Südseite des Gebirgsstockes an der großen Bergrippe an, die weiter oben am Berg das Dschaggastädtchen Modschi trägt. Hier verließen wir den weiter bis zum Westende des Kilimandscharo um den Südfuß des Gebirges herumlaufenden Steppenpfad und wandten uns, auf einem ausgetretenen Weg nordwärts bergauf gehend, der Kulturzone des Kilimandscharo, den vielgepriesenen Dschaggalandschaften, zu. Bergsteigen ist nicht die Sache der an die Ebenen gewöhnten Karawanenträger; wir kamen daher von nun ab unverhältnismäßig langsam fort.

Mit zunehmender Höhe wird die Buschformation in dem Grad, in welchem die Steppenbäume verschwinden und die Laubsträucher und hohen Stauden sich mehren, kräftiger und dichter. Große Riedgräser und ein oder der andere hochstämmige Bergbaum gesellen sich dazu. Auf dem Pfad haben Ameisenigel oder Erdferkel tiefe Löcher in den harten Boden gegraben, um den Gängen der Termiten auf die Spur zu kommen. Bald werden die Bachtäler rechts und links tiefer, und an den Hängen erscheinen vereinzelte Hütten und Bananenfelder. Von der Ebene herauf weht ein erfrischender Luftzug. Hier, im Bereich der Bergregen, gibt es keine vielmonatliche Trockenzeit mehr; das verrät die Gestalt und Farbe der Vegetation. Alles schwellt und grünt.

Im dichten Busch sperrte uns unerwartet ein verrammeltes Tor den Weg. Die Bolzen gaben aber nach, und durchschlüpfend traten wir an eine steile, tiefe Bachschlucht heraus, von deren gegenüberliegender Seite uns ein Komplex von Kegelhütten herüberwinkte: die Residenz Mandaras. Vorläufig aber zog es mich nicht dorthin, sondern höher zum Berg hinauf, wo ich auf steilen Höhen eine englische und noch weiter oben eine deutsche und amerikanische Flagge wehen sah.

Mit dem üblichen Begrüßungssalut von einem Schuß aus jeder Flinte zogen wir so im Lande Modschi ein. Von allen Seiten wurde uns geantwortet, und in fünf Minuten wußte das ganze »Königreich«, daß die Karawane eines Weißen mit 65 Mann angelangt sei. Steil ging es durch einige gerodete und sorgsam bepflanzte

Die Station Modschi der Deutsch-Ostafrikanischen Gesellschaft

Tälchen zur englischen Missionsstation hinan, wo uns Mr. Morris mit offenen Armen empfing und aufs liebenswürdigste bewirtete. Sogar Brot gab es! Das war uns lange nicht zuteil geworden. Inzwischen kletterten meine Leute noch 130 Meter höher zum Stationshaus der Deutsch-Ostafrikanischen Gesellschaft, und als wir uns später ebenfalls dort einfanden, trafen wir ein lautes, buntbewegtes Treiben an, denn kurz vorher war auch der amerikanische Jäger Mr. Chanler mit Begleitung und Karawane von Westen her angelangt, so daß nun über 200 Mann in der kleinen Station lagen. Alte Freunde aus den beiden Karawanen begrüßten sich stürmisch, und auch ich fand unter Mr. Chanlers Leuten zwei meiner Träger von der 1887er Expedition ...

Früh am nächsten Morgen suchte ich aus den Lasten die für Mandara mitgebrachten Geschenke heraus, legte selbst ein nagelneues Gewand an und putzte meine Somalibegleitung zu einem Besuch Mandaras hoffähig heraus. Abgesehen von den verborgen getragenen Revolvern ließ ich meine und meiner Leute Waffen im Lager, um Mandara nicht auch danach noch lüstern zu machen. Meine beiden in weißgewaschenen Sansibarhemden einherstolzierenden Niampara waren natürlich mit von der Partie.

An der englischen Mission vorbei, wo ich dem in ärztlicher Tätigkeit eifrig beschäftigten Mr. Morris einen Morgengruß zurief, stiegen wir an abschüssigen Bergleisten und durch mehrere bachdurchrauschte Schluchten bergab zu einer ziemlich geräumigen viereckigen Hütte, einer der im Reich verstreuten Landsitze Seiner Schwarzen Majestät. Vor der geschlossenen Tür kauerten in respektvoller Entfernung ein Dutzend Höflinge, im Flüsterton Gespräche führend, um den ruhenden Monarchen nicht zu stören. Suaheli, die sonst in größerer Zahl an Mandaras Hof zu schmarotzen pflegten und deren Künsten er den Bau mehrerer seiner im Küstenstil errichteten Wohnhütten verdankt, hielten sich zur Zeit gar nicht in Modschi auf.

Unser lautes Rufen um Einlaß erregte großes Entsetzen bei den in des Herrn Furcht lebenden Wächtern. Es hatte aber zur Folge, daß in kurzem ein paar hübsche, junge Weiber aus der Tür schlüpften und eine Stimme aus dem Innern mit »karibu« (»herein«) zum Nähertreten einlud. In dem fensterlosen Raum, der nur durch die offene Tür Tageslicht empfängt, während ein in der Mitte flackerndes Feuer rote Reflexe an Decke und Wände wirft, lag Mandara halb aufgerichtet auf einer Suahelibettstelle (kitanda). Neben ihm kauerten vier ältere Weiber und sein halbwüchsiger Sohn, den er aus Despoteneifersucht in knechtender Bevormundung hält. Von der Mitte ab war die Hütte durch eine grellbunte Tapetenwand geteilt, an welcher eine große Wanduhr tickte. Sonst war außer einem alten Stuhl kein Mobiliar vorhanden. Dieses ehrwürdige Möbel zog ich an Mandaras Lagerstatt heran und drückte ihm zur Begrüßung die Hand. Er blieb, sich mit heftigen Beinschmerzen entschuldigend, liegen ...

Nach den üblichen Höflichkeitsformeln hin und her eröffnete ich ihm den Zweck meines Kommens, worauf er in scheinbar großer Bereitwilligkeit seine Hilfe zur Ersteigung des Gebirges zusagte. Seine Gedanken waren aber schon nicht mehr bei dieser Sache, denn er schaute sich unruhig nach den vielversprechenden Geschenkbündeln um und fragte endlich gerade heraus, was ich ihm mitgebracht hätte. Nun wurde ausgepackt: rote und blaue Stoffe, seidene Bettdecken, ein »goldenes, mit Edelstein besetztes« Diadem, ein kleines Telephon, Masken mit scheußlichen Grimassen, ein europäischer Anzug, Stahlfeilen, Messer, Medizin, Pulver und anderes mehr. In schönen Worten pries mein erster Niampara die unerreichten Vorzüge jeder einzelnen Gabe und entlockte dem glücklichen Empfänger wiederholt ein wohlgefälliges Pfeifen. Als ich mit meinen Herrlichkeiten am Ende war, bat mich Mandara, das Telephon herzurichten, und als ich mit dem einen Ende draußen vor der Tür Mandara zuflüsterte, daß ich großen Appetit auf einen saftigen Rindsbraten hätte, antwortete er: »Du hast mir sehr schöne Sachen von Uleia [Europa] mitgebracht und bist mein werter Freund. Aber ich brauche noch Schnaps und eine gute Doppelbüchse und namentlich ein paar Kanonen.« Mit der Erfüllung dieser bescheidenen Nebenwünsche mußte ich ihn indes auf die bevorstehenden kaiserlichen Geschenke vertrösten, was ihm offenbar auch einleuchtete, denn er entließ uns in Gnaden und schickte uns kurz nach unserer Rückkehr in die Station eine junge Kuh zur Erfrischung, freilich nicht ohne durch den Überbringer noch einmal um eine Flasche Whisky, Zigarren, Revolverpatronen, Bleistifte, Schnürschuhe, einen Hut usw. zu betteln ...

Auf dem Rückweg von Mandara zur Station schlug ich einen Umweg ein, um die Modschileute mehr bei ihrer Feldarbeit zu beobachten. Dieselbe geschieht in derselben Weise, wie ich sie früher in Marangu oft gesehen hatte. An und auf den langgedehnten Hügelrücken und im Grunde der Mulden und Bachtälchen waren Männer, Weiber und Kinder mit Beil und Hacke tätig, um mit der anrückenden Regenzeit Hirse, Bohnen und Mais zu stecken, Tabak auszupflanzen und Bananen- und Zuckerrohrstecklinge einzugraben. Mit rührigem Fleiß werden die alten Felder gereinigt, neue gerodet und namentlich die schadhaft gewordenen künstlichen Wassergräben ausgebessert. Wo nicht gerodet ist, wuchert namentlich die Mkindupalme (Phoenix), die einzige Palmenart des Kilimandscharo, in strotzender Üppigkeit. Da der Kilimandscharo im ganzen Jahr Wasser in Fülle hat, ist eigentlich die Bodenbestellung nicht an die tropische Regenzeit gebunden; auch in der Trockenzeit führen die künstlichen Gräben der Feldfrucht genügende Bewässerung zu, und solche Kulturpflanzen, welche zu ihrer Ernte keiner trockenen Jahreszeit bedürfen, wie Bananen und Zuckerrohr, werden auch das ganze Jahr hindurch gebaut. Aber Körner- und Hülsenfrüchte und Tabak reifen und erhalten sich nur in der Trockenzeit. Ihr Anbau ist daher auf die Regenzeit beschränkt.

Die künstlichen Wassergräben, welche der jungen Saat vor Beginn der Regen das befruchtende Naß zuführen, gehören zu den erstaunlichsten Feldarbeiten, die man bei einem Volk der Wadschaggastufe sehen kann. Da die Bachtäler desto tiefer geschluchtet sind, je weiter sie am Berg herabreichen, können die über dem Bach an den Talhängen liegenden Felder nicht mehr von unten aus dem Bach bewässert werden. Deshalb ziehen die Wadschagga von dem im gleichen Niveau mit ihren Feldern liegenden, oft stundenweit entfernten Oberlauf des Baches Gräben an den Talwänden entlang, aus welchen das Wasser in die Felder hineinrieselt. Die Schlichtung der Streitigkeiten über die Benutzung eines gemeinsamen Wassergrabens durch mehrere Felderbesitzer ist eine der Hauptobliegenheiten des Häuptlings. Da in der Trockenzeit zahllose Ableitungsgräben das Wasser der Bäche in die Felder führen, wo es versickert und verdunstet, sind viele Bachbetten gänzlich wasserlos, bevor sie in die Ebene hinaustreten, und mancher durstende Reisende ist in den Steppen schon durch diese Erscheinung überrascht und enttäuscht worden, da er doch das Niedergehen von Regen in den höheren Bergregionen sah.

Die Fabel, daß dem Tropenbewohner seine Nahrung ohne Arbeit in den Mund wächst, wird nirgends mehr hinfällig als in Dschagga. Der Dschagganeger muß hart arbeiten, vielmal härter, als es der Europäer in diesem Land vermöchte, und hat darum wie jeder ostafrikanische Neger einen Maßstab fur die Erzeugnisse seiner Arbeit, an dem die törichten Märchen, daß man in Ostafrika für einen Klapphut und eine alte Husarenjacke alle Schätze Äthiopiens kaufen könne, zu Schanden werden. Ostafrika ist im Gegenteil ein sehr teueres Reisegebiet.

Am Nachmittag kaufte ich einige recht hübsche, aus den Fellen des Klippschliefers zusammengesetzte Pelzmäntelchen, die früher viel getragen wurden, und erwarb zwei wahre Kunstwerke von langen Speeren, welche in der modernsten schmalen Form geschmiedet waren. Auch die Dschaggaspeere haben ihre Mode, denn während 1887 lange, breite Blätter beliebt waren, sind es jetzt lange, schmale, mit abgestutzter Spitze. Übrigens ist die große Speerform, welche als ein Charakteristikum von Dschagga gilt, erst mit Einführung des europäischen Eisendrahtes aufgekommen. Vorher hatte man allgemein kleine, kurze Speere, wie sie heute noch in den abgelegenen Landschaften am Kilimandscharo (Rombo, Useri, Madschame usw.) üblich sind. Der Preis eines großen Speeres ist ein Perkussionsgewehr; für Ware ist die Waffe nur in Ausnahmefällen käuflich ...

Dschaggakrieger

Am Abend des 24. September rüsteten wir zum Abmarsch nach Marangu für den nächsten Morgen. Nachts hatten wir noch ein kleines Rencontre mit einem Leoparden, der in den Hühnerstall geraten war; aber bevor die Sonne am Mawensi aufstieg, zogen wir ihr im Reihenmarsch entgegen unter dem Zuruf zu Dr. Abbott, daß er uns bald in Marangu besuchen möge.

Der Pfad von Modschi nach Marangu führt in der mittleren Bergeshöhe von 1400 Metern von Westen nach Osten durch die Dschaggalandschaften Kirua und Kilema. Zwischen Modschi und Kirua senkt sich ein tiefes Erosionstal ab; Kirua ist von Kilema durch den vom Mawensi zur Ebene herablaufenden Lassorücken geschieden; Kilema und Marangu trennt nur das Flüßchen Muë voneinander. Links geht es hinauf zum oberen wolkigen Kilimandscharo, rechts hinab zur braunleuchtenden Kahe-Ebene.

Zwei Stunden lang querten wir im Anfang die höheren Lagen von Modschi, wo das Terrain wellig ist und noch nicht so tief zerfurcht wie weiter unten, verließen dann die Felder und Gärten von Modschi und wandten uns auf dem engen Saumpfad an den schroffen Wänden des genannten, Modschi von Kirua trennenden Talkessels entlang, in dessen Tiefe von Nordosten her der schäumende Nangabach hineinbraust. Die aufsteigenden flatternden Nebel, die strauchige Vegetation, die steilen Bergformen Kiruas, von deren Höhen beim zeitweiligen Teilen des Nebels dunkler Wald herabblickt, das Rauschen der Wasser über schweres Geröll und eine Temperatur von 16 °C gemahnen an gewisse Partien des Harzes oder Tirols.

Eine lange Reihe von Sklavinnen des Kiruahäuptlings begegnete uns mit bohnengefüllten Bananenbastsäcken auf ihrem Weg zum Markt nach Modschi. Die Stockung der Begegnung benutzte unser Führer, ein exemplarischer Vertreter des Mandaraschen Idealvolkes, um im Nebel mit seinem Doti (acht Armlängen Weißzeug) Vorausbezahlung durchzubrennen und uns den Weg zu Mareale allein finden zu lassen. Da der Nebel sich in feinen Regen auflöste, wurde die Wanderung auf dem glatten Boden der steilen Wände gefährlich. Kaum einer unter den Trägern, der nicht mit seiner Last ausgleitend einmal zu Fall gekommen wäre. Endlich durchwateten wir den angeschwollenen Nangabach, aber nun ging es noch steiler, noch mühsamer auf dem halsbrecherisch schlüpfrigen Pfad aus dem Kessel hinauf nach Kirua. Ich selbst tat einen bösen Fall und zerschlug ein unersetzliches Thermometer. Die schwer bepackten Träger leisteten Unglaubliches.

Oben dauerte es lange, bis die Karawane gesammelt war. Wilde Reseda, niedere Farne, kleine Dracänen wuchern auf der Hochwiese, und vor uns dachten sich die Gefilde von Kirua ab, die auf den höheren Rücken, wie in Modschi, dicht mit Bananen bepflanzt sind, während in den Mulden und Tälchen vorwiegend Yamswurzel und Bataten gebaut werden. Der Reichtum des Landes an Bächen dient hier ebenfalls zur Berieselung der Felder durch zahllose kleine Kanälchen. Wohlgepflegte lebende Hecken umschließen auch in Kirua die Hütten und Gärten jedes Eigentümers als ein Ganzes. Die in den Feldern arbeitende Bevölkerung begrüßte uns bei unserem Weitermarsch höflich und freundlich und ließ uns erkennen, daß wir aus dem Bereich der verwöhnten Modschileute heraus waren.

Den Hof des Kiruahäuptlings Kidungadi, der wie Mandara ziemlich weit unten am Berg wohnt, rechts liegen lassend, stiegen wir jenseits des bebauten Kirua langsam zum langgestreckten Lassohügelzug hinan und erblickten von seiner Höhe gegen Mittag ein überraschend freundliches Landschaftsbild. Vor und unter uns breitete sich, östlich durch die Hügelkette von Msai und Rombo begrenzt, ein einziger, mehrere Quadratmeilen großer Bananengarten aus, der sich ohne erhebliche Wellen- und Muldenbildung sanft von der Region des Urwaldes zur Ebene hinabsenkt und durch die ihn durchziehenden Bäche und Flüßchen in die Dschaggastaaten (41) Kilema, Marangu, Mamba, Mwika, Msai geteilt ist. Die einzige in die Augen springende Unterbrechung der saftgrünen Fläche bildet ein ziegelroter, einst parasitischer Kegel im Vordergrund, auf dessen Höhe der Kilemahäuptling Fumbo sein niedliches Dorf aufgestellt hat. Und weiter östlich, in Marangu, erkennt das bewaffnete Auge das große, neue Haus Mareales, über dem ein weißes Fähnchen flattert.

Nachdem wir unten den dunkeln Muëbach passiert, wandern wir eine Stunde lang durch die schattigen Bananenhaine von Kilema, durchwaten darauf das kalte Ngonaflüßchen, welches kurz unterhalb des Überganges in einem wohl hörbaren, aber nicht sichtbaren Wasserfall eine tiefere Bodenstufe gewinnt, und betreten damit Mareales Gebiet Marangu.

Häuptling Mareale von Marangu

Dem Freund würdig zu begegnen, ließ ich jedermann sein Gewehr zum Salutschießen laden und sandte zwei Somali voraus, um die Karawane anzumelden. Es hatte sich meines Gemüts eine freudige Unruhe bemächtigt, die mich fühlen ließ, wie sehr mir dieser Fleck Erde und seine freundlichen Bewohner, unter denen ich vor zwei Jahren so glückliche Tage verlebt hatte, ans Herz gewachsen waren. Hier kannte ich nun jede Hütte, jeden uns Begegnenden begrüßte ich als alten Bekannten. Bald kamen uns einige Boten Mareales entgegen, uns freudig willkommen heißend, und unter hundertfältigem Flintenknallen, wobei leider mein Leibdiener Achmed von einem unvorsichtigen Hintermann einen schmerzhaften Pulverschuß in die Schulter bekam, nahmen wir Besitz von einer baumumstandenen Wiese zur Aufrichtung unseres Lagers. Mein früherer Lagerplatz war von den Hütten einer kleinen Suahelikarawane eingenommen.

Kaum waren die Zelte aufgestellt, als die lärmende Schar der Eingeborenen plötzlich verstummte und Mareale mit seinem kleinen Gefolge erschien. Daß er der Fürst des Landes ist, erkennt man an seinem stolzen Gang und seiner hohen Kopfhaltung schon aus der Ferne. Leuchtenden Auges schritt er auf mich zu und »Jambo, jambo, Dakta Maya, jambo sana; umefika sasa, uhalli gani?« (»Willkommen, willkommen, Dr. Meyer, herzlich willkommen; nun bist du endlich da; wie geht es dir?«) klang es herzlich aus seinem lachenden Mund. Wir schüttelten uns lang und kräftig die Hände, und kurz erzählte ich ihm vom bisherigen Verlauf meiner Reise und von meinen ferneren Absichten. »Das ist sehr schön; dann wirst du lange hier bleiben und wir werden uns sehr lieb haben. Nun ruhe aus, denn du wirst müde sein. Morgen früh komm in mein neues Haus.« Das versprach ich ihm, und er ging nach wiederholtem Händeschütteln und lachendem »Jambo sana«.

Das war freilich ein anderer Empfang als bei Mandara. In wenigen Minuten hatte Mareale auch die Herzen meiner Begleiter und Leute gewonnen, so daß trotz der Mühen des Tages beim Verschmausen der alsbald eintreffenden Begrüßungsziegen die Stimmung allgemein eine gehobene war. Das war meinen Leuten sehr zu gönnen, denn in der Nacht wurden die ungeschützt im Freien liegenden Schläfer durch stundenlange Regengüsse schlimm durchnäßt und durchkältet.

Die erste Arbeit des Morgens war darum selbstverständlich der

Hüttenbau. Aus den riesigen Bananenblattbündeln, welche die Maranguweiber herbeischleppten, entstanden in kurzem 14 kleine Hütten über die ganze Lagerwiese hin, für jedes »campi« eine, so daß wie mit Zauberschlag ein nettes, reges Dorf aus dem Boden gewachsen war. Unter einem Baum wurde in der Mitte ein größerer Raum für den Markt offen gelassen, und auf der einen Langseite, wo unsere Zelte standen, ließ ich einen Zaun stecken zur Abgrenzung für uns Europäer und die Somali. In der Zwischenzeit machte ich mich mit Herrn Purtscheller an die Zurichtung der Geschenke für Mareale. Es ist beinahe komisch, was man alles verstehen, können und sein muß, um eine afrikanische wissenschaftliche Expedition gedeihlich durchzuführen, und noch wunderbarer, was für schlummernde Eigenschaften und Fähigkeiten durch das Expeditionsleben geweckt und ausgebildet werden, von deren Existenz man unter normalen Verhältnissen nicht die leiseste Ahnung gehabt hat. Daß man Geolog, Zoolog, Botaniker, Ethnolog, Meteorolog, Astronom, Photograph, Kartograph, Maler, Jäger, Arzt, Diplomat, Strateg, Nationalökonom, Kaufmann, Büchsenmacher, Tischler, Schneider, Schuster, Blechschmied, Koch usw. sein muß, versteht sich von selbst; aber da ich es bei dem stundenlangen Zurechtmachen der Mareale-Geschenke auch noch zum Nähmaschinenmonteur und zum Steppstichkünstler bringen würde, hatte ich mir nicht träumen lassen.

Als das Maschinchen glücklich in Ordnung war und die Stoffballen, Perlen, Taschenuhren, Revolver, Seidendecken, Armspangen, Feilen, Tee, Harmonikas, Masken, Glocken, Pulver, Schrot, Tabakspfeifen und anderes mehr dazu gepackt waren, machten wir Mareale unseren Gegenbesuch. An seiner Wohnstätte waren in den verflossenen zwei Jahren große Veränderungen geschehen. Wo früher neben seiner bescheidenen Hütte ein offener Platz gelegen hatte, steht jetzt ein viereckiges, kastellartiges Steinmauerwerk von Doppelmannshöhe mit niedrigen Durchkriechlöchern, in welchem die Hütten seiner Weiber und Kinder eingereiht sind, und dicht daneben ein wirkliches Sansibarhaus mit Giebeldach, in welchem mehrere Räume durch teils indisches, teils europäisches Mobiliar zu ganz behaglichen Wohn- und Schlafzimmern eingerichtet sind, die nur den einen Fehler haben, daß sie, weil fensterlos, stockdunkel sind und deshalb wie die Dschaggahütten das Unterhalten eines qualmenden Feuers auf dem Boden nötig machen. Mehrere Suaheli haben ihm das Haus gebaut und sich mit dem Vieh und den Sklaven bezahlt gemacht, die Mareale in einem Krieg mit der großen Dschaggalandschaft Rombo erbeutet hatte.

Mit der ihm eigenen Liebenswürdigkeit empfing uns Mareale vor seinem neuen Haus. Er trug einen schönen arabischen Burnus über einem Suahelihemd und um die Stirn eine dunkelrote Baumwollbinde. Sofort wurde Bananenbier herbeigeschleppt, und nach mehrfachem Rundtrinken aus einer gemeinsamen Kürbisschale wurden die Geschenke vorgeführt und nach Gebühr bewundert. Das Entzücken war natürlich am lautesten, als ich meine Steppstichkünste auf der Nähmaschine produzierte. »Diese Nadeltrommel (ngoma ma shindano) ist mir lieber als mein ganzes Haus, denn ich allein habe eine solche in ganz Dschagga, ein Suahelihaus hat aber auch Mandara«, rief Mareale begeistert, und um diese Versicherung zu bekräftigen, ließ er mir sofort eine fette Kuh ins Lager abführen.

Seinen neugierig umherstehenden Weibern und Sklavinnen (surias) gefielen, wie überall, die Schmucksachen am besten. Während im Jahr 1887 eine Tochter Mandaras, die Mareale für 100 Rinder gekauft hatte, das Regiment im Haushalt führte, mehr vermöge ihrer Abstammung als um ihrer Schönheit willen, ist jetzt ein sehr hübsches 16jähriges Weib seine erklärte Favoritin. Aber auch die früheren Jahrgänge sind noch vorhanden und freuten sich, als ich sie wiedererkannte. Eine vor zwei Jahren aufgenommene Photographie derselben suchte ich ihnen allerdings vergeblich verständlich zu machen. Nur Mareale erkannte sich auf einer Sonderaufnahme sofort mit dem hellen Jubelruf »mimi menyewe« (»ich selbst«) und bewies dadurch wiederum seine für einen Bantuneger ganz ungewöhnliche Intelligenz, denn außer an ihm habe ich noch an keinem anderen Neger die Fähigkeit gefunden, die auf einer Photographie dargestellten Personen oder Dinge plastisch zu sehen.

An der Ordnung im Hof und in den Feldern erkennt man den sorglichen Sinn und die selbstregelnde Hand des Hausherrn, an der furchtlosen Ehrerbietung, mit der ihm jedermann begegnet, die feste und gerechte Amtsführung des Landesherrn. All das wird in Modschi vermißt.

Vor dem Hof hocken, liegen und stehen einige zwanzig bewaffnete Männer auf einem kleinen Rasenplatz umher. Es sind teils Soldaten Mareales, die ihren Wachtdienst verrichten, teils ältere Massai (el morua), die Vieh verkauft und Eisendraht gekauft haben, teils Leute aus den Dschaggastaaten Useri und Rombo, die Mareale Freundschaftsgeschenke gebracht haben. Die Soldaten Mareales sind nur in »kleiner Uniform«, ohne Federkopfputz, Fellmantel und Beinbehang, aber mit ihren prachtvollen Speeren und frisch geordneten Haarfrisuren, die in mehreren nach vorn und hinten fallenden kurzgeflochtenen Zöpfen bestehen, überglänzen sie die anderen dennoch. Die großen, runden Holzpflöcke in den Ohrläppchen und die fingerlangen Holzstäbchen in der oberen Ohrmuschel tragen die Useri- und Romboleute in gleicher Weise, die Spitzfeilung der oberen Schneidezähne und das Ausbrechen der beiden mittleren unteren Schneidezähne geht durch ganz Dschagga. Die Unterhaltung ist nach Dschagga-Art mehr polternd als fließend. Jeweilig spricht nur einer, er allein stehend im Kreis der Hockenden, mit erhobener Stimme wie in einem Vortrag, indem er mit seiner kurzen Holzkeule gleichsam den Takt schlägt; die anderen hören zu. Oder es streiten sich zwei; die anderen hören wiederum zu. In jeder Rede kommt als bündigste Versicherung und stärkste Bekräftigung der Ausruf »Somiriali!« (So = Fürst; »Beim Fürsten Mareale!«) dutzendmal vor. Redner von Talent in Wort und Geste sind sie fast alle, und wer kein Talent hat, bekommt in Dschagga bei dieser Art der öffentlichen Gesprächführung wenigstens Routine. Daneben kauert ein Trupp anderer männlicher Müßiggänger in der für die Wadschagga charakteristischen Hockstellung, in welcher die Kauernden, die sich dann regelmäßig zur größeren Erwärmung in ihre Gewänder bis an die Nasenwurzel einwickeln, fast würfelförmig wie ebenso viele nebeneinander gesetzte altperuanische Mumien aussehen. Da die Arme und Hände mit in dem Zeugwürfel stecken und zum Gestikulieren beim Sprechen nicht dienen können, wächst die Lebhaftigkeit des Mienenspiels in der Unterhaltung ins Unglaubliche. Denselben Grund hat die Gewohnheit, zum Hinweis auf einen Anwesenden die Zunge lang und gerade auf ihn hin auszustrekken. Am lebendigsten sind die Maranguleute selbst, am ruhigsten die Gäste aus Rombo und Useri, die ja in viel bedrängteren Verhältnissen aufwachsen und leben als Mareales Volk.

Wie zu Useri, so unterhält Mareale freundschaftliche Beziehungen zu den größeren westlichen Dschaggastaaten Modschi (Mandara ist sein Schwager und Schwiegervater), Uru-Salika und Madschame, ohne doch an dem Bündnis beteiligt zu sein, welches die Häuptlinge dieser Staaten, Mandara, Salika und Ngamine, mit ihrem kleineren Anhang gegen Sinna von Kiboso geschlossen haben. Gegenseitige Freundschaft oder Feindschaft der kleinen Despotien hängt einzig von der Gesinnung und dem Interesse ihrer Häuptlinge ab. Und da es der Städtchen über zwanzig in Dschagga gibt, d. h. also in der zwischen 1000 und 2000 Metern Bergeshöhe den Süden und Osten des Kilimandscharo umlagernden , bewohnten und bebauten Zone, so nimmt die Unruhe im Lande, das Bündnisschließen an der einen Stelle zum Kriegführen an einer anderen kein Ende. Unter Kriegführen sind natürlich keine offenen Gefechte und Massenkämpfe zu verstehen. Die Angreifer fallen möglichst unerwartet mit großem Geschrei über die Grenzbezirke des Feindes her und schleppen die Bewohner, die nicht rechtzeitig flüchtig werden konnten, als Sklaven davon. Die Hütten werden geplündert und niedergebrannt, und als wertvollste Beute das Vieh weggetrieben, die Pflanzungen aber nicht absichtlich geschädigt. Da der Wachtdienst überall gut eingerichtet ist und die meisten Landesgrenzen da, wo ihr Übergang am leichtesten ist, durch tiefe Gräben gesichert werden, sind unerwartete Überfälle eine Seltenheit. Meist bleibt dem Bekriegten Zeit, entweder seine Bewaffneten in überlegener Zahl auf die Beine zu bringen und dadurch den kundschaftenden Feind zum stillen Rückzug zu veranlassen, oder sich mit einem Teil seiner Habe in den Schutz des Waldes zu flüchten, so daß Blutvergießen nur ausnahmsweise vorkommt. Nach jubelnder Heimkehr erwartet der Sieger den Rachezug des Besiegten. Wenn dieser aber ausbleibt, wiederholt er seine Überfälle, bis im Land nichts mehr zu holen ist oder bis der Unterlegene sich den Frieden mit regelmäßigen Tributen erkauft. Im ersteren Verhältnis scheint Mareale als Sieger zu Rombo, im zweiten zu Mamba zu stehen.

Wenn zwei benachbarte Städtchen miteinander Krieg führen, ist der Verkehr zwischen entfernten Landschaften durch ihr Gebiet hindurch unterbrochen. Dann benutzen die friedlich Verkehrenden entweder jenen Pfad, der unten am Fuß des Berges um den Ost- und Südkilimandscharo herumläuft, oder den schwierigeren Bergpfad, der oberhalb des Urwaldes sich in den Grasfluren von Osten über Süden nach Westen entlang zieht und nach jedem Dschaggastaat einen Seitenpfad abzweigt.

Das ca. 800 Quadratkilometer große Dschaggagebiet zerfällt, von Osten nach Westen gerechnet, in folgende Städtchen und annähernde Bevölkerungsmengen:

Useri	6000	Kirua	1000	Kombo	500
Rombo	5000	Modschi	3000	Kindi u. Moika	500
Mwika	500	Pokomo	1000	Naruma	500
Msai	500	Uru-Salika	3000	Madschame	8000
Mamba	500	Uru-Salue	2000	Schira	1000
Marangu	3000	Kiboso (Lambungu)	6000	Kibonoto	1000
Kilema	2000			Wroni	1000

Zusammen: 46,000 Bewohner.

Die bienenkorbförmigen Hütten stehen meist zu zweien oder dreien nebst einer kleinen Vorratshütte innerhalb eines Palisadenzaunes auf einem Hof zusammen inmitten der Bananenpflanzung des Hofbesitzers. Ein dorfartiger Hüttenhaufe findet sich nur an Mareales eigenem Wohnplatz. Da die verheirateten Söhne meist so lange in der Elternhütte wohnen bleiben, wie es der Raum gestattet, so kann man einschließlich Großeltern und Sklaven zehn Bewohner auf eine Hütte rechnen, wonach Dschagga etwa 4600 Wohnhütten außer den Vorrats- und Viehhütten haben würde.

Die obige Zusammenstellung ergibt aber eine durchschnittliche Bevölkerungsdichtigkeit von 60 Bewohnern pro Quadratkilometer, während doch die Ertragsfähigkeit des Bodens ganz bequem die doppelte und dreifache Zahl zulassen würde, sobald ganz Dschagga unter einer energischen Hand vereint sein würde. Wenn auch nicht dies, so scheint es ja, als ob der tatkräftige, umsichtige Sinna von Kiboso der zersetzenden Kleinstaaterei im Westen ein Ende machen wolle, worauf vielleicht Mareale im Osten seinem Beispiel nacheifern wird.

Mareales bisherige Lebensgeschichte läßt erwarten, daß er nicht auf dem status quo stehenbleiben wird. Als sein Vater als Häuptling von Marangu starb, war er 1½jährig und wurde von seinem Oheim, der die Herrschaft usurpiert hatte, mit seiner Mutter des Landes verwiesen. Jahrelang hielt sich das Kind und der Jüngling in Modschi bei Mandara und bei Sinnas Vater in Kiboso auf, bis er, kaum 20jährig, einen Raubzug der Wakiboso nach Marangu führen konnte. Seines Oheims konnte er dabei zwar nicht habhaft werden, er trieb aber alles Vieh weg und hatte seinen Stammesgenossen gezeigt, daß er ein »ganzer Kerl« war.

So gelang es seinem in Marangu geduldeten jüngeren Bruder, heimlich zahlreiche Anhänger in Marangu selbst für Mareale zu gewinnen, eines Tages durch eine Revolte den Oheim zu vertreiben und Mareale in die Heimat zurückzuführen, wo dieser seine Stellung sofort durch eine Verschwägerung mit Mandara, durch Beutezüge nach Rombo und Heranziehen von Suahelikarawanen zu befestigen wußte. Der Bruder aber ließ später sein Leben, weil er auch gegen Mareale sein revolutionäres Tun fortsetzte; Mareale hat ihn wahrscheinlich erstechen lassen. Es liegt nicht außer dem Bereich der Möglichkeit, daß Mareale in Zukunft noch ein oder das andere Mal vor seinem lieben Schwiegervater oder einer Vereinigung seiner Widersacher das Feld räumen muß. Das ist so Brauch in Dschagga, und auch Mandara hat wiederholt Land und Leute dem Feind lassen müssen, bis dieser nach der Plünde-

Hof und Hütte in Marangu

rung wieder abzog. Aber Mareale ist nicht der Mann, der sich dauernd in die Rolle eines Besiegten findet und seinem »Thron« entsagt, solange ihm das Leben bleibt.

In unserem Lager pulsiert das Leben am frühen Morgen, bevor die Wadschagga zur Feldarbeit gehen, und am späten Nachmittag, wenn die Tagesarbeit in den Feldern beendet ist, besonders rege. Mit hochgefüllten Bastkörben und dicken Bündeln kommen die Weiber und Mädchen zum Markt und halten unter dem Schattenbaum feil. Die Weiber sitzen mit lang ausgestreckten Beinen auf dem flachen Boden oder stehen einzeln und immer schwatzend umher; die Mädchen neugierig und kichernd zu zweien oder dreien dicht hintereinander, indem das vornstehende die Arme über dem offenen Busen kreuzt, die hinten stehenden ihre Freundin eng um die Taille oder die Schultern fassen, um sich gegenseitig zu bedecken und zu erwärmen. Zu kaufen gibt es vier verschiedene Arten Bananen: in reifem Zustand zum Roh-Essen, in unreifem Zustand zum Kochen und Braten, zu Mehl zerstoßen zum Backen; da gibt es drei Arten von Bohnen und kleine Straucherbsen; Mais ausgekörnt und grün in Kolben; Hirse in Körnern oder als Mehl; Bataten groß und klein; angesäuerte Milch und Butter; Tabaksblätter; Honig; Hühner. Das größere Vieh kommt nie zum Verkauf, denn es gehört alles Mareale zu eigen, welcher den Besitzern nur die Nutznießung der Milch und Butter überläßt. Geschlachtet wird darum auch nur im Haushalt Mareales; nur von ihm kann man Fleisch kaufen. Das Angebot von Feldfrüchten ist aber sehr groß; und die Karawanenleute verstehen das Kaufen und Feilschen nicht minder gut als die Maranguweiber. Der Begrüßungsruf »mbuia« (»Freund«) , der einem durch ganz Dschagga entgegentönt, leitet den Handel ein. Der Suaheli bietet weit unter dem Wert und erntet ein entrüstetes, kurz hervorgestoßenes »tschá« (»nein«). Er geht und kommt wieder, 10mal, 20mal, immer ein klein wenig mehr bietend und seine begehrten Perlen oder Zeugfetzen anpreisend, bis sich beide Teile auf dem goldenen Mittelweg finden. Nun wird erst genau geprüft und nachgemessen und nachgezählt und endlich unter Zuspruch von beiderseitigen Freunden der Kauf abgeschlossen.

Seit Jahren ist, wie überall in Mittelafrika, das »nguo«, das breitlaufende weiße Baumwollenzeug (Gamti), die beliebteste Großmünze in Dschagga. Während es aber anderwärts in Doti zu 8 Mikono (Armlängen) abgemessen wird, rechnen die Wadschagga das Doti zu 10 Armlängen, d. h. so lang, daß sie in ihrem kühlen Klima den ganzen Körper wie in eine Toga darein hüllen können. Hier wie im ganzen übrigen äquatorialen Afrika ruft der Verkäufer, wenn es ans Abmessen geht, regelmäßig den längsten Mann aus der Schar der Umstehenden herbei, damit dieser für ihn messe, und immer macht diese freundliche Mittelsperson den Versuch, der Länge des vereinbarten Stoffmaßes durch ein Ziehen von der Fingerspitze über den Ellenbogen hinaus noch einen unrechtmäßigen Zuwachs zuteil werden zu lassen. Bandera, das rote Baumwollenzeug, ist namentlich als Festgewand der Großen beliebt. Die gangbarste Scheidemünze sind aber die ganz kleinen, rubinroten und himmelblauen Glasperlen, welche von den

Weibern auf dicke, runde Bänder genäht und so um Hals und Gelenke getragen werden. Sie sind von den venezianischen Fabriken (alle Glasperlen Ostafrikas kommen aus Venedig) in kleine Bündel zu 10 Strängen zu 10 Fäden zu 100 Perlen geordnet und werden nur in dieser Aufreihung von den Eingeborenen in Tausch genommen.

Nach diesen beiden Hauptgeldsorten (Weißzeug und kleine Perlen) geschätzt, haben die Landeserzeugnisse auf unserem Marangumarkt die nachstehenden Preise:

1 Kuh	=	12 Doti zu 10 Armlängen		
1 Ziege	=	3 Doti		
1 Schaf	=	4 Doti		
1 kleines Huhn	=	2 Armlängen	=	3 Stränge Perlen zu 10 Fäden
20 Bananen, unreif 10 Bananen, reif 1 Liter Hirse 1½ Liter Bohnen 2 Liter Mais	=	1 Armlänge	=	1 Strang Perlen
10 Bataten, mittelgroß	=	1 Strang Perlen		
1 Liter Milch	=	1 Strang Perlen		
1 Kilo Butter	=	5 Armlängen		
1 Last Brennholz	=	1 Strang Perlen		
1 Bündel Tabak (3 kg)	=	8 Armlängen		
1 Liter Honig	=	1½ Doti		

Brombeeren, Tomaten, Spinat und dergleichen werden von den Kindern im Busch gesucht und mit Kinderpreisen bezahlt. Einen Liebhaberpreis aber hatte ich für unseren Bedarf an Milch und Butter zu entrichten, die ich nach Vorschrift in meine eigenen Gefäße melken und eindrücken ließ, weil ich vorher wegen der Sitte der Eingeborenen, ihre Milch- und Buttergefäße mit Kuhurin auszuspülen, diesen landwirtschaftlichen Erzeugnissen keinen rechten Geschmack abzugewinnen vermocht hatte.

Die Milch entstammt vorwiegend den kleinen, kurzhörnigen Buckelrindern, seltener werden auch die mit langer Wamme behängten Fettschwanzschafe und die Ziegen gemolken. Weder die Ziegenmilch noch das Ziegenfleisch schmecken »bockig« wie in Europa. Auch in ganz Dschagga ist wie in Taweta die Furcht vor Viehraub der Grund zur Stallfütterung.

Zu den vielseitigen Dschagga-Genüssen kam hier noch einer, dessen Grundlagen der Koch bei Dr. Abbott in Modschi gelernt hatte, nämlich das Backen von dünnen, aus Mais- und Hirsemehl gemischten Fladen in Butter. Sie schmeckten recht herzhaft und knusprig und waren fortan unsere Zuspeise zu jedem Gericht.

Mareale kommt täglich einmal morgens, einmal nachmittags ins Lager und verplaudert, in meinem Lehnstuhl ausgestreckt, eine halbe Stunde mit mir über Dschagga, Sansibar und Europa, von dem er eine etwas verworrene Vorstellung hat. Tritt ein Neukömmling zu uns, so begrüßt derselbe, bevor er sich zu den Kameraden niederkauert, durch Zuruf zuerst seine Freunde, dann Mareales Umgebung, zuletzt den Häuptling selbst. Mareale verläßt mich selten, ohne daß ich ihm irgend eine Kleinigkeit, einen Bleistift, ein paar Nadeln und dergleichen, zugesteckt habe; dann lächelt er glücklich wie ein Kind und eilt ohne Abschied in langen Schritten nach Haus.

Wenn gegen Abend aus dem benachbarten Lager der Sklavenhändler einige Suaheli und Somali herüberkommen, um mit meinen Leuten, unter denen sie viele alte Bekannte haben, zu plaudern, schleiche ich still davon und streife mit einem meiner Jungen in der Umgegend umher. Einmal allein zu sein im Genießen und Beobachten der Natur, wenn auch nur für eine kurze Stunde, frei vom Fragen und Verlangen der eigenen Leute, das vom Morgen bis zum Abend nicht aufhört, frei von der Neugier und den Wünschen der Eingeborenen, die namentlich bei den Instrumentarbeiten sich herandrängen, lachen und hindern, das ist eine

Ziegen und Schafe der Dschagga

Sehnsucht, welche im afrikanischen Karawanenleben nur zu selten gestillt wird. Und in den späten Nachmittagsstunden ist der obere Kilimandscharo, dessen beide Gipfel, der runde, weiße Kibo und der zackige, dunkle Mawensi, dann klar und kühn über eine den ganzen mittleren Berg umlagernde graue Schichtwolke sich zum lichtschwachen Abendhimmel aufbäumen, immer am schönsten. Aber nach rückwärts hinabblickend trifft das Auge auf die Felseninsel des Uguenogebirges, dessen Wände und Kuppen, von der Abendsonne vergoldet, aus der farbengedämpften Südebene aufragen.

Die Zurichtungen und Vorbereitungen für einen längeren Aufenthalt der Karawane im Lager wurden rasch zu Ende geführt. Seitwärts von dem Hüttenhaufen der Träger und Führer erhoben sich innerhalb eines die Eingeborenen zurückhaltenden Stangenzaunes zwei größere Basthütten als Warenlager und Wohnung des Aufsehers, eine kleinere Hütte für die Somali und ein Schutzdach für die Küche, und dahinter war ein kleiner Gemüsegarten angelegt, in welchem die von Sansibar mitgebrachte Saat von Kresse, Salat, Spinat und Radieschen schnell zu sprießen begann.

So waren wir nach fünftägiger Arbeit im Marangulager so weit, daß ich an die Rüstung einer kleinen Schar zum Aufbruch in höhere Bergesregionen gehen konnte. Ich wählte dazu die willigsten und zähesten Träger aus, verteilte an sie Zeug zum Nähen eines wärmeren Kittels und schilderte ihnen möglichst drastisch das, was sie dort oben zu erwarten hatten. Da glücklicherweise zwei Träger darunter waren, die schon im Jahr 1887 bis zum oberen Urwaldrand mit aufgestiegen waren, hatten meine Worte genügende Beweiskraft. Die Tatenlustigen wurden von ihren Kameraden bereits als angehende Helden betrachtet und fühlten sich in dieser Rolle sehr stolz und glücklich.

Am Tag vor unserm Aufbruch stellte sich noch mehrfacher Besuch im Lager ein. In aller Frühe erschien Mareale mit seinem freundnachbarlichen Kollegen aus dem Städtchen Mamba. Da selbiger aber ohne Gastgeschenk zu Besuch kam, ließ auch ich ihn mit leeren Händen wieder ziehen, zu sichtlicher Belustigung seines Freundes Mareale. Dann machte die Mutter Mareales, eine große, würdig dreinschauende, aber gewöhnlich etwas angeheiterte Matrone, mit einem Schwarm nicht übler junger Begleiterinnen ihre Staatsvisite und ergatterte eine Tabakspfeife und ein großes Stück Bandera (rotes Baumwollenzeug) für sich und ihren weiblichen Anhang. Später führte Mareale seine kleine Handelskarawane vor, die soeben von der Küste eingetroffen war und Eisendraht, Zeuge, Salz sowie ein schönes Fernrohr als Geschenk seiner europäischen Freunde in Mombassa mitgebracht hatte (gewiß ein großer Fortschritt, daß Mareale selbst Karawanen zur Küste zu schicken beginnt); und am Nachmittag erhob sich im Westen des Lagers lautes Freudengeschrei und Willkommenschießen, und aus den Büschen trat der amerikanische Jäger Mr. Chanler mit seiner Karawane, der von Modschi über Marangu nach Taweta in sein Camp zurückkehrte. Er blieb die Nacht bei uns und erfreute mich durch die jugendfrische Schilderung seiner Erlebnisse und Pläne und durch sein treffendes Urteil in afrikanischen Dingen. Wie vielen weisen deutschen »Kolonialmenschen« wäre nur die Hälfte des Geistes zu wünschen, der diesen 23jährigen Amerikaner mit seinem 20jährigen Begleiter befähigte, eine 180 Mann starke Küstenkarawane ohne Kampf durch Massaigebiete zu führen, in denen noch nie zuvor eine Expedition gewesen ist.

Als auch Mr. Chanler am nächsten Morgen von dannen zog, hielt uns nichts mehr im Lager. Die Jahreszeit drängte zu rascher Arbeit. Nachts hatten wir in den letzten Tagen regelmäßig starke Regengüsse gehabt, aber die Tagesgewitter der Regenzeit waren noch nicht herangerückt. Doch standen sie nahe bevor. Bis zu ihrem Eintritt mußten die Besteigungen in der Höhe ausgeführt sein. Darum vorwärts, aufwärts, »excelsior«!

Zum Gipfel des Kibo

Die größte Schwierigkeit bei früheren Besteigungen des oberen Kilimandscharo und das Haupthindernis für einen längeren Aufenthalt in der Höhe, ohne welchen die Bewältigung der großen, vulkanischen Massen und Maße unmöglich ist, war wohl nicht die für solche alpine Touren unzulängliche Ausrüstung der Besucher gewesen als vielmehr der in jenen entlegenen Regionen allzu schnell eintretende Mangel an Lebensmitteln für die Reisenden und ihre Begleiter.

Die Erfahrungen des Jahres 1887 hatten mich belehrt. Mein Plan ging dahin, die Besteigungen des Kibo und Mawensi von dem zwischen beiden Gipfeln in 4400 Meter Höhe liegenden kleinen Plateau aus zu unternehmen und dort in einem zweckmäßigen Standquartier so lange auszuhalten, bis die Erforschung des oberen Kilimandscharo abgeschlossen sein würde. Für dieses Standquartier hatte ich in Sansibar anstatt des in Aden verlorenen tent d'abri ein niedriges, gut schließendes Zeltchen anfertigen lassen, in welchem wir zwei Europäer nötigen Falls noch mit einem schwarzen Gefährten Raum hatten, und zur inneren Ausstattung des Zeltes dienten eine wasserdichte Unterlage aus Kautschuk, mehrere Kamelhaardecken und namentlich zwei große, aus Schaffellen genähte Schlafsäcke, welche den ganzen Körper bis auf das Gesicht wärmend umschlossen.

Unsere alpine Ausrüstung bestand aus warmer Wollkleidung, Wollhandschuhen und starken, genagelten Bergschuhen, aus Rucksäcken, Eispickeln, Gletscherseilen, Schneebrillen und Schneeschleiern. Herr Purtscheller war dazu noch glücklicher Besitzer von Steigeisen, während die meinigen in Aden mit den Zelten nach Ceylon gewandert waren. Von den Instrumenten begleiteten uns der Theodolit, der photographische Apparat, die Hypsometer, Aneroide, Maximum-Minimumthermometer, Peil- und Routenkompasse und das geologische und botanische Sammelwerkzeug.

Für unsere Verpflegung und für sonstige Vorfälle erschien es mir am zweckmäßigsten, zwischen unserem beabsichtigten hohen Standquartier und dem Marangulager eine Zwischenstation an der oberen Grenze des Urwaldes zu errichten, wo das große Zelt und unsere wenigen Träger bis auf einen zurückbleiben sollten. Demgemäß ordnete ich an, daß jeden dritten Tag aus dem Marangulager vier Mann mit frischen Lebensmitteln zum Mittellager am oberen Urwaldrand hinaufkommen sollten, von wo aus zwei der dortigen Leute den erforderlichen Proviant an Fleisch, Bohnen, Bananen, Butter, Brot zu uns ins obere Lager hinaufzutragen hatten. Die Proviantträger aber sollten immer sogleich in ihr Ausgangslager zurückkehren. Auf diese Weise waren wir regelmäßig verpflegt und in den Stand gesetzt, ähnlich wie von einer Klubhütte unserer Alpen aus die Ersteigung, Aufnahme und Erkundung des oberen Kilimandscharo nach einem festen Plan in fast dreiwöchiger Arbeit durchzuführen.

Unserm Aufbruch zum oberen Berg ging eine Gewitternacht mit wolkenbruchartigen Regengüssen voraus, welche alle Hütten und Zelte, mit Ausnahme des großen Zeltes, durchdrangen, so daß wir die Vormittagsstunden des Abmarschtages notgedrungen mit dem Trocknen der durchnäßten Zeuge und Lebensmittel hinbringen mußten. Leider hatte auch der Vorrat an Fleisch, das ich einige Tage vorher hatte in Streifen schneiden und am Feuer dörren lassen, ein Regenbad abbekommen, aus dem es keineswegs schmackhafter hervorging. Immerhin leistete es uns, nachdem es wieder ausgetrocknet war, später sehr gute Dienste.

Endlich am Mittag des 28. September konnte sich die kleine Bergexpedition, bestehend aus dem zweiten, gewandteren Niampara, neun Trägern, dem findigen Panganineger Muini Amani und den Somali Achmed, Mohammed und Abdallah, von denen Achmed auch den Koch spielen sollte, in langsame Bewegung setzen. Das große Zelt wurde bis zum Lager am oberen Urwaldrand mitgeschleppt. Die Zurückbleibenden hatten strenge Verhaltensmaßregeln erhalten und waren dem Befehl Alis, des treuen ersten Somali, unterstellt und der wohlwollenden Obhut Mareales empfohlen worden, der sein Bestes zu tun versprach. Trotzdem schied ich mit schwerem Herzen, denn so oft ich auch bei früheren Gelegenheiten in die Notwendigkeit versetzt gewesen war, mich zeitweilig vom Gros meiner Karawanen zu trennen, jedesmal waren in der herrenlosen Gemeinde grobe Unordnungen vorgekommen, die den Bestand der ganzen Expedition gefährdet hatten. Die Folge zeigte, daß es auch diesmal keine Ausnahme von der Regel gab.

Mareale hatte uns zwei Führer versprochen. Als wir aufbrachen, war aber nur einer zur Stelle; der andere, so hieß es, werde am Abend nachkommen.

Auf dem sanft ansteigenden Terrain, auf welchem schattige, kühle Bananenhaine mit kleinen, offenen Grasflecken und murmelnde Bäche mit künstlichen Bewässerungsgräben abwechseln, stiegen wir in gemessenem Schritt bergauf. Wo der Mondjobach im offenen Gelände über eine kleine Basaltstufe herabschäumt, öffnet sich der Ausblick bachaufwärts auf eine am hohen Uferrand gelegene Hüttengruppe, die im Jahr vorher dem amerikanischen Naturforscher Dr. Abbott mit seiner Karawane monatelang als Behausung gedient hat und jetzt, verlassen, von Wind und Wetter zerzaust wird. Weiter oben gewannen wir von einer Hügelgruppe Umschau über das ganze Land. Da sind nirgends schroffe Formen, überall leichte Wellenlinien, und soweit der Blick nach

Der Kilimandscharo aus SO

unten und nach den Seiten reicht, allerorts saftiggrüne Bananenhaine und kleine, blumige, buschige Grasmatten. Fern aus der dunstigen Ebene schillert silbern der schmale Dschipesee herauf, überragt von der bläulichen Silhouette der Uguenoberge, an die sich östlich die ferneren duftigen Parehberge anschließen, während im Westen der Blick in die Steppen durch den langgestreckten, waldigen Lassohügelzug beschränkt wird, von dessen Höhe aus wir, von Modschi kommend, der ersten Überschau über dieses gelobte Land teilhaftig geworden waren. Bergauf zum oberen Kilimandscharo folgt den Lassohügeln das Auge, bis es im nebeldurchwehten Urwald und der darüberliegenden dunkelgrauen Wolkenhülle auch dort eine Grenze findet.

Der Zeiger des Aneroidbarometers senkte sich zu immer tieferen Luftdruckzahlen und wies auf ca. 1700 Meter, als wir nach dreistündiger Wanderung die letzten Bananenpflanzungen hinter uns ließen, um in das nun beginnende Dickicht von Farnen und Sträuchern einzudringen, welches weiter oben allmählich in den Urwald überführt.

Wie im Jahr 1887, so versuchte auch diesmal wieder der Marangufführer uns zum Lagern an diesem für die Verpflegung der Leute sehr bequem gelegenen Platz zu bestimmen, obwohl es noch ziemlich früh am Tage war; aber wie damals, so trieb ich nach kurzer Rast auch diesmal wieder zum Weitermarsch, um das erste Lager am Unterrand des Urwaldes aufzuschlagen. Nach großem Geschrei und vergeblichem Herumtanzen folgte uns der Führer.

Der Pfad war von nun ab vollständig verwachsen und verursachte den müden Trägern schwere Mühe. Mehrere splitternackte Maranguleute begegneten uns, keuchend unter riesengroßen Bunden von gesammeltem Brennholz, und erzählten uns erregt, daß sie in nächster Nähe eine Begegnung mit vier Elefanten gehabt hätten. Wir wurden der Tiere jedoch nicht ansichtig, weil wir unsere schärfste Aufmerksamkeit dem Erdboden zu widmen hatten, wo uns die zahlreichen, unter einer Farnendecke versteckten und bis zu 6 Meter tiefen Fanggruben für Elefanten ernstlich gefährdeten. Ich selbst entging nur mit knapper Not dem verderblichen Sturz in die morastige Tiefe.

Die Busch- und Farnenzone unterhalb des Urwaldes hat schwerlich etwas mit den klimatischen Verhältnissen dieser Bergregion zu tun. Diese Vegetationsformation scheint vielmehr das Ergebnis der periodischen Brände zu sein, durch welche die Wadschagga offenes Land für ihre sich ausdehnenden Kulturen zu gewinnen suchen. Es spricht für diese Annahme, daß da, wo solche Kulturenbrände nicht angelegt werden, der Urwald bergabwärts mit abnehmender Feuchtigkeit allmählich lichter wird und mehr und mehr Vertreter der Steppenflora in sich aufnimmt, bis er von der reinen Baumsteppe ganz verdrängt ist. Auch in der Farnenzone ist echte Urwaldflora mit Steppenflora vielfach vergesellschaftet. Soweit die Farnenzone in die Höhe reicht, soweit wird auch die breitere Bananenkultur möglich sein; darüber hinaus setzt die große und beständige Feuchtigkeit des Waldes, der ja gerade den reichen und andauernden Niederschlägen dieser Höhenzone sein Dasein verdankt, der Feuerwirkung und damit der Anlage tropischer Kulturen eine Grenze, wenn eine solche nicht schon durch das Klima dieser Höhe gezogen wäre, was sehr wahrscheinlich ist.

Unsere Aufstiegsroute vom Jahr 1887 lag ein gutes Stück westlicher als die jetzige. Aber auch diesmal traten wir bei 1960 m in den unteren Urwald ein, der uns seine Vorläufer in Gestalt vereinzelter moos- und flechtenbehangener und verwetterter Baumgreise schon weithin entgegengesandt hatte. Hier wurde unser

Pfädchen, sobald das Farnendickicht aufhörte, offener und führte uns in kurzem zwischen den triefenden graugrünen Baumriesen hindurch auf eine kleine, hochgrasige Kampine am Rande des plätschernden, von Kraut und Stauden überwucherten Ruabächleins, wo ich unser erstes Berglager aufschlagen ließ.

Als Achmed später am prasselnden Feuer eine beruhigende Probe seiner Kochkunst lieferte, wurde es uns in unserer Einsamkeit trotz Nebel und Nässe ganz gemütlich, obwohl ich vorher den Führer unter Muini Amanis Aufsicht nach Marangu zurückgesandt hatte mit dem Befehl, am nächsten Morgen unter allen Umständen mit dem ausgebliebenen zweiten Führer zurückzukehren. Nach einer kühlen Nacht, in der wir mehrmals durch Elefantengetöse erweckt wurden, hatten wir in der Frühe vollauf Zeit, unsere orchideenreiche Waldwiese abzusammeln, bis die beiden Führer, mit Lebensmitteln beladen, eintrafen und der Einstieg in den Urwald begann.

Wie gestern, so heute, wie Anfang Juli 1887, so jetzt Ende September 1889, jahrein jahraus ist diese Region der mittleren Wolkenhöhe die Zone größter Feuchtigkeit. Wo stete Befeuchtung und doch regelmäßiger Abfluß des Wassers gegeben ist, da entwickelt sich überall in der Welt der Urwald innerhalb seiner Wärmegrenzen zur großartigsten Üppigkeit. Beide Bedingungen sind am mittleren Kilimandscharo in hohem Maße erfüllt, denn die Niederschläge erfahren in dieser Höhe keine nennenswerte Unterbrechung, und die sanften Formen des vulkanischen Bergkörpers sorgen für die gleichmäßigste Entwässerung des Bodens. Warum die Nordseite des Gebirges in dieser Beziehung weniger begünstigt ist, werden wir später zu erörtern haben.

Da es für den Kilimandscharowald keinen ausgesprochenen Wechsel der Jahreszeiten, keine regenlose Periode gibt, müssen seine Bäume, um nicht in den Niederschlägen zu ersticken, in ihren Blättern so organisiert sein, daß sie fortwährend transpirieren können. Der Kilimandscharowald hat deshalb nur immergrüne Baumformen; periodische Belaubung ist allein der kleinen Stauden- und Krautvegetation eigen. Wenn in den trockenen Steppenebenen Schutz gegen übermäßige Transpiration das Organisationsprinzip der Bäume war, so ist es hier Schutz gegen Beschränkung der Transpiration. Durch Glätte und Wachsüberzug der Blattoberfläche halten die Pandanus-, die Dracänen- und ähnliche Formen die Spaltöffnungen für die Verdunstung frei, durch feinen Haarbezug die Clavijaformen, Essigbäume und andere mehr. An den Stellen größter Nässe, wie in den Bachläufen, streben die nach Luft ringenden Pflanzen, die Farne und andere, nach möglichst ausgedehnten Verdunstungsflächen durch möglichst große Blattentwicklung. Formen und Arten, die an trockenen Plätzen ziemlich kleinblättrig sind, treiben hier Blätter von erstaunlichem Umfang.

Die triefende staudige Untervegetation schlägt uns anfänglich auf unserm Marsch über dem Kopf zusammen und durchnäßt uns bis auf die Haut. Weiterhin werden die Baumbestände noch dichter, Lianen winden sich in unendlichen Verschlingungen von Stamm zu Stamm, und den Boden überzieht ein dichter, sattgrüner Polsterteppich von niedlichen Farnen, auf den das braune Band unseres morastigen Pfades das einzige Ornament zeichnet. Stämme, Äste und Lianen sind überzogen mit tausendfältigen Schmarotzern und Scheinschmarotzern, unter welchen ein langes, gelbbraunes Hängemoos alle anderen in Zahl und Größe überwiegt. Vom Regen sind sie vollgesogen wie Badeschwämme und setzen unbarmherzig das Geschäft der Durchnässung an uns fort. Die Träger haben obendrein sehr schwere Arbeit bei dem unaufhörlichen Wenden, Bücken, Kriechen und Steigen zwischen den Wurzeln und über die stehenden und gestürzten Stämme. Glücklicherweise ist das Terrain nirgends steil.

Von Zeit zu Zeit treten wir aus dem Waldesdunkel auf eine lichte Kampine hinaus, wo wieder mit vollen Lungen Luft geschöpft werden kann. Es ist seltsam, wie scharf diese dem Wald eingesprengten kleinen Grasfluren gegen den Wald hin abgegrenzt sind. Der Übergang von ihrem Gras zum hohen Baumwuchs ist ebenso schroff wie jener der Steppe gegen den Wasserwald eines Flusses, und doch scheinen sie mehr durch künstliche Rodung als durch natürliche Bedingungen entstanden zu sein und weiter zu bestehen. Essig- und Erikaceenbäume bilden vorwiegend die äußere Waldmauer, und auf den Kampinen selbst unterbrechen zwei grüne und eine rote Erdorchideenart, in höheren Berglagen eine rote Iris, rote und gelbe Strohblumen die graugrüne Grasfläche.

Überall im Wald sind die Spuren und Losung von Elefanten außerordentlich zahlreich. In dem lehmigen Morastboden hinterläßt jeder der Riesenstapfen einen fußtiefen Pfuhl, den wir vorsichtig umgehen müssen, und die geknickten Stämme und aufgerissenen Wurzeln versperren uns häufig den Weg. Auch Büffelfährten sind nicht selten. Dann und wann erklingt einmal das Schnalzen eines Affen oder das klägliche Geschrei eines Hornvogels, aber im Ganzen ist vom Tierleben auffallend wenig in diesen Regenwäldern zu bemerken. Nie bietet sich ein weiterer Ausblick hinab in die Ebene oder hinauf zur Bergeshöhe.

So wanderten wir langsam bergan, stumm im stillen Urwald, bis wir am Nachmittag auf eine Graszunge hinaustraten, die aus der oberhalb des Urwaldes sich ausdehnenden Grasflur sich hier bis tief in den Wald hinab erstreckt und durch allmähliches Vordringen von Grasbränden aus der oberen Grasflur entstanden sein mag. Auf ihr führte uns der Pfad steiler bergauf, rechts und links begleitete uns der Wald, in dem mit zunehmender Bergeshöhe die Erikaceen alle anderen Formen überwiegen. Bei 2600 Metern Höhe wird eine Terrainstufe erreicht, wo die Bodenneigung viel geringer wird, und dort erweiterte sich unsere Graszunge zu einer offenen Grasflur, in der noch einzelne größere Waldparzellen höher zum Berg hinanziehen; aber der geschlossene Urwald liegt nun hinter uns.

Wir stehen an der Südostseite des Mawensi, von dem aus ferner Höhe zeitweilig ein dunkler Felszacken durch die wogenden Wolken herabschaut. Eine größere Anzahl ansehnlicher Parasitenkegel zieht sich von seinen Südostflanken zu uns herunter, und zwischen ihnen hindurch schlängelt sich der Pfad, dem wir bisher gefolgt, zur Nordostseite des Berges hinüber, am oberen Urwaldrand entlang, nach den Dschaggalandschaften Rombo und Useri. Wir aber verließen nun den Pfad und schlugen westliche Richtung ein, uns in der Grasflur immer in derselben Bergeshöhe oberhalb des Urwaldes am Südabhang des Mawensi hinbewegend, bis wir mit fallendem Nebel am Fuß des westlichsten der vulkanischen Mawensiparasiten auf den kleinen, kalten Kifinikabach trafen und dort wieder am oberen Waldesrand in 2655 Meter Höhe uns für die Nacht einrichten konnten.

Gespenstig wehte der Abendwind die langen grauen Flechten an den Ästen im Nebel hin und her. Die Leute kauerten aneinander gedrängt um die vor Nässe schlecht brennenden Feuer und froren, und als auch mir bei 5 °C die Finger den Dienst versagten, kroch ich in meinen Pelzsack und segnete die Seelen der braven Wiederkäuer, welche mir ihr warmes Fell geliefert hatten.

Bei Reif und nur + 2 °C war es den Leuten nicht zu verdenken, wenn sie nicht, wie bisher, bald nach Tagesanbruch unter ihren Grasschutzdächern hervorwollten. Als sich aber nach 8 Uhr die Luft klärte, stampften sie wohlgemut den Führern nach in den Urwald hinein, der sich hier wieder höher am Berg hinauf erstreckt. Einen Pfad müssen wir uns erst in dem dichten Unterkraut treten, ein schwieriges Beginnen, obschon die Bäume in diesen hochgelegenen Waldesteilen nicht mehr dicht stehen und uns keine Lianen mehr am Vordringen hindern. Kolossale Rhododendren, Dracänen und Erikaceen herrschen im Wald vor, nicht mehr von braunen Moosen überzogen, sondern nur mit grauen Bartflechten behangen, und in der Bodenvegetation sind halbmannshohe Doldenblütler und Schilfgräser die Leitformen. Der Boden selbst, der im unteren Urwald rotbraun und lehmig gewesen, ist in diesen oberen Waldpartien ein schwarzer Humus. Das anstehende Lavagestein hat nicht mehr die dicht basaltische Struktur wie unten, sondern ist gröber kristallisiert. Unsere Träger marschieren vorzüglich; da bedarf es keines Antreibens mehr; es ist die Crême unserer Karawane. Nachdem sie beim Gehen wieder warm geworden, scherzen sie über das Elend ihres verlassenen Nachtlagers, und als dann einer der Führer ein kleines ahnungsloses Nagetier, das an einem Baumstamm zu schlafen schien, am Kragen erwischte und es trotz allen Sträubens zum Transport in eine Astgabel band, daß es jammervoll quiekte, war die alte Fröhlichkeit wieder in vollem Schwange.

Eine Stunde lang waren wir im Wald langsam westwärts bergan gestiegen, als wir an ein offenes Bächlein, Ngona mdogo, heraustraten, das in seinem muldenförmig ausgewaschenen Lavabett vom Mawensi herabrieselt. Von hier war uns 1887 der erste Anblick des im Neuschnee damals so nahe scheinenden Mawensi zuteil geworden. Heute waren seine Felsen in Nebel gehüllt. Nachdem wir bald darauf auch durch die steile und von seltsamen Vegetationsformen überwucherte Bachschlucht des Ngona mkuba hindurchgeklettert waren, den wir früher, von Modschi kommend, in seinem Unterlauf als Grenzbach zwischen Marangu und Kilema überschritten hatten, trafen wir in der Grasflur auf den neutralen Pfad des oberen Kilimandscharo, der, von Useri herüber, am oberen Urwaldrand entlang in fast immer gleicher Bergeshöhe bis nach Madschame im Westen des Berges hinführt, und folgten ihm einige Stunden lang. Gelegentlich passierten wir noch eine Waldzunge, die, einem Bachlauf oder anderen günstigen Terrainverhältnissen folgend, von unten in die obere Grasflur hineinreicht.

Im Mittel liegt die obere Grenze des geschlossenen Urwaldes ungefähr bei 2900 Metern Höhe, die obere Grenze des Baumwuchses überhaupt, d. h. die untere Höhengrenze der den Baumwuchs vernichtenden thermischen Minimalextreme, ist aber noch 200 Meter höher zu ziehen. Diese Region ist recht eigentlich das Reich der Erikaceen. Von baumhohem Wuchs, zerzaust und geknickt durch den Bergwind und mit wehenden grauen Flechtenmänteln behangen, trotzen sie als äußerste Grenzmauer des Urwaldes dem Wetter des Hochgebirges. In niederer Strauchform aber sind sie über die ganze Grasflur hin verstreut und dringen weit über die Baumgrenze vor bis hinauf zum Rand des Sattelplateaus bei 4000 Metern. Solche Zähigkeit ist vor allem begründet in der Bildung ihrer Blätter, deren Oberseite glatt und lückenlos geschlossen ist, während die Unterseite stark eingerollt und durch zahllose Spaltöffnungen gelockert ist, so daß hier der Weg für den Wasserdampf und die auszuscheidenden Gase immer freigehal-

Die obere Waldgrenze (2890 m) des Kilimandscharo mit Senecio Johnstoni

ten wird, wie lange und dicht auch die Nebel um sie wehen mögen, und daß die für die Pflanze so wichtige Ausdünstung stattfinden kann, sobald nur für kurze Minuten ein trockener Luftzug oder Sonnenschein die Blättchen trifft.

Gemeinsam mit den Eriken bewohnen mehrere Proteaceen, Adlerfarne, Rauten, Strohblumen, niedere Heidelbeerformen die Grasflur. Viele von ihnen standen in voller Blüte und waren beflogen von wilden Bienen, für deren Honig von den Wadschagga hier und da an den Bäumen die in Ostafrika allgemein üblichen kanonenrohrartigen hölzernen Sammelröhren aufgehängt waren. Gegen Mittag ließ uns die Sonne fühlen, daß sie es hier oben ebenso gut meinen kann wie unten in Dschagga, wenn sie will. Aber die von den Höhen herabwehenden Winde kühlten uns die Brust und Stirn und weckten mit ihrem Hauch fast heimatliche freundliche Empfindungen und heitere Gedanken inmitten dieser den gemäßigten Zonen so ähnlichen Vegetationsformen.

Aus dem Wolkenmeer, das, die Ebene verbergend, auf dem Urwald lag, wogten jedoch bald wieder die Nebel herauf und ließen uns nicht mehr frei. Nach Überspringen des klaren Muëbächleins, das wir als Muëbach ebenfalls früher in seinem Unterlauf zwischen Kilema und Kirua überschritten hatten, zweigten wir vom Pfad bergwärts ab und standen nach wenigen Minuten an jener Stelle der Grasflur, wo ich 1887 mit Herrn von Eberstein nach dem Vorgang des Engländers Johnston mein Standquartier für die Kibobesteigung errichtet hatte. Diesmal folgten wir dem Lauf des Muëbaches, den ich damals wegen der ersten hier vorkommenden Senecio Johnstoni »Seneciobach« benannt hatte, aufwärts, ließen auch die Grashütten, die 1889 Dr. Abbott und Ehlers gebaut, hinter uns und schlugen in einem windgeschützten Kessel am Rand des Muëbächleins, dessen steile Uferwände noch dichtes Strauchwerk von Eriken und Essigbäume tragen, unser großes Zelt auf. Die Eisfelder des Kibo funkelten lockend über den Bachrand herüber. Da wir mehr horizontal westwärts als bergauf gewandert waren, waren wir nur wenig über den Urwaldrand hinausgekommen. Unsere Meereshöhe betrug 2890 Meter. Hier am Muëbach sollte das beabsichtigte »Mittellager« zwischen Marangu und dem Sattelplateau mit dem großen Zelt für Wochen eingerichtet werden.

Die Leute gingen sofort an die Arbeit. Aus Gras und Reisig wurden zwei regendichte Hütten erbaut, Laub zur Polsterung gesam-

Lager in der Waldzone

melt, Brennholz geschlagen und aufgestapelt, Feuerlöcher gegraben und dergleichen mehr. Noch ehe die Sonne sank, war das Lager fertig. Für den folgenden Tag des Aufstiegs zum Sattelplateau packte ich die allernötigsten Ausrüstungsstücke für uns beide Europäer in eine Blechkiste, eine zweite Last gaben die Schlafsäcke mit Decken ab, eine dritte das kleine Kampierzelt, eine vierte das Kochzeug mit Proviant, eine fünfte der photographische Apparat und die sechste der Theodolit, der wie immer Muini Amani anvertraut wurde.

So waren wir eine Bergkarawane von acht Mann, als wir am anderen Tag beim wärmenden Schein der Morgensonne das Mittellager verließen. Die übrigen Leute gaben uns noch eine Strecke das Geleit, bis ich sie mit Scherzworten in ihr einsames Camp zurückschickte; in zwei Tagen sollten sie ihre Gefährten wiedersehen. Jeden meiner Begleiter hatte ich mit wollenem Unterzeug und, soweit es anging, mit Schuhwerk ausgestattet. Mancher von ihnen hatte sich von den Somali eine Jacke oder ein Beinkleid geborgt, und alle hatten sich in Erwartung baldiger Kälte bis zum Ersticken in wärmende Hüllen eingepackt, die sie aber schon nach einviertelstündigem Steigen eine nach der anderen wieder abstreiften.

Stundenweit konnten wir von unserm Anstiegrücken aus nach rechts und links die ausgedehnte Grasflur überschauen, die von der langen, dunkeln Urwaldlinie aus breit und dachförmig sich zum Vorderrand des Sattelplateaus hinanhebt. Dieser Plateaurand läuft ziemlich horizontal vom Mawensi zum Kibo hinüber und erscheint von hier aus als der Sattel zwischen beiden Bergen, während er doch das hinter ihm liegende höhere Plateau unseren Augen entzieht. Vom Kibo blickte nur die weiße Eishaube, vom Mawensi nur die obere Zackenkrone hinter dem Plateaurand hervor, und dies nur auf kurze Zeit; aber es genügte, um uns zu orientieren und zu leiten. Ich nahm die Führung und folgte derselben Richtung auf die Mitte des Plateaurandes zu wie im Jahr 1887; sie war durch den Verlauf eines leicht gewölbten Lavarükkens zwischen zwei tief erodierten Bachschluchten fast von selbst gegeben.

In dem taufeuchten Gras scheuchten wir wiederholt eine kleine graue, mir unbekannte Antilope auf. Zierliche Sonnenvögelchen schwirrten von Strauch zu Strauch und pickten an den großen, blaßgelben Sternblumen der niedrigen Proteaceen. Zwei Stunden stiegen wir über die mäßig geneigten Lavadecken, die anfänglich von einer dichten Grasdecke, weiter oben von einem Staudenteppich blühender Eriken und Strohblumen überzogen sind, bergan. Sobald wir aus dem Gras heraus waren, ging es schneller vorwärts; das blockige Geröll hinderte uns weniger. Zur Linken, im Westen, wurde nun aber unser Vordringen durch eine der Bachschluchten begrenzt, welche 50–60 Meter tief und 25–30 Meter breit in das weiche Material dieser weiten Lavafelder eingeschnitten sind und so scharfe Ränder und steile Wände haben wie die Spalten eines Gletschers. Es ist derselbe Bach, den wir im Jahr 1887 »Schneequellbach« getauft hatten, weil wir damals im Juli oben an seiner Quelle den ersten Schnee angetroffen hatten. Damals war es ein lustig plätscherndes Gewässer, jetzt in der Trokkenzeit hielt es nur Sickerwasser in kleinen Lachen und Becken; und staunend sieht man, wie geringe Kraft erforderlich ist, um dieses weiche, vulkanische Gestein im Lauf der Jahrtausende zu solcher Tiefe zu zernagen. Die furchtbaren Zerstörungen, welche Wetter, Wind und Sonne am Mawensi angerichtet haben, werden uns danach erst recht verständlich.

In der Tiefe der Schlucht stehen an den Wasserlachen einzelne verwetterte Senecio Johnstoni, fremdartig wie Pflanzenformen vergangener Erdperioden. Aus einiger Entfernung glaubt man in den mannshohen, von einem grauen Mantel abgestorbener Blätter umhüllten Stämmen lauter menschliche Gestalten zu sehen, und wenn wehender Nebel ihre Umrisse halb verschleiert, dann versteht man, warum ihre nächsten Artverwandten in den tropischen Anden, wo ihre Vegetationszone auch zwischen 2800 und 4400 Metern liegt, »Frailejones«, Mönchskutten, genannt werden. Dort wie hier wachsen sie nur in sumpfigem Boden. Die schroffen Talwände unseres Baches aber sind fast kahl und offenbaren im Durchschnitt ein ganzes System in phantastischen Wellenlinien übereinander liegender Lavaschichten von verschiedener Farbe und Beschaffenheit. Wir folgten dem Schluchtrand aufwärts, passierten einen westlichen Einfluß, der jetzt ebenfalls nahezu wasserlos war, und näherten uns im immer massiger werdenden Geröll dem Plateaurand, der bisher als Sattelhöhe erschienen war. Hier erweitert sich das Bachtal, so daß wir in den Grund hinabsteigen und die andere Seite gewinnen konnten, und dort kletterten wir mühsam über die trümmerbedeckte Terrainstufe hinauf und hatten nunmehr den leicht abfallenden Südteil des Plateaus

Der Kibo, vom Kibolager aus SO gesehen

vor uns, das sich noch stundenweit bis zu der Sattelhöhe hin erstreckt.

Wir wanderten fort, in der Richtung auf den wieder emporsteigenden Kibo zu, bis uns am Rand eines anderen Steilbaches die allgemeine Ermattung zum Lagerschlagen zwang. Auch hier stehen im Grunde der Schlucht einige Wasserlachen, genügend, um uns im Notfall wochenlang zu tränken, und hierher kehrte später Muini Amani jedesmal zurück, wenn er für unser oberes Lager Wasser holte. Ich hatte gehofft, an diesem Tag noch ein gutes Stück höher hinauf und näher dem Kibo gelangen zu können, aber die Erschöpfung der Leute war so groß, daß sie sich platt auf die Steinblöcke warfen und trotz Nebel und Kälte schliefen bis gegen Abend, da sie dann ihre Bohnenmahlzeit kochten und zur Nachtruhe unter die Felsen und in die Lavahöhlungen krochen.

Kibo und Mawensi bleiben den ganzen Nachmittag unsichtbar; Nebel ringsum. Es ist eine fast melancholisch-ernste Landschaft, in die wir eingedrungen sind. Soweit der Blick reicht, weite

Flächen mit großen, schwarzgrauen Lavablöcken auf sandigem und kiesigem Grund. Kein höheres Gras oder Strauch unterbricht mehr die steinige Öde, keines Tieres Laut trifft mehr das Ohr. Nur der von unten heraufwehende Luftstrom flüstert in den Felsen und kleinen Stauden und zieht hellgraue Nebelschleier über die dunkelgrauen Flächen. Die Verschiedenheit des Bodens gegen den nur ca. 200 Meter tiefer liegenden jenseits des Plateaurandes ist groß. Dort unten sind die Lavadecken von einem Grasteppich, noch weiter unten von Busch und Wald bezogen, die eine gleichmäßige Humusverwitterung begünstigen. Hier oben gestattet der klimatisch bedingte Mangel geschlossener Vegetation den großen Temperaturdifferenzen zwischen Tag und Nacht ein Zersprengen der Lavadecken und -wälle in Blöcke von durchschnittlich ½ Kubikmeter Größe. Wo an den Lavarücken die Zersprengung noch nicht vollendet ist, oder wo die Flächenneigung zu gering ist, um die abgesprengten Blöcke durch ihre eigene Schwere fallen zu lassen, bleibt die zerrissene Gesteinsdecke lose auf dem Kern liegen und gibt dadurch diesen Felskuppen jenes Aussehen von Schildkrötenschalen, über welches sich seinerzeit Johnston so sehr gewundert hat. Zwischen den großen Trümmern verwittern die kleinen zu Sand und Staub, welcher haltlos von Wind und Wetter umhergeführt wird und nur an günstigen Stellen einzelnen Stauden und Blumenbüscheln ein kümmerliches Dasein ermöglicht.

In dieser ernsten Umgebung fehlte aber auch ein heiterer Vorfall nicht. Als ich nämlich botanisierend umherschlenderte, stieß ich mit dem Fuß an einen laut klappernden Gegenstand und entdeckte beim Aufheben eine alte, leere Konservenbüchse mit der mich wehmütig anheimelnden Aufschrift »Irish Stew«, ein paar Schritte daneben aber ein ziemlich zerfallenes Blatt der Heilsarmeezeitung »En avant«. Kein Zweifel, wir hatten zufällig dieselbe Lagerstelle getroffen, wo Dr. Abbott und Ehlers ein Jahr vorher gelagert hatten, denn im Stationshaus zu Modschi war das genannte Heilsarmeeblatt als belustigende Lektüre gelesen worden. Unter allen Umständen ließ ich mir das Motto »En avant« eine gute Vorbedeutung sein.

Vor dem frostig-kalten, vom Kibo herabblasenden Abendwind flüchteten wir uns nach Sonnenuntergang in unser Zeltchen und in die Pelzsäcke und fühlten durchaus kein Verlangen, während der nächsten zwölf Stunden herauszukriechen. Als aber die Frühsonne die Eiskrone des Kibo vergoldete und lange Schatten auf die Westseite des Mawensi warf, waren wir schon jenseits der Bachschlucht, annähernd in der Mitte zwischen Kibo und Mawensi, und eilten der Mitte des Kibo zu. In seiner ganzen Größe war jetzt der Kibokegel zu überschauen. Seine Basis auf dem Plateau war durch keine Terrainstufe mehr verdeckt; in gleichmäßiger Erstreckung hebt sich langsam die schiefe Ebene von uns aus zu seinem Fuß hinan. Rechts von ihm wird auf dem Sattel die dortige Hügelreihe sichtbar, und auch die breite, schneelose Zackenmauer des Mawensi, der wegen seinen schroffen Formen fast höher erscheint als der minder schroffe Kibo, verbirgt dem Blick nichts mehr.

Die trockene, dünne Luft war so klar und durchsichtig, daß die fernen Höhen in täuschende Nähe gerückt schienen. Die Leute liefen brav, aber die Lavafelder schienen endlos zu sein. In einer Mulde rasteten wir an einem kleinen, grünen Grasinselchen, unter dessen elastischem Boden sich Sickerwasser verbarg, eine halbe Stunde; hier kam mehr Farbe in die formengewaltige Landschaft. Das Aschenfeld, das wir nun betraten, ist ziegelrot mit mattgelben Bändern; ziegelrot sind auch die Hügel im Sattel, von denen das Aschenfeld ausgeht, graubraun sind die Trümmerfelder am Fuß des Kibo, dunkel blaugrau die Wände und Hänge des Kibo selbst, blendend weiß und lichtblau umrändert ist seine Eishaube und tief dunkelblau das alles überspannende Firmament. Aber keine Farbe ist grell, ihre Abtönungen im Einzelnen und im Ganzen sind edel und harmonieren mit der Schönheit und Größe der Bergformen.

Jenseits des Aschenfeldes, das, fest wie eine Tenne, schnell überschritten wurde, fiel mir sofort eine Stelle in die Augen, die für einen Lagerplatz wie geschaffen schien. Unterhalb vier weithin sichtbarer Felsblöcke, denen wir später den Namen »Viermännerstein« beilegten, ist ein Wall von kleineren Blöcken aufgetürmt, welcher sicheren Schutz gegen die vom Kibo herabkommenden Schneewinde gewährt. In einer Einbuchtung dieses Walles war bald ein Plätzchen gefunden, wo unser kleines Zelt auf dem porösen Aschenboden liegen konnte wie in Abrahams Schoß. Daneben bot sich eine windstille Feuerstätte, im Geklüft der Felsmauer eine kleine Schlafhöhle für Muini Amani, die mit Büscheln von Gnaphalium und Raute und mit Wolldecken in ein weiches Nest umgewandelt wurde; und geeignete Löcher und Kammern für unsere Vorräte und Geräte waren in großer Auswahl da. Die holzigen Stauden zweier schuppenblätteriger Euryops-Arten, die an dieser geschützten Stelle noch ein leidliches Fortkommen finden, liefer-ten uns Brennmaterial in beliebiger Fülle. Auf der Spitze des »Viermännersteins« ließ ich das kleine schwarz-weiß-rote Zelt-fähnchen durch eine Steinpyramide feststellen, wo es später den uns suchenden Proviantträgern als Wegweiser diente. Die 5 Trä-ger aber, welche uns bis hierher begleitet hatten, schickte ich nach kurzer Rast auf dem von uns im Aschenboden getretenen Pfäd-chen zurück, damit sie noch, solange die Sonne wärmte, zum Mit-tellager am Muëbach absteigen konnten. Langsam sahen wir sie hinter dem Lavarücken verschwinden.

Nun waren wir allein im Kibolager, wir beiden Europäer und der Neger Muini Amani. Während sich der letztere sogleich zum Feuermachen und Suppenkochen anschickte, machte ich, da es gerade Mittag war, eine Breitenbestimmung unseres Lagerplatzes und gewann damit den ersten festen Punkt für alle folgenden Peil- und Itinerar-Arbeiten. Nach dem erwärmenden Mahl wanderte ich über die asphaltharte, vulkanische Schlammebene nordwärts zu den drei am Ostfuß des Kibo gelegenen Aschenhügeln, den »Drillingen«, hinüber, an deren Südseite 1887 unser Zeltchen ge-standen hatte, und fand dort noch die Splitter eines Siedethermo-meters, das uns damals beim Höhenmessen zu unserm großen Leidwesen zersprungen war.

In dem Sattel zwischen den »Drillingen« und dem in der Mitte des Plateaus gelegenen »Roten Mittelhügel« waren wie überall, wo auf dem Plateau an geschützten Stellen noch Kräuter wach-sen, die Spuren eines großen Spalthufers zahlreich. Im Jahr 1887 war ich der Tiere selbst nicht ansichtig geworden, diesmal aber bemerkte ich nördlich vom »Roten Mittelhügel« drei getrennte, je 6–8 Stück zählende Rudel von Elenantilopen, die langsam um-herspazierten und die vereinzelten Gras- und Krautbüschel pflückten. Daß sie hierher nur vorübergehend als Gäste während der wärmeren Tagesstunden von unten heraufkommen, ist wohl sicher anzunehmen. Dauernd aber hält sich ein kleiner Stein-schmätzer in diesen unwirtlichen Höhen auf, von dem uns später am Zelt ein Pärchen durch seine unglaubliche Zutraulichkeit überraschte, indem die Tierchen die ihnen vorgelegten Fleisch-stückchen unmittelbar vor unseren Füßen wegpickten. Das ge-fährliche Raubtier Mensch war ihnen gänzlich unbekannt.

Der spätere Nachmittag wurde durch die Vorbereitungen zur ersten Kibobesteigung in Anspruch genommen, zu der wir uns in früher Morgenstunde aufmachen wollten. Der Kibokegel lag etwa 2½ Kilometer von unserm Lager entfernt, auf seiner ca. 6 Kilometer breiten Basis 1680 Meter hoch über unserem 4330 Meter hohen Standpunkt aufgetürmt. Auf seiner rechten Hälfte liegt nur ein schmaler, blaugerändeter Eiskranz oben auf seinem horizontalen Oberrand, die steilen Felswände und Lavarücken sind dort ganz schnee- und eisfrei, auf der linken Hälfte aber reicht der Eismantel in einzelnen Zungen fast bis zur Kegelbasis herab, unten überall zerrissen und steil abstürzend, und in der Mitte, uns zugekehrt, streckt sich eine breite Eiszunge zwischen zwei hohen, weitauslaufenden Felsmauern in das von diesen eingefaßte Tal hinein, deren Zerrissenheit ebenfalls wenig einladend aussah. Wo aber der linke Felsrücken in zwei Drittel der Bergeshöhe an das Eis ansetzt, schien die Neigung des Eismantels weniger schroff, das Eis weniger zerrissen zu sein als anderwärts, und von dort war allem Anschein nach die höchste Schneekuppe auf dem Südrand des Berges auf dem kürzesten Weg zu erreichen.

Unsere Absicht ging infolgedessen dahin, auf der genannten nach Südosten auslaufenden Bergrippe zur Schneelinie aufzusteigen und von ihrer Grenze aus das Klettern auf dem Eismantel zu beginnen. Der Weg war weit, die Arbeit voraussichtlich sehr schwer. Und die bange Ungewißheit, was der nächste Tag bringen werde, ließ uns beide in der Nacht wenig zu der doch so nötigen Ruhe kommen.

Von 1 Uhr ab schauten wir alle Viertelstunden bei Streichholzflackern nach der Uhr; um ½ 3 Uhr krochen wir aus dem Zelt. Die Nacht war kalt und stockfinster, von dem erhofften Mondlicht keine Spur. Rasch waren die Rucksäcke übergeworfen, die Eispikkel erfaßt und die Laterne angezündet. »Kuaheri« (»Lebwohl«), rief ich unserm in seinem Felsspalt schlafenden Muini zu; »Kuaheri, bwana, na rudi salama« (»Lebwohl, Herr, und kehre heil zurück«), klang es aus dem Loch zurück. »Inschallah« (»So Gott will«), bestätigte ich meinerseits, und fort ging es in die kalte Nacht hinein.

Solange wir uns auf flachem Terrain bewegten, hatten wir nur die herumliegenden Trümmer zu meiden. Bald aber kamen wir an einen tief eingeschnittenen Kessel am Fuß des Berges, an dessen schroffer Innenwand wir mit größter Vorsicht entlang klommen, bis wir die Trümmerhalde im Grund des Kessels betraten, die uns langsam über ein Chaos von Blöcken bergan führte. Es war eine verzweifelte Kletterei in dunkler Nacht. Mehrmals kamen wir zu Fall und rissen uns die Glieder wund, aber das Marienglaslaternchen nahm keinen Schaden, wenn es auch jedesmal verlöschte und durch das Wiederanstecken im Nachtwind unsere Geduld auf eine harte Probe stellte. Purtscheller, welcher die Führung hatte, hielt sich meines Erachtens zu weit rechts, nach Norden, ich drang auf mehr westliche Richtung, weiter bergauf zur Mitte des Kibo; als aber der Morgen des 3. Oktober dämmerte, öffnete sich plötzlich in schwindelnder Tiefe zu unseren Füßen das Tal, dessen südlicher Begrenzungswall unser Ziel gewesen war. Es blieb nichts anderes übrig, als an den schroffen Wänden hinabzuklettern in die schuttbedeckte Mulde und jenseits an den Felsklippen wieder emporzusteigen. Das unerwartete Hindernis kostete uns fast eine Stunde der besten Tageszeit.

Nach kurzer Rast traversierten wir die steilen Schutthalden des Tales, ließen dabei die letzten Spuren von Blütenvegetation in etwa 4700 Meter Höhe hinter uns, passierten um ½7 Uhr einen massigen Lavaquerriegel in der Talmitte und trafen an der erstrebten südlichen Talwand gegen 7 Uhr auf die ersten Schneeflecken unter dem Schutz der Felsen in 5000 Meter Höhe. An der nördlichen Talwand ziehen sich im Leeschutz des Antipassates gesellige Schneefelder von hier ab bis zu der von oben drohend ins Tal herabhängenden Eiszunge (5360 Meter) hinauf. Dort fließt das Schmelzwasser in zwei kleinen Bächen ab, die schnell im Geröll verrinnen. Der Blick über die von mächtigen Blöcken übersäten Schuttkegel zur Eiswand hinauf und hinab ins Tal, das weit unten nach Süden abbiegt, und an den jäh sich hebenden Talwänden entlang, an denen die Erosion wunderliche Lavawindungen und Höhlenformen hat zu Tage treten lassen und stellenweise Schrammen und Glätten auf Gletscherschliff hindeuten, während von Zeit zu Zeit das Rauschen des Windes und das Prasseln von rutschendem Schutt die nimmer ruhende Tätigkeit der Naturkräfte verrät, ist von ganz eigenartigem Reiz.

7 Uhr 20 Minuten standen wir endlich auf dem Rücken der Bergrippe, die wir uns gestern als geeignete Aufstiegroute ausersehen hatten, und begannen nun keuchend über festen Fels und losen Schutt hinweg der steilen Erhebung des Kammes zum Eis hinan zu folgen. Alle 10 Minuten mußten wir jedoch ein paar Au-

genblicke stehen bleiben, um den Lungen und dem Herzschlag eine kurze Beruhigung zu gönnen, denn wir befanden uns längst über Montblanc-Höhe, und die zunehmende Luftdünne machte sich allmählich fühlbar. 8 Uhr 15 Minuten hatten wir über Schotter und Blöcke hinweg eine Höhe von 5200 Metern erreicht und ruhten sitzend eine halbe Stunde lang.

Ein Schluck des mit Zitronensäure versetzten Schneewassers netzte den in der überaus trockenen Luft schmerzhaft gewordenen Gaumen; Appetit hatte ich nicht im mindesten. Den Blick zurückwendend, erkannten wir, daß wir die Höhe des im vollen Sonnenlicht rotbraun herüberleuchtenden Mawensi bereits überstiegen hatten. Wie Maulwurfshaufen lagen die zentralen Hügel des Sattelplateaus unter uns in der Tiefe, zu welcher von Süden her langsame Nebel wallten. Über der Zone des Urwaldes drängte sich eine dichte, silbergraue Wolkenmasse, während weit draußen über der Ebene einzelne Cumuluswolken in der dunstigen Atmosphäre schwammen, vom Widerschein des ziegelroten Steppenbodens an der Unterseite rötlich gefärbt. Das Unterland selbst war im Schleier der aufsteigenden Wasserdämpfe nur in undeutlichen Konturen erkennbar. Dagegen blinkte und blitzte über uns der Eishelm des Kibo in scheinbar greifbarer Nähe.

Weiter kletternd trafen wir kurz vor 9 Uhr an einen Absturz zur Linken, der uns einen großartigen Niederblick in das benachbarte, an 900 Meter tiefe Felstal eröffnete, und folgten seinem Rand, bis wir endlich um 9 Uhr 50 Minuten an der unteren Grenze des geschlossenen Kibo-Eises in 5480 Meter Höhe anlangten.

Der Fels setzt an dieser Stelle nicht in die sonst fast allerwärts an der Eisgrenze sichtbaren hellblauen Mauern und Wände von 20 bis 30 Metern Höhe ab, sondern geht in etwa 20 Meter Breite ganz allmählich zur Eiskuppe über. Diese aber steigt sofort unter 35° Neigung empor, so daß ihr ohne Eispickel absolut nicht beizukommen ist. Daß die Besteigung des Kibo von hier aus unternommen werden könne, war nun keine Frage mehr; daß aber weiter oben kein unbezwingliches Hindernis auftreten würde und daß unsere Kräfte ausdauern würden, war keineswegs fraglos. Es ist ein großer Unterschied, ob man zu einer Hochgebirgstour von einem Alpenhotel auszieht oder von einem kleinen Zelt ausgeht, nachdem man vorher einen zweiwöchigen Gewaltmarsch durch ostafrikanische Steppenwildnisse gemacht; ob man mit Brot,

Schinken, Eiern und Wein verproviantiert ist, oder ob man nur schlechtes Dörrfleisch, kalten Reis und Zitronensäure mit sich führen kann. Von letzterer Proviantart versuchten wir mehrmals etwas zu uns zu nehmen, aber die Appetitlosigkeit gebot rasch Einhalt.

So suchten wir bald die Schneebrillen hervor, zogen den Schleier über das Gesicht und banden uns das Gletscherseil um den Leib. Herr Purtscheller schnürte sich außerdem noch seine Steigeisen an die Füße, während ich mich auf meine gut vernagelten und verklammerten Schuhe verlassen mußte. Um ½11 Uhr begann mit einem ermunternden »Los!« die schwierige Arbeit des Stufenhauens. In dem glasharten, im Bruch wasserhell glänzenden Eis erforderte jede Stufe an zwanzig Pickelhiebe. Langsam ging es an der glatten Wand aufwärts, anfänglich wegen ihrer fürchterlichen Steilheit schräg nach rechts hinauf, dann gerade auf den Gipfel zu. Hier aber senkt sich das Eis in eine breite Mulde ein, welche weiter bergab in jenes Steiltal ausläuft, das wir

Zunge des Ratzelgletschers am östlichen Kibo

am Morgen traversiert hatten, und legte sich eine so bedrohliche Reihe von Schründen und Klüften vor unseren Weg, daß wir befürchteten, von unserm Ziel abgeschnitten zu sein. Purtscheller versuchte die alten Schneebrücken und Eisstege mit dem Pickel; sie hielten, und nach vorsichtigem Darübergleiten standen wir 12 Uhr 20 Minuten unter der letzten steileren Erhebung des Eishanges in 5700 Meter Höhe. Hier benannte ich in dankbarer Erinnerung an einen verehrten Freund (42) den überschrittenen ersten Gletscher des Kilimandscharo »Ratzelgletscher«. Dann wurde sitzend gerastet und wieder ein Eßversuch gemacht, der diesmal besser gelang.

Die Wölbung der Eiskuppe, welche vom Plateau aus als die höchste erscheint, hatten wir nun unter uns; vom Tiefland mit seinem Wolkenmeer war nichts mehr zu sehen. Ich spreche immer nur von »Eis«, weil der Kibo in diesen Tagen gar keinen Schnee hatte. Was von unten als eine weißglänzende Schneedecke erschienen war, ist die von Wind und Sonne zersetzte Oberfläche des Eismantels, der durchschnittlich 60–70 Meter dick, als eine kompakte Masse den Felshängen des alten Vulkans aufliegt und überall echten Gletschercharakter annimmt, wo er in Bodensenkungen sich zungenförmig talwärts erstreckt. Obwohl die Temperatur nur wenig über 0 °C schwankte, wirkte doch der Sonnenreflex, der in dem geringen Wasserdampf der dünnen Luftschichten nur wenig abgeschwächt wird, vom Eis durch Brille und Schleier so schmerzhaft intensiv hindurch, daß sich uns später die Haut von Hals und Gesicht ablöste und meine Augen tagelang der dunkelblauen Schutzbrille bedurften.

Das Erscheinen einiger kleiner Nebelwölkchen in unserer Höhe schreckte uns auf. Beim Weitersteigen empfanden wir aber die Atemnot so stark, daß wir alle 50 Schritt ein paar Sekunden stehenbleiben mußten, um weit vornüber gebeugt nach Luft zu röcheln. Der Sauerstoffgehalt der Luft beträgt nach den Beobachtungen anderer in 5800 Meter Höhe nur 48 Prozent, der Feuchtigkeitsgehalt sogar nur 15 Prozent von jenem im Meeresniveau. Kein Wunder, daß unsere Lungen so schwer arbeiteten; Sauerstoff- und Feuchtigkeitsmangel, übergroße körperliche Anstrengungen und namentlich die hochgradige psychische Spannung vereinigten sich, um den Organismus zu erschöpfen.

Die Eisoberfläche wird nun zusehends zerfressener. Mehr und mehr nimmt sie jene Beschaffenheit an, wie sie Dr. Güßfeldt vom

Aconcagua in Chile als »nieve penitente« beschreibt. In Rillen und Furchen, in Schneiden und Spitzen bis zu 2 Meter Tiefe verwittert, bietet das Eisfeld dem steigenden Fuß Hindernisse dar wie ein Karrenfeld. Da wir oft bis an die Brust einbrachen, nahmen unsere Kräfte in besorgniserregender Schnelligkeit ab. Und immer noch dehnte sich die Wand unabsehbar, und der oberste Eisgrat wollte nicht näher kommen. »Vorwärts!« rief ich zur Selbstaneiferung aus, »der Berg muß doch einmal ein Ende haben!«

Endlich, gegen 2 Uhr, näherten wir uns dem höchsten Rand. Noch ein halbes Hundert mühevoller Schritte in äußerst gespannter Erwartung, da tat sich vor uns die Erde auf, das Geheimnis des Kibo lag entschleiert vor uns: den ganzen oberen Kibo einnehmend öffnete sich in jähen Abstürzen ein riesiger Krater.

Diese längst erhoffte und mit allen Kräften erstrebte Entdekkung war mit so elementarer Plötzlichkeit eingetreten, daß sie tief erschütternd auf mich wirkte. Ich bedurfte der Sammlung. Wir setzten uns am Rand des Ringwalles auf das Eis nieder und ließen den Blick über den Kraterkessel, seine Eismassen, seinen Auswurfkegel, seine Umwallung schweifen. Da war es aber auch sofort klar, daß unser Punkt (5870 Meter) nicht der höchste war, sondern daß die höchste Erhebung des Kibo links von uns auf der Südseite des Kraterrandes lag, wo drei Felsspitzen aus dem nach Süden abfallenden Eismantel noch einige Meter hoch hervorragen. Die Marschentfernung bis dorthin schätzten wir auf 1½ Stunden. Dazu aber reichten unsere Kräfte nicht mehr hin; wir hätten denn riskieren wollen, am Endziel ohne jeglichen Schutz gegen die Nachtkälte zu biwakieren, was uns sehr wahrscheinlich verhängnisvoll geworden wäre. Wir hatten eine elfstündige, außerordentlich anstrengende Steigarbeit auf unbekanntem Terrain zwischen rund 4400 und 5900 Metern hinter uns und mußten für den Abstieg noch mit dem Nebel rechnen, der nun über die Eiswände heraufzuwallen begann.

In der Frage »umkehren oder biwakieren« war schließlich der Entschluß entscheidend, die Besteigung in drei Tagen zu wiederholen und dann die höchste Spitze zu forcieren. Vorläufig durften wir uns mit den Erfolgen der ersten Besteigung zufrieden geben: die von vielen Seiten angezweifelte Existenz eines Kraters auf dem Kibogipfel war nachgewiesen; über seine räumlichen Verhältnisse, seine Eis- und Felsbildungen, seinen Auswurfskegel hatten wir Aufschluß gewonnen; das Wesen des Kibo-Eismantels war erkannt; der Weg zum Oberrand des Berges war gefunden, die Höhe von 5870 Metern erklommen.

Mit diesem Rückblick traten wir 2 Uhr 20 Minuten den Rückweg an. Im Nebelwehen auf dem steilen Eis abwärts, ich ohne Steigeisen, und wir beide so erschöpft, daß Herr Purtscheller einmal eine Ohnmachtsanwandlung hatte, kamen wir nur sehr langsam vorwärts. In den unteren Partien hatte inzwischen die Sonne so stark geschmolzen, daß wir unsere Stufen großenteils erneuern mußten, eine böse Aufgabe für unsere matten Glieder an einer Stelle, wo ein Fehltritt des einen unfehlbar auch den anderen mit in die grausige Tiefe gerissen haben würde. Doch der Wille siegte auch diesmal über den Körper. Erleichtert aufatmend fühlten wir gegen 4 Uhr wieder den festen Fels unter den Füßen und gönnten uns eine halbe Stunde Ruhe, indem wir stumm dem wechselvollen Spiel der Wolken, der einzigen beweglichen Elemente in dieser gewaltigen starren Natur, zuschauten.

Dann rutschten und glitten wir direkt hinab auf die abschüssigen Schotterhalden des Erosionstales und auf ihnen weiter in schnellem Tempo abwärts in den Talgrund. Große Mühe verursachte uns schließlich das Übersteigen der beiden uns noch von unserm Lagerfeld trennenden schroffen Lavamauern, aber auch sie wurden überwunden. Mit der den Schritt beflügelnden Vorstellung eines warmen Nachtmahles und eines weichen Ruhelagers stolperten wir in der Dämmerung zwischen den Blöcken und Trümmern rastlos weiter, bis wir um 7 Uhr, zuletzt im Dunkel geleitet vom weithin leuchtenden Lagerfeuer unseres braven Muini, am gastlichen Zeltchen wieder eintrafen. Muini hatte Reis am Feuer, der uns mit gebratenem Dörrfleisch und einem tüchtigen Schluck Kognak prächtig schmeckte, aber die Anstrengungen des Tages waren doch zu enorm gewesen, als daß wir darauf in der Nacht hätten Ruhe finden können. Zum Brennen der Haut und der Augen gesellte sich stechender Kopfschmerz, die Nerven waren fieberhaft erregt, jeder Muskel schmerzte. Erst gegen Morgen trat Abspannung ein und damit ein gesegneter Schlaf.

Am Nachmittag wurden notwendige Instrumentarbeiten vorgenommen, die Aneroidstände mit dem Siedethermometer kontrolliert, Luft- und Bodentemperaturen, Feuchtigkeit, terrestrische Winkel usw. gemessen, botanisch und geologisch gesammelt, photographische Aufnahmen gemacht und anderes mehr.

Es liegt im Wesen der Instrumentarbeiten, daß sie den in besonders hohem Grad vergnügen und befriedigen, der sie ohne Schwierigkeiten auszuführen versteht. Und dazu gehört keineswegs eine tiefe Kenntnis der Theorie, sondern weit mehr die Beherrschung der Praxis in der Handhabung guter Instrumente nach einem bestimmten Schema. Zu einer Berechnung seiner Instrumentbeobachtungen soll ein gewissenhafter Reisender eigentlich niemals Zeit haben, er soll Material in möglichst reichem Umfang sammeln, nicht schon auf der Reise an die Verarbeitung gehen. Bei der Ausführung dieser Hauptaufgabe kommt dann über den Reisenden die befriedigende Vorstellung, daß er es immer zu sicheren Zahlenwerten bringen werde, wieviel oder wiewenig auch sonst bei seiner Reise herauskomme. Und derselbe Grundsatz gilt für das geologische, botanische, zoologische Sammeln, indem man auch nur mit Eifer ein erprobtes Schema zu verfolgen hat, um seine Ausdauer durch gute Resultate belohnt zu sehen, die sich zu einem physischen Charakterbild des bereisten Gebietes vereinigen.

Etwas anders steht es mit photographischen Aufnahmen. Die Eigenschaft der Photographie, das Unwesentliche ebenso scharf wie das Wesentliche zur Anschauung zu bringen, ist ein unschätzbarer Vorzug da, wo es auf absolute Naturtreue ankommt, ein ebenso großer Nachteil hingegen meist dort, wo das Charakteristische eines Objektes dargestellt werden soll. Wenn aber, wie im Hochgebirge des Kilimandscharo, die Landschaft durch so große Formen und so einfache Linien bestimmt ist, daß selbst ein Künstler nichts daran zu ändern braucht, um ein Charakterbild zu erhalten, dann ist die Photographie mit ihrer richtigen perspektivischen Zeichnung trotz ihrer Farblosigkeit das beste Hilfsmittel für die Schilderung des Reisenden, falls dieser nur das Angeschaute auch geistig recht erfaßt hat und ihm eine erträgliche künstlerische Darstellung zu geben vermag.

Und welch zauberhafter Reiz liegt darin, die Fülle von heterogenen Erscheinungen in diesem äquatorialen, vulkanischen Hochgebirge zu begreifen zu suchen; richtig zu deuten und auseinanderzuhalten, was aus tellurischen und was aus atmosphärischen Kräften hervorgegangen ist; ihre Beziehungen unter sich und zu den Organismen zu verstehen und alles zu einem lebendigen Bild zu kombinieren.

Am Abend, lange nachdem die Sonne purpurn hinter dem links

unter dem Kibo aufragenden Kegel des Meru hinabgesunken war, saßen wir bis spät im kalten Nebel am Feuer neben unserm Zelt und schmiedeten Pläne für den nächsten Tag. Die bei der ersten Besteigung nur zu sehr empfundene große Entfernung bis zum Eis, in deren Schätzung uns die reine Höhenluft und die einfachen vulkanischen Linien so arg getäuscht hatten, ließ die Beziehung eines Biwaks in größerer Bergeshöhe nötig erscheinen, wenn wir bei einer zweiten Besteigung den Gipfel noch zu guter Stunde erreichen wollten. Ein solches Biwak sollte am folgenden Tag aufgesucht werden.

Die Nacht hatte es bei klarem Mondlicht bis zu −9°C Minimumtemperatur gebracht, der Morgen aber war prächtig klar und wurde bald behaglich warm. Mit großer Gemächlichkeit brachen wir um Mittag des 5. Oktober auf. Muini schleppte unsere Schlafsäcke und Decken, wir selbst hatten uns mit Proviant, dem alpinen Gerät, den nötigen Instrumenten, Wasser usw. beladen. Muini sah höchst verwegen aus. Er hatte über seine dürren Beine zwei Paar wollene Unterhosen gezogen, aus deren mannigfachen Öffnungen die Zipfel eines wollenen Hemdes hervorquollen. Über dem Hemd trug er eine fürchterlich zerrissene rote Uniformjacke irgendeines schottischen Infanterieregiments, an den Füßen viellöcherige wollene Strümpfe und ein Paar gelbe Halbschuhe, und den Kopf und Hals hatte er bis auf die Nase und die Augen in einen riesigen Sansibarturban eingewickelt, der im aufgewickelten Zustand auf den Steppen seine einzige Kleidung auszumachen pflegte.

Wir folgten unseren Rückwegspuren vom 3. Oktober über die beiden damals überstiegenen Lavawälle und wanderten nach mehreren Rasten und Untersuchungen von 4 Uhr ab im Grund des großen Gletschertales aufwärts, wo wir gegen 6 Uhr, in dem inzwischen gefallenen Nebel umhertappend, auf der südlichen Talseite eine hohe, weit offene Lavahöhle fanden. Brennmaterial gab es hier in 4650 Meter Höhe, also in der Höhe der Monte-Rosa-Spitze, gar nicht mehr, aber Büschel von Strohblumen standen am Fuß der Felsen noch hinreichend, um mit Hilfe von drei Wolldecken auch für Muini ein leidlich warmes Lager herzustellen. So verbrachten wir die Nacht trotz −12°C verhältnismäßig gut, da wir in der Höhle vor dem von der Gletscherzunge herabsausenden Bergwind geschützt waren, und konnten um 3 Uhr in der Frühe des 6. Oktober frisch ans schwere Werk der Gipfelersteigung gehen. Diesmal war uns Ndscharo, der eisgebietende Berggeist des Kibo, gnädig; wir erreichten unser Ziel.

Während der ersten Stunde leuchtete uns der Mond auf den schwer ersteiglichen Schutt- und Trümmerhalden. Als er untergegangen war, tasteten wir uns bei Laternenschein im felsigen Terrain talauf zwischen den gangbaren Lücken und Klüften hindurch und weiter auf der großen Lavarippe, welche uns am 3. Oktober zum Eis geführt, hinan. Je höher wir emporstiegen, je dünner die Luft wurde, desto glanzvoller erstrahlten die ewigen Lichter des Firmamentes. Nirgends habe ich vorher oder nachher die Planeten in so ruhiger Pracht leuchten sehen wie hier; aber auch das Licht der großen Sonnen Sirius und Regulus erschien hier milder, gleichmäßiger als sonst. Und der sanfte Schein der Milchstraße, Magelhaens'schen Wolken und vor Anbruch der Dämmerung des bis in den Zenit züngelnden Zodiakallichtes hat nicht seinesgleichen in tieferen Regionen.

Gegen Sonnenaufgang befanden wir uns bereits in der Höhe der Zunge des »Ratzelgletschers« (5360 Meter) und erwarteten in seiner eisigen Nähe, mit frostzitternden Gliedern fest aneinander geschmiegt, den erwärmenden Aufgang des Tagesgestirns. Hinter des Mawensi finsterer Zackenwand hob sich kurz nach 6 Uhr der strahlende Sonnenball empor. Bald nachher waren wir am Fußpunkt unserer Eismauer vom 3. Oktober. Die damals gehauenen Stufen bedurften zu unserer freudigen Überraschung nur geringer Nachbesserung, um wieder brauchbar zu werden, so daß wir, nunmehr mit den Örtlichkeiten bekannt, bei aller Vorsicht ziemlich rasch über die gefährlichen unteren Wände und die folgenden Klüfte hinwegkamen. Vor 8 Uhr überkletterten wir schon die große Spalte in 5720 Metern. Wir waren beide der frohesten Zuversicht. »Heute geht's«, »Wir kommen heute hinauf«, riefen wir uns gegenseitig fröhlich zu. Langsam, aber stetig klommen wir weiter. Obwohl die Luftbeschaffenheit und die Körperanstrengung die nämlichen waren wie bei der ersten Besteigung, fühlten wir doch viel weniger Beschwerden, weil unser moralischer Zustand sehr viel besser war.

Um 3/4 9 Uhr beschritten wir den obersten Kraterrand an der Stelle unserer damaligen Umkehr in 5870 Meter Höhe; unverschleiert lag wieder der Krater zu unseren Füßen. Aber ohne langes Zaudern wanderten wir nun in Südwestrichtung auf dem dorthin leicht ansteigenden, eisbedeckten Rand des Ringwalles weiter, den Felsspitzen der südlichen Kraterwand zu, die dort über das Niveau der anderen Seiten emporragen.

Schon im September, als wir jenseits Taweta den Kilimandscharo zum erstenmal zu Gesicht bekommen hatten, war mir ein dunkler Fels an der Südseite des oberen Bergrandes als der wahrscheinlich höchste Punkt des Kibo aufgefallen. Beim Näherkommen hatten wir denselben hinter der davorliegenden Wölbung des Eismantels verschwinden sehen, und erst als wir den Kraterrand selbst betraten, war er wieder zum Vorschein gekommen.

Anderthalb Stunden Steigens durch sonnerweichten Firn und zerfressenes Eis führte uns an der seltsam abgebrochenen, 6 Meter hohen Eismauer vorbei zu dem Fußpunkt der drei höchsten, aus losen Trümmern bestehenden Felsspitzen, welche wir nun in beschaulicher Ruhe der Reihe nach erklommen, um nach Ablesung unserer Aneroide feststellen zu können, daß die mittelste mit rund 6000 Metern die anderen um 10–15 Meter überragt. Spätere Berechnungen bestätigen diese Maße (43). Um 1/2 11 Uhr betrat ich als erster die Mittelspitze. Ich pflanzte auf dem verwetterten Lavagipfel mit dreimaligem, von Herrn Purtscheller kräftig sekundierten »Hurra« eine kleine, im Rucksack mitgetragene deutsche Fahne auf und rief frohlockend: »Mit dem Recht des ersten Ersteigers taufe ich diese bisher unbekannte, namenlose Spitze des Kibo, den höchsten Punkt afrikanischer und deutscher Erde: ›Kaiser-Wilhelm-Spitze‹.« (44)

Nach einem Hoch auf den kaiserlichen Taufpaten drückten wir uns die Hand. »Das ist mir ein herrliches Geburtstagsgeschenk«, sagte Purtscheller, »ich bin heute 40 Jahre alt«, und auch über mich war eine festliche, weihevolle Stimmung gekommen, deren Grundton der Gedanke war, daß der Augenblick nun da sei, den ich in den letzten Jahren täglich herbeigesehnt. Der afrikanische Riese war bezwungen, wie schwer er uns auch den Kampf gemacht hatte, und damit eine mehr als 40jährige Belagerung und Bestürmung des Kilimandscharo zum Abschluß gebracht. Ndscharo, der Berggeist, schien sich in seine Überwindung geduldig zu ergeben, denn kein Sturm, kein Schnee- oder Hagelwetter erschwerte uns den Aufenthalt auf der eroberten Spitze. Im vollen Sonnenlicht blitzten die Eisfelder rings um unsern dunkeln Schlackenkegel, in den Klüften knisterte und knatterte es geheimnisvoll, und im Grunde des vor uns gähnenden Kraterkessels zogen leichte Dünste vor dem Luftzug nach Südwesten. Nachdem der Zauber der ersten Minuten geschwunden war, setzten wir uns unterhalb der Spitze, deren obersten Stein ich in meinem Rucksack geborgen hatte, am Rand des Kraterkessels nieder, verzehrten unseren wohlverdienten Imbiß und hielten genauere Umschau. Die Sonne brannte, aber ein leichter Nordostwind fächelte Kühlung, und die Temperatur des Schleuderthermometers betrug + 2 °C. Von Vegetation finden sich hier oben nur Spuren von Flechten.

Ich maß Peilungswinkel und zeichnete eine Skizze des ganzen Kessels in mein Taschenbuch, der von unserm Standpunkt aus vorzüglich zu übersehen war. Bei einem Durchmesser von etwa 2000 Metern senkt er sich bis zu ca. 200 Meter Tiefe hinab. In der

Gipfelsieg am Kilimandscharo

unter uns herumlaufenden Südhälfte fallen die teils rotbraunen, teils aschgrauen Lavawände ohne Eisbedeckung fast senkrecht zu dem ziemlich ebenen, aus Schlamm und Asche gebildeten Kraterboden ab, in seiner Nordhälfte steigt das Eis vom Oberrand in blauen und weißen Galerien stufenförmig hinunter. Aus dem Nordteil des Kraterbodens erhebt sich ein flacher, aus brauner Asche und Lava bestehender Eruptionskegel etwa 150 Meter hoch, auf den vom Nordrand des großen Ringwalles her die dortigen besonders mächtigen Eismassen teilweise herüberragen. Im Westen aber ist der Zirkus durch eine riesige Kluft geöffnet, aus welcher die Schmelzwasser abfließen und das dem westlichen Kraterboden aufliegende Eis als Gletscher austritt. Welch eine gewaltige Vereinigung von Gegensätzen: dieser eisige Strom in seinem vormals glutflüssigen Bett, und über all diesem die hehre Stille der anorganischen Natur; in seiner weltverlorenen Einsamkeit und schlichten Majestät ein Naturbild von ergreifender Größe! Doppelt glücklich der Reisende, dem es vergönnt ist, derartiges zum erstenmal zu erschauen, da es vor ihm noch keines Menschen Auge gesehen. Der Eindruck bleibt unauslöschlich.

Inzwischen war der Vormittag weit vorgerückt, und einige kleine, flatternde Nebel mahnten uns warnend, daß es Zeit zum Rückzug sei. Vor 11 Uhr wandten wir dem Gipfel den Rücken, aber je weiter wir hinabstiegen, desto dichter schlossen sich die kalten Nebel um uns zusammen. »Nur keinen Aufenthalt, sonst holt uns zuguterletzt noch der Teufel«, zürnte Purtscheller; aber wie eilig wir auch der unteren Eisgrenze zustrebten, kostete uns die steile Passage über den »Ratzelgletscher« hinunter diesmal noch zwei volle Stunden, denn im kalten Schatten der Nebel wurden uns die Finger steif und vermochten den Eispickel nicht mehr so sicher zu handhaben wie im Sonnenschein. Einmal glitt mein der Steigeisen entbehrender Fuß aus einer Stufe, bevor der andere die nächste Stufe erfaßt hatte, im Nu hing ich mit ausgestreckten Armen an meinem eingehauenen Pickel. Derselbe hielt glücklicherweise fest und rettete uns vor dem Sturz in den nebelbedeckten Abgrund.

Um 1 Uhr standen wir endlich mit heilen Gliedern, wenn auch nicht mit heiler Haut, an der unteren Eisgrenze und entledigten uns der Schleier und Brillen, des Seiles und der resp. Steigeisen. Zu Purtschellers sprachlosem Erstaunen zog ich nun aus meiner tiefsten Rocktasche ein paar Delikatessen, die ich seit Monaten im

Koffer hatte ruhen lassen, um meinen Gefährten nach der Gipfelbesteigung damit zu überraschen. Es waren einige Zigaretten und zwei Tafeln Schokolade. Und so groß war unser Übermut und unsere Genußsucht, daß wir die seltenen Herrlichkeiten auf einmal verschwelgten, ohne an spätere Tage der Entbehrung zu denken.

In der frohesten Stimmung und im Vollgefühl des erreichten Zieles liefen wir auf den Schutthalden mehr hinab als wir wanderten. Aus weiter Entfernung kündigten wir unserm Muini am Biwakplatz nach Verabredung durch lautes, in vielfältigem Echo forthallendes Rufen unser Kommen an, und als wir endlich gegen 3 Uhr die Höhle wieder vor uns auftauchen sahen, stand Muini schon mit den geschnürten Bündeln zum Abmarsch nach dem Zeltlager gerüstet. Als ich ihm dann beim Weiterwandern von unseren Erlebnissen erzählte und ihm die Schwierigkeit des letzten Abstieges schilderte, entgegnete er immer wieder: »Haithuru; umefika sasa ju kabisa, bassi« (»Das macht nichts; jetzt bist du ganz hinaufgekommen, das genügt«).

Vor Sonnenuntergang saßen wir wieder einmal unter dem hochragenden »Viermännerstein« neben unserm Zeltchen am brodelnden Reistopf. Während die letzten Sonnenstrahlen die Ränder des fernen Meru röteten und der Kibo im milden Abendglanz so vertraut herabwinkte, als wolle er die beiden einzigen Sterblichen grüßen, die er in seine Geheimnisse eingeweiht hatte, zogen meine Gedanken in die Ferne, zurück in die an Hoffnungen, Opfern und Enttäuschungen so übervoll gewesenen Jahre 1887 und 1888, und die Dankbarkeit gegen ein gütiges Geschick, die Genugtuung über das nun endlich Errungene machten mich an diesem Abend so reich, daß ich mit niemand in der Welt getauscht hätte.

Die Sonne war längst hinter dem Meru hinabgesunken, und der junge Mond ließ langsam das Schneehaupt des Berges am dunkeln Nachthimmel auferstehen, als wir unser Lager aufsuchten, einig in dem Beschluß, am nächsten Tag Rast zu halten, um darauf mit neuen Kräften den Mawensi in Angriff zu nehmen.

Allein es kam anders. In der Nacht hatte es um den Mawensi gewittert und geschneit, und am Morgen lag auch auf dem Plateau eine 1 cm hohe Schneeschicht, die aber den Strahlen der Morgensonne nicht lange standhielt. Während ich mich mit photographischen Aufnahmen des Berges beschäftigte und Purtscheller Aschenproben von den Drillingshügeln sammelte, erschienen gegen Mittag die erwarteten Proviantträger vom Mittellager, aber mit der Nachricht, daß in Marangu zwischen Mareale und der Karawane ein heftiger Streit über unsere im Lager wehende Flagge ausgebrochen sei, der meine schleunige Vermittelung dringend erforderlich mache. Das war eine schlimme Botschaft. Ich vermutete sofort ein Ränkespiel der von mir gebührend schlecht behandelten sklavenhandelnden Suaheligäste Mareales und entschloß mich schnell zum Abstieg nach Marangu. Mit Purtscheller verabredete ich, daß er am nächsten Tag zum Mittellager am Urwaldrand hinabgehen solle, um dort mich oder Nachricht von mir zu erwarten.

Ich eilte ihm nach Mittag dorthin voraus und traf nach fünfstündigem eiligen Abwandern bei dem kleinen Häuflein der Bewohner ein, die sich schon ganz heimisch gemacht hatten und mich mit stürmischer Freude begrüßten. Zu meinem Erstaunen fand ich neben dem Zelt ein blökendes Öchslein vor, das uns Mareale zur Erquickung durch den Urwald hatte herauftreiben lassen und das, rasch geschlachtet und gebraten, mich zu einer milderen Auffassung seines Streites mit meiner Karawane geneigt machte. In dem nur 7 °C warmen Muëbach nahm ich alsbald ein seit sechs Tagen entbehrtes Bad, und in aller Frühe machte ich mich mit vier Mann auf nach Marangu.

Die Luft, die Berge, die Ebene, alles war herrlich klar. Sogar die Ndarakette konnte ich anpeilen. Was hätte da alles oben am Mawensi ausgerichtet werden können! Im Geschwindschritt eilten wir unseren Pfad entlang. Das vordem hohe, trockene Gras war inzwischen, wohl durch unsere verlassenen Lagerfeuer am Kifinikabach, weithin niedergebrannt, und in der flüchtigen Asche schwärzten wir uns bald wie Kohlenbrenner. Vor Eintritt in den Urwald begegneten wir einem Trupp von Userileuten, die, mit kleinblattigen Speeren und schmalen Lederschilden bewaffnet, ihre Ziegenherden aus ihrem zur Zeit sehr wasserarmen Gebiet nach den höheren frischen Weiden der Südostseite trieben, und im Urwald selbst sahen wir uns eine zweite Userikarawane entgegenkommen, die in Marangu ihr Vieh gegen Hirse und Bohnen eingetauscht hatte und schwerbeladen auf dem neutralen Pfad mit Umgehung von Rombo heimkehrte.

Mit wundgelaufenen Füßen und durch den neunstündigen Eilmarsch aus der frischen Höhe in die warme Dschaggaregion recht ermüdet, humpelte ich endlich lahm in das Marangulager hinein und erregte durch mein plötzliches Erscheinen einen Begrüßungssturm von fast komischer Ausgelassenheit, den nicht einmal das Entsetzen vor meinem gletscherverbrannten Gesicht, von dem die Haut in Fetzen hing, dämpfen konnte. Das Zerwürfnis mit Mareale ward sofort haarklein berichtet. Mareale hatte, aufgereizt durch die Suaheli-Sklavenhändler, verlangt, daß entweder die deutsche Flagge von ihrem hohen Mast inmitten des Lagers entfernt werde oder daß ihm als Entgelt 1000 Dollar ausgezahlt würden; andernfalls wolle er nach fünf Tagen das ganze Lager mit seinen Kriegern zerstören. Nun wußte sich niemand zu raten, da die Somali das Herabholen der Fahne nicht zuließen, und man schickte nach mir.

Mareale kam unaufgefordert. Ich merkte sofort, daß er sich seines unfreundschaftlichen Vorgehens schämte. Als ich ihm nun auseinandersetzte, daß ich absolut kein Interesse an einer Flaggenhissung hätte, da der Kilimandscharo längst nach deutsch-englischem Abkommen den Deutschen vorbehalten sei, sondern daß ich nur in Ruhe den Berg besteigen und erforschen wolle, einten wir uns schnell dahin, daß über der »baruti-na-damu-Flagge« (»Pulver- und Blutflagge«, weil schwarz und rot) eine zweite rote Fahne mit einem weißen Stern gehißt werde, die seine Hausflagge vorstellen solle.

Damit war die Sache abgetan. Abends brannte ich ein großes Versöhnungsfeuerwerk ab, wobei durch einen fallenden Raketenstab eine Trägerhütte in Flammen aufging. Aber in der Nacht öffnete der Himmel seine Schleusen, und in meiner Hütte regnete es weiße Ameisen und Spreu auf mein mit Zinksalbe eingeschmiertes Gesicht, daß der weckende Ali am Morgen, entsetzt von meinem Aussehen, in ein lautes Jammergeschrei ausbrach. Einen vollen Tag saß ich nun ununterbrochen bei der Niederschrift des ersten Berichtes über unsere bisherige Reise und Besteigung, welchen die einige Tage nachher von Modschi abgehenden Missionspostläufer zum europäischen Postdampfer nach Mombassa bringen sollten. Von der Küste waren noch keine Briefe für uns eingetroffen; wir konnten sie erst in den nächsten acht Tagen erwarten, und ich traf Anordnungen, daß sie uns dann sofort hinauf zum Sattelplateaulager nachgetragen werden sollten. So weit ist man, dank der englischen Mission, am Kilimandscharo, daß man dort regelmäßig aller vier Wochen seine heimatlichen Briefe und Zeitungen lesen kann, und diese Gewißheit, mit der fernen Kulturwelt immer noch in einer wenn auch losen Verbindung zu stehen, empfindet man als einen großen Segen, denn wie glücklich man sich auch in seiner afrikanischen Freiheit und in der Abwesenheit alles hohlen Formenkrams der »Gesellschaft« fühlen mag, man ist doch zu sehr Kulturmensch, als daß man jede Kenntnis von europäischen Vorgängen gleichmütig entbehren könnte, zu innig mit seiner Familie verwachsen, als daß man sich nicht nach Empfang und Ausgabe von Nachrichten aus und an die Heimat herzlich sehnte.

Nachdem zwei Mann mit dem dicken Briefpaket zur Mission nach Modschi abgesandt waren, stand unserer Rückkehr in die höheren Spären nichts mehr im Wege. Zum zweitenmal galt es: »Per aspera ad astra!«

Zehn Tage zwischen 4000 und 6000 Metern

Zum zweiten Male »per aspera ad astra«. Schon der Anfang war asper in vollem Maße, denn wir bewältigten den weiten Weg durch die Bananenhaine, über die murmelnden Bergbäche, durch den moosbekränzten Urwald, über die windkühlen oberen Grasflächen bis zum Mittellager am Muëbach, einen Weg, zu dem wir beim ersten Aufstieg 2 ½ Tage gebraucht hatten, in einem einzigen Tag. Vor Sonnenuntergang begrüßte ich Herrn Purtscheller am Zelt und beruhigte scherzend die kleine Lagerbesatzung, welche drei Tage lang in bangen Zweifeln und Sorgen gelebt hatte. Obwohl von des Tages Mühe ermattet, ordnete ich doch für den nächsten Morgen den Weitermarsch zum Hochplateau an.

Fast aber hätten wir in der Nacht noch schweren Schaden erlitten. Eine neben unserm Zelt stehende Grashütte, in welcher die Bewohner trotz strengen Verbots ein Wärmefeuer unterhalten hatten, geriet plötzlich in Brand, so daß die vom Bergwind angefachten Flammen prasselnd zu unserm leinenen Haus herüberschlugen. Im Nu waren wir draußen und rissen das Zelt gewaltsam zu Boden, während die Leute mit Ästen und Büschen die lodernde Hütte gewaltsam niederschlugen. In fünf Minuten war alles wieder still. Die Übeltäter aber waren genug durch den Verlust ihrer geringen Habe bestraft und krochen kleinlaut zu ihren Kameraden in die beiden anderen Hütten, während wir unser Zelt ein gutes Stück aus der gefährlichen Nachbarschaft entfernten.

Als am Vormittag die müden Glieder durch eine gehörige Ration von Reis mit Honig, einem Göttermahl in Mittelafrika, gestärkt waren, brachen wir mit vier Mann und ebenso ausgerüstet wie zur ersten Besteigung vom Lager auf. Schon in einer halben Stunde hüllten uns feuchte Nebel ein, aber wir folgten beharrlich unserer früheren Richtung am Lauf des tiefeingeschnittenen Schneequellbaches hinan durch Gras und Geröll und überschritten nach drei Stunden am Rand der vorderen Plateaustufe den Schneequellbach selbst mit seinen grauen, einsamen Senecien. Diesmal schwenkten wir hier nicht nach links zum Kibo ab, wie vor acht Tagen, sondern hielten uns, wie 1887, an den Verlauf des Schneequellbächleins, das auf dem wenig geneigten Terrain zwischen frischgrünen Graspolstern in einer etwa 50 Meter breiten Mulde daherrieselt. Einzelne große Felsblöcke liegen da und dort auf der Talsohle, und rechts und links säumt ein spärlich mit niederen Stauden bewachsener, blockbedeckter Lavawall das freundliche kleine Hochtal ein. Hier war gut marschieren, aber die Träger waren doch schon von den naßkalten Nebeln so durchfroren, daß sie hörbar mit den Zähnen klapperten und mir klagend ihre erstarrten Hände entgegenstreckten; »a bwana, leo tutakufa« (»ach Herr, heute werden wir sterben«), seufzte einer nach dem anderen, als der Nebel wieder stärker zu wehen begann. So ließ ich denn an der Quelle des Baches, wo wir im Juli 1887 gelagert hatten, Halt machen. Damals, im tropischen Winter, hatten wir hier die ersten Schneeflecken unter einigen großen Lavablöcken vorgefunden und danach den Bachquell »Schneequelle« benannt. Jetzt, im Tropenfrühling, war hier natürlich kein Schnee zu sehen, aber noch vorhanden war der Steinkreis, den wir damals um unser Zeltchen herumgebaut hatten; und in diesen setzten wir unser Zelt wieder hinein. Die Schwarzen suchten und fanden Schutz gegen Wind und Nebel in den Lavagrotten der einen Talwand und waren dort bei Feuer, Wasser und Bohnen bald wieder soweit, daß sie ihre eintönigen, wehmütigen Sansibarmelodien vor sich hinsummten. Nur Mohammed war grimmig darüber, daß die »verd... Bohnen auf dem Berg nie weich werden wollen«, und machte damit eine sehr richtige Beobachtung, denn die niedrige Temperatur von 88 Grad, bei welcher das Wasser in dieser luftdünnen Höhe siedet, reicht zum Bohnenkochen nicht mehr aus. Wir ließen deshalb fortan dieses vortreffliche Nahrungsmittel vom Mittellager schon in gekochtem Zustand heraufbringen.

Der Wind, der erst vom Mawensi herabgeweht hatte, kam später vom Kibo her und senkte nachts die Minimaltemperatur auf – 9 °C. Die Steine und Stauden waren dicht bereift, als die Sonne aufging. Schnell wärmte sie aber den Boden wieder, so daß wir ohne langes Zögern in unserm Tälchen weiter hinansteigen konnten.

Während sich der linke Lavawall immer mehr verflacht, je weiter wir zum Sattel hinkommen, wird der rechte immer höher und felsiger. Aber auf der Asche und dem Staub zwischen den Felsblöcken kommen wir bequem vorwärts. Bis auf die letzte halbe Stunde halten wir dieselbe Richtung ein wie 1887, um in möglichste Nähe des Mawensi zu gelangen, wo der Lavastrom, auf dem wir uns bewegen, meiner Erinnerung nach an einem steilen Felshügel seinen Ausgang nimmt.

Mit jedem Schritt, der uns höher hebt, sehen wir zur Linken den Kibo mächtiger und stolzer emporwachsen. Ein winziger Punkt zu seinen Füßen deutet den »Viermännerstein« an, unter dem vor acht Tagen unser Lager gestanden hat. Vor uns aber

Das Mawensilager

taucht nun auch der Lavahügel am Mawensi auf, der unser diesmaliges Standquartier sein soll, und bald stehen wir an seinem Südostabhang, wo sich zwischen zwei großen Felsblöcken, die von der Hügelhöhe herabgestürzt zu sein scheinen, ein wettergeschütztes Plätzchen für unser kleines Zelt bietet. Die niedrige, holzige Euryopsstaude wächst hier in 4360 Meter Seehöhe noch in Menge, so daß wir um Brennmaterial uns nicht zu bemühen brauchen. Und Wasser muß Muini Amani, der wieder allein bei uns bleibt, von der Schneequelle holen. Die anderen Träger eilen ohne Aufenthalt auf unserm deutlichen Pfädchen zurück, um frühzeitig beim Mittellager am Muëbach anzulangen.

Das erste Tun, nachdem wir ein lustiges Feuer hinter dem Zeltfels entzündet hatten, war wieder die Breitenbestimmung unseres Standortes durch eine Mittagsobservation. Dann klommen wir die Felswände hinauf zur Höhe des Lagerhügels und fanden dort zwei durch einen schmalen zerrissenen Grat verbundene flache Gipfel, deren Beschaffenheit den Hügel als einen selbständigen Eruptionsherd erkennen lassen, aus welchem der Lavastrom, der uns am Morgen heraufgeführt hatte, dereinst entquollen ist. Nach allen Seiten stürzen die Hügelwände schroff ab, am tiefsten auf der Westseite zu einem Kesseltal, das zu einem zweiten Lavastrom und Lavahügel hinüberführt. Hinter diesem erhebt der »Rote Mittelhügel« sein Haupt, und hinter dem letzteren werden die »Drillinge« am Fuß des sie himmelhoch überragenden Kibo sichtbar; sie alle in einer nur wenig von einer Geraden abweichenden Linie angeordnet.

Wohin man auch nach dieser Seite schaut, überall trifft das Auge auf lange, gerade oder nur leicht geschwungene Linien. Einzig die untere Eislinie des Kibohelms verläuft im Zickzack. Die von unserm und den benachbarten Lavahügeln nach Süden hinabziehenden Lavaströme sind so ebenmäßig gewölbt und langgedehnt, daß man sie ebensowohl für hohe Chaussee- oder Eisenbahndämme halten könnte. Nach Norden schweift der Blick frei über das aschgraue flache Sattelplateau, ohne jenseits auf die ferne Ebene zu treffen. Aber im Osten droht trotzig und finster die zackige Riesenmauer des Mawensi. Da gibt es keine geraden Linien und sanften Böschungen mehr; hier ist alles verwettert, zerrissen, ruinenhaft wie in den Dolomiten. Von Süden nach Norden wachsen die Türme und Spitzen seines Hauptkammes immer höher an. Zu uns her nach Südwesten ist eine kolossale Schutthalde geöffnet, auf der wir morgen den Versuch machen wollen, einen westlichen niedrigeren Seitenkamm zu erklettern, welcher oben in die Hauptwand nahe der höchsten Spitze überzuführen scheint. Daß es eine sehr böse Partie sein wird, lehrt der bloße Anblick.

Nach beendeter Auskundschaftung und beladen mit Steinsplittern, an welchen mannigfache Arten von Flechten, die ausschließlich Bewohner dieser Lavagipfel, hafteten, kehrten wir »heim« und trafen die nötigen Vorkehrungen für den frühzeitigen Aufbruch zur ersten Mawensi-Besteigung (13. Oktober).

Es hatte in der Nacht scharf vom Mawensi herab geblasen, und ein bitterkalter Nordost empfing uns, als wir gegen 4 Uhr bei Vollmondschein Seil und Pickel zur Hand nahmen. Muini hatte uns in seinem Höhlenlager gehört und rief uns sein glückwünschendes »Rudi salama« (»Kehrt heil wieder«) zu; er tat es fortan jedesmal, wenn wir zu einer größeren Tour aufbrachen, und ich gestehe, daß ich diesen Zuruf sehr vermißt hätte, wenn Muini ihn einmal unterlassen haben würde, denn angesichts einer Gefahr ist niemand ganz frei von leisen abergläubischen Regungen, unter welcher Form sie sich auch verstecken mögen. So stolperten wir, von Muinis Wünschen begleitet, in die östlich von unserm Hügel eingetiefte Mulde hinab und in ihr hinan zu querliegenden Lavawällen und »Schildkrötenhügeln«, jenseits von denen im ersten Frühlicht die unteren Ausläufer der großen westlichen Mawensi-Schutthalde, unser nächstes Ziel nach der gestrigen Rekognoszierung, betreten wurden. Die dunklen Mauern und Türme des Mawensi begannen sich aufzuhellen, langsam verblich der unvergleichliche Glanz der Venus.

Der Grund ist hier in 4650 Meter Höhe feucht und mit schwammigen, grünen Graspolstern überzogen, in welchen der Fuß bis zum Knöchel einsinkt. Von allen Seiten führen Fährten von Elen-Antilopen hierher, und massenhaft ist ihr Dung über die kleine Wiese zerstreut. Ein halbes Hundert Meter höher oben rieselt unter einem Felsblock eine Quelle hervor, die jetzt in der Nachtkälte teilweise gefroren war, denn obwohl die Sonne inzwischen aufgegangen, dringt sie wohl nicht vor 10 Uhr über die Mawensikämme herüber und läßt die Temperatur des Schattens hier noch lange auf ihrem tiefen Stand. In einzelnen Flecken und Zungen reicht der Pflanzenteppich auf dieser Halde bis zu 4700 Metern hinauf, wo, gewärmt von der starken Insolation der Mittagssonne und getränkt von einer kleinen zweiten Quelle, die am höchsten stehenden blütentragenden Florakinder auf dem ganzen Kilimandscharo ihr Dasein fristen.

Nach Zurücklassen der Quellregion begann ein äußerst mühsames Aufwärtsrutschen im losen Schutt der Halde, der unter jedem Tritt nachgab. Alle 40–50 Schritt mußte einige Sekunden zum Luftschnappen angehalten werden. Rückwärts gewendet, sahen wir in der klaren Morgenluft rechts, fern hinter dem Kibo, die einförmige Njiri-Ebene schimmern; links ragte der Meru aus den Schichtwolken der Steppe in der schönen Form empor, in welcher nur Zyklopen bauen.

Zwei Drittel der Halde legten wir zurück, dann wandten wir uns der linken ungeheuren Lavawand zu, und nun begann die halsbrecherischste Felskletterei, die ich je erlebt habe. Wir legten uns das Manilaseil um den Leib und arbeiteten uns auf den schmalen Gesimsen und Köpfen der nach Norden einfallenden Lavaschichten und durch die Kamine vertikaler Spalten langsam einige 30 Meter hoch empor. Purtscheller, welcher vorankletterte, bewies eine Meisterschaft im Überwinden scheinbar unüberwindlicher Stellen, die ich in Anbetracht seiner ziemlich starken Kurzsichtigkeit, welche ihn bei solchen Touren zum Brillentragen nötigt, nicht für möglich gehalten hätte. Als er wieder über einem Kamin meinen Blicken entschwunden war, hörte ich seinen Zuruf: »Bleiben Sie, hier geht's nicht, wenn man keine Flügel hat.« Doch einige Meter weiter rechts fand sich ein besserer Aufstieg. Erst seilte er die Eispickel nach, die uns bei diesem Felsklettern mehr hinderlich als dienlich waren, und dann folgte ich, immer wieder prüfend, ob die Vorsprünge und Ecken, an welchen sich mein leichterer Gefährte emporgezogen hatte, noch Halt für meinen schwereren Körper gewährten. Weit öfter ist der Versuch vergeblich, der Stein bricht aus, und die Wahl eines festeren Standpunktes kostet viel Zeit und Kraft. Die Hände hatten genau so viel zu arbeiten wie die Füße, denn die Steilheit und Zerrissenheit dieser Lavamauern ist ohnegleichen. Dutzendmale schwebte ich, mit dem Rucksack in einer Spalte festgeklemmt oder von Purtscheller am Seil gehalten, in der Luft, da die betretenen Felsvorsprünge morsch wegbrachen und sausend in die Tiefe stürzten. Wo wir eine Passage glücklich überwunden hatten, kennzeichneten wir die Stelle durch grellrote, mit Steinen beschwerte Papierfetzen für den Fall, daß wir daselbst wieder absteigen müßten. Und der Gedanke daran hatte offen gestanden wenig Verlockendes.

So ging es 3 1/2 Stunden lang auf allen vieren aufwärts, bald mehr links, bald mehr rechts, bald über zwei Hände breite Simse platt auf dem Bauch, bald mit gespreizten Knien und Ellbogen in einem Kamin senkrecht hinauf. Unsere ganze aufs höchste gespannte Aufmerksamkeit galt nur den Lavafelsen über uns; Kibo und Plateau und Ebene waren völlig vergessen.

Gegen 11 Uhr standen wir dem Grat nahe. Etwa 10 Meter unter ihm sah ich plötzlich durch eine Spalte den blauen Himmel von der anderen Seite hindurchleuchten. Die ganze Mauer war hier nicht mehr als 1 Meter dick, so daß wir uns fragen mußten, ob der brüchige schwache Bau durch unser Gewicht nicht zusammenbrechen würde; aber es gab keine Wahl, und die Ruine hielt. Die Zerrissenheit des Kammes spottet aller Beschreibung. Man begreift schlechterdings nicht, wie sich dieses morsche Gestein, diese dünnen, hinausragenden Zacken und schiefen Türme bei Wind und Wetter hier oben halten können. Obgleich es fast windstill war, sausten doch, von der ausdehnenden Sonnenwärme gelöst, nach allen Seiten Steinschläge ab.

Teils auf dem Grat, teils dicht unter ihm kletterten wir nun am Kamm entlang der Stelle zu, wo er in den zentralen Kamm des Mawensi einmündet. Da der Fortgang zur höchsten Spitze nicht unmöglich schien, waren wir recht guter Dinge. Allein plötzlich gähnte zu unseren Füßen ein Abgrund, und bestürzt sahen wir, daß der Kamm, auf dem wir in 5090 Meter Höhe standen, durch eine tiefe Schlucht vom Hauptkamm getrennt war.

Die Enttäuschung war zuerst niederschlagend; das Ziel war trotz aller Mühen nicht zu erreichen. Aber das Bewußtsein, die gewaltige Natur doch besiegt zu haben, soweit es in menschlicher Macht steht, dieser bedeutendste ethische Inhalt alles Bergsteigens, ließ uns rasch unsere Fassung wiedergewinnen. »Hier ist unsere Kunst zu Ende«, rief ich Purtscheller zu, »wir wollen aber wenigstens unsern Querkamm traversieren.« Und dies schien leichter zu sein, als der Abstieg an der Seite, auf der wir gekommen waren. In kurzem waren wir, nach Norden hinuntersteigend, in einem abschüssigen Schuttkessel und liefen gleitend auf ihm hinab, bis wir zu unserer peinlichen Überraschung vor einem 200 Meter tiefen , überhängenden Absturz standen, unterhalb dessen sich die Schutthalde fortsetzte. Nirgends zeigte sich an diesem Querriegel eine »greifbare« Passage. Nach langem, beunruhigendem Suchen entdeckte ich unmittelbar unter unserm Querkamm eine

Der Mawensi, vom Sattelplateau aus NW gesehen

schmale, vereiste Rinne – das einzige Eis, das wir am Mawensi beobachteten –, in der wir uns langsam abseilen konnten. Dies war ein heikles Geschäft, denn kaum hatten wir die Hälfte des Weges hinter uns, als ein Hagel kleiner Steine über unsere Köpfe weg pfiff, dem bald mit brummendem Sausen ein großes Geschoß folgte. »Schnell, schnell hinunter«, rief Purtscheller, »der Berg schlägt uns sonst tot.« Noch ging ein prasselnder Steinschlag über uns weg, da standen wir auf dem unteren Schuttkar seitwärts außer der Schußrichtung, streckten uns unter einen Block und genossen mit Begier den ersten Bissen auf der ersten Ruherast dieses Tages.

Es war ½ 2 Uhr, und in den höchsten Spitzen des Mawensi wogten und wirbelten die Mittagsnebel. Rings um uns her türmten sich in fürchterlicher Steilheit die Lavamauern 500–600 Meter hoch mit den abenteuerlichsten Gratformen auf, am imposantesten die breite, an 700 Meter hohe Wand, welche von der höchsten Mawensispitze gekrönt ist. Und an ihnen allen wechseln die Tausende von übereinander liegenden Lavaschichten und sie durchbrechenden Querspalten im wunderbarsten Spiele der Farben von mattem Gelb zu lichtem Rot, Graublau, Dunkelbraun, Grün und vielem anderen mehr. Hier gibt's im Überfluß zu schauen für den Geologen und Geognosten, und welches Paradies für Mineralogen und Petrographen sind anderseits diese Schutthalden, wo sich alle die weit getrennten Gesteine des Berges bunt vereint zusammenfinden.

Eine fast ganz rote, zerklüftete Lavamauer, die von hier nach Westen weit vorspringt, von Norden nach Süden umgehend, streiften wir in ihrer unteren Verlängerung ein niedriges, kreisrundes Kratergebilde von 120 Schritt Durchmesser und tappten noch zwei Stunden im Nebel irrend umher, bis wir endlich auf unseren Lagerhügel trafen, wo uns Muini Amani mit einem wirklichen Huhn im Topf längst sehnsüchtig erwartet hatte.

Gegen Abend umschwirrten regelmäßig mit hellem Ruf mehrere pfeilschnelle Bergschwalben unser Lagerfeuer, die offenbar in den Wänden unseres Lagerhügels und im unteren Geklüft des Mawensi nisten und neben unseren bisherigen kleinen gefiederten Freunden, den Steinschmätzern, nun auch unsere Einsamkeit belebten. Nach dem Dunkelwerden schweigen die gefiederten Bewohner der Luft, aber als eine neue Erscheinung leuchten von nun ab täglich tief unten in der Südebene flimmernde Grasbrände auf, die hier an Ausdehnung schnell wachsen, während sie dort schwinden und stellenweise täuschend das nächtliche Bild einer lichterglänzenden Großstadt hervorzaubern. Unendlich viel schöner ist indessen der Kegel des Zodiakallichtes, das am Horizont intensiver leuchtet als die hellsten Teile der Milchstraße und oben erst im Sternbild des Skorpions erlischt.

Bevor wir die zweite Mawensi-Besteigung (15. Oktober) unternahmen, ließen wir den Armen und Beinen, die bei der ersten Besteigung eine harte Probe zu bestehen gehabt, einen Tag Ruhe. Vom Gipfel unseres Lagerhügels gelang mir eine vollständige Theodolitaufnahme der Umgegend und später eine zweite Mittagsobservation. Muini, welcher von der Schneequelle Wasser geholt hatte und auf dem Rückweg selbständig auf Entdeckungen östlich unseres Lagers ausgegangen war, brachte triumphierend eine leere Mockturtlesoup-Büchse mit, die er in uns unbekannter Gegend aufgelesen hatte und die vermutlich von den englischen Jägern Jackson und Harvey herrührte, welche bis in diese Höhe gelangt sein sollen. Das Gefäß diente uns wochenlang als Wasserschöpfer. Nachmittag trat urplötzlich Graupelwetter ein, und unter seinem Einfluß fiel in weniger als einer halben Stunde die Temperatur von + 26° in der Sonne auf + 4° im Nebel. Kurz vor Sonnenuntergang jedoch traten die Berge, wie täglich, wieder aus ihrer Wolkenhülle heraus und ließen für den nächsten Tag Gutes erwarten.

Unsere Besteigungswünsche waren darauf gerichtet, von der großen westlichen Schutthalde aus zu der in den Hauptkamm tief und breit eingeschnittenen Scharte vorzudringen und von dort aus den Hauptgipfel oder, falls dies nicht möglich sein sollte, doch eine der anderen dominierenden Spitzen zu erklettern. Es hat aber nicht viel gefehlt, so hätten wir notgedrungen einen zweiten Ruhetag einschieben müssen, denn durch den Genuß ziemlich angegangener Bananen, die wir nach unserm Grundsatz »Nichts umkommen lassen« am Abend verzehrten, zogen wir uns eine so peinvolle Kolik zu, daß wir in der Nacht keinen Schlaf fanden und nur matt um ½ 5 Uhr ans Tagewerk gehen konnten. Indes das Bewußtsein der Pflicht wirkte Wunder; wir führten unsere Partie dennoch aus.

Die Dämmerung graute schon im Osten, als wir, vom Mond geleitet, den Lagerhügel unter uns ließen. Wieder strahlte die Venus über dem im Nachtschatten liegenden Mawensi in wunderbarer Größe. Da jeder mit seinen Körperschmerzen zu schaffen hatte, wanderten wir schweigend auf unseren früheren Fußspuren bis hinauf zur großen Schutthalde hintereinander her. Als die ersten Sonnenstrahlen auf das Plateau unter uns und auf den Kibo hinter uns fielen, verschnauften wir ein wenig auf dem Rasenfleck inmitten der Halde (4560 Meter), wo trotz −3 ½°C Lufttemperatur die Quellen diesmal eislos unter den Felsen hervorrieselten. Nachdem wir dann im ausschließlichen Reich der Lava und Flechten unseren früheren Anstieg ein gutes Stück weiter verfolgt hatten, bogen wir nach rechts zu den Lavawänden des Hauptkammes ab und traten nach 7 Uhr bei 5000 Metern durch eine abschüssige und enge Rinne in die zerrissenen Felsen des Hauptkammes ein. Von einer Rinne in die andere, von einer Wand zur anderen dauerte die angestrengte Kletterei mit Händen, Füßen, Seil und Pikkel eine gute Stunde. Da langten wir in einem schmalen Joch des Hauptgrates an, der höchsten Spitze des Mawensi näher als die große Scharte, die wir zuerst im Auge gehabt hatten. Von hier seilten wir uns in einer halben Stunde zu dem links über uns aufragenden Turm hinauf und sahen von seiner Höhe, daß unser Standpunkt noch durch zwei Spitzen vom 400 Meter fernen Hauptgipfel getrennt war, aber ein Vordringen auf dem zersplitterten, oft nur handbreiten Grat für zwei Mann ebenso unmöglich war wie ein seitliches Umgehen der Spitzen.

Ein frischer Wind blies aus Nordosten, und klare Luft begünstigte den Ausblick nach fast allen Seiten. Nur die östlichen Ebenen waren durch breitgelagerte Nebel verschleiert bis zum Horizont, den die Taita-, die Usambara- und die Parehberge begrenzten. Unmittelbar vor uns aber, auf der Ostseite der Mawensiwand, welche ungeheuren Abstürze zu einem riesenhaften Kessel! Ich glaubte erst, den einstigen Schlund des alten Vulkanes vor mir zu sehen, konnte dann aber die Lage der Lavaschichten nicht damit vereinen. Immerhin bin ich meiner Sache nicht ganz sicher. Jedenfalls bleibt es ein wunderbares und nach dem Kibokrater das packendste Bild auf dem ganzen Kilimandscharo, wenn man hier von etwa 5130 Meter Höhe scheinbar senkrecht und unvermittelt wie aus einem Luftballon hinabschaut auf eine krause Vielheit von Schluchten, Hügeln, Bächen und Büschen, die mindestens 2000 Meter tiefer liegen, als wir stehen. Dort unten ist die Orientierung noch schwieriger als in dem Gewirr von Spitzen, Türmen, Nadeln, Schlöten und Zinnen, die uns hier oben umgeben.

Während dem Mawensi die außerordentliche Mannigfaltigkeit der Gesteine, der verwirrende Wechsel der verschieden gefärbten und verschieden dicken Lavaschichten, die zahllosen Durchbrüche von Vertikalspalten, die geradezu unglaubliche Verwitterung der Laven zu allen nur denkbaren schroffen Formen einen ganz einzigen Charakter verleihen, erscheint der Kibo in seiner einfachen Kegelgestalt als typischer Vulkan. Daß die Jahrtausende auch ihm ihre tiefen Spuren eingegraben haben, sieht man aus der Ferne nur wenig, ebensowenig wie man den großen ägyptischen Pyramiden von weitem die Zertrümmerung ihrer Oberfläche ansieht. Und aus dem Felsenchaos des Mawensi heraus beobachtet, wächst der Gegensatz zwischen beiden Bergen nur noch mehr.

In der klaren Höhenluft ließ der Kibo seine höchste Spitze, wo wir vor wenigen Tagen gestanden hatten, deutlich sehen, und nicht minder gut konnte der Ausbruchskegel im Kraterkessel angepeilt werden.

Um die Spitzen des Mawensi begann es jedoch zu wallen und zu wehen. Wir schritten zur Rückkehr. Die Körperarbeit des Morgens hatte unsere Bananenschmerzen längst ausgetrieben, so daß wir nach dem Abstieg von unserm Turm, dem vierthöchsten des Mawensi, übermütig das Seil ablegten und lustig durch die abschüssigen schotterbedeckten Felsrinnen und über die Schuttkegel hinabrutschten und schon um Mittag uns wieder am Lagerhügel ans Feuer streckten.

Hier gab es eine freudige Überraschung. Die Proviantträger waren dagewesen und hatten außer frischen Lebensmitteln, an denen sich unser täglich mehr abmagernder Körper und unsere täglich materieller empfindende Seele laben konnte, Postsachen mitgebracht, welche über die Mission in Modschi nach Marangu gekommen waren. Und so lasen wir nun in unserm weltfremden Berglager Briefe aus der Heimat und Nachrichten von der Küste und dampften dazu eine duftende Havannazigarre, die Freund Steifensands (45) Fürsorge in Sansibar dem Postpaket beigepackt hatte. In solcher behaglichen Stimmung ertrugen wir gleichmütig das Schneegestöber des Nachmittags, gegen das wir im dünnen Zeltchen nur geringen Schutz fanden. Beim hellen Sonnenuntergang lag eine 2 ½ Zentimeter dicke Schneedecke auf der Landschaft bis zur Schneequelle und zum Plateaurand hinunter, und der Nachtfrost ab ihr mit $-7\,^{\circ}C$ Bestand, bis sie unter der Morgensonne des nächsten Tages langsam dahinschwand.

Um von unseren drei Mawensibesteigungen nacheinander zu erzählen, lasse ich an dieser Stelle meinen Bericht einige Tage vorgreifen und reihe die dritte Mawensibesteigung an, welcher die beiden noch dazwischenliegenden Kibobesteigungen später zusammen folgen mögen.

Zur dritten Mawensi-Besteigung hatten wir uns die Nordseite des Berges ausersehen, in der Hoffnung, von dort dem höchsten Gipfel beikommen zu können oder, wenn dies nicht ausführbar sei, doch wenigstens ein Bild von der unbekannten Nordseite des ganzen Kilimandscharo zu gewinnen.

Zur üblichen Zeit, um ½ 5 Uhr früh, waren wir am 21. Oktober unterwegs. Der Mond stand im letzten Viertel und war uns nur wenig förderlich, so daß wir bei Sonnenaufgang erst an dem vom

Hauptkamm des Mawensi abzweigenden Nordwestgrat standen. Dem jähen Hauptkamm war auch von hier aus nicht ohne hundertfältiges Versuchen beizukommen, wozu uns keine Zeit gegeben war. Der Morgen war im Schatten des Mawensi grimmig kalt; das Aneroid-Thermometer in meiner Rocktasche wies auf − 9°C, und bald war ich trotz wollener Handschuhe nicht mehr im stande, die Bleifeder zu führen. Aber beim weiteren Traversieren über Blockwälle und Schutthügel erwärmten sich die Glieder wieder, und die durchdringende Klarheit, in welcher die Nordebene unter uns leuchtete, entschädigte uns reichlich.

Ein steilwandiger Lavakamm schien uns im Norden des Berges Halt gebieten zu wollen, doch Purtschellers Berginstinkt fand einen Übergang. Von seiner Höhe (4630 Meter) blickten wir frei hinaus in die Ebenen und hinunter auf die nördlichen Abhänge des Kilimandscharo. Dort aber leuchten uns keine lachenden Fluren und freundlichen Dörfchen entgegen wie auf den Höhen der Alpen, sondern die unbeschränkte Wildnis dehnt sich soweit das Auge reicht, die Jagdgründe des Löwen wochen- und monateweit.

Vor uns an den Hängen des Gebirges ist das dunkle Band der Urwaldzone oben und unten von Grasflächen gesäumt. Ein grünes Kulturland, wie das Dschaggagebiet auf der Südhälfte des Gebirges, gibt es hier nicht, und der Urwaldstreif selbst wird lichter und schmäler, je weiter er nach Westen am Berg entlang zieht. In den graubraunen Grasebenen unterhalb des Urwaldes, etwa 20 Kilometer von ihm entfernt, schimmert und blinkt ein Gürtel von seeartigen Sümpfen, zu denen sich vom Mawensi zwei Flüßchen, vom Kibo anscheinlich nur ein Bach hinabschlängeln. Zahllose kleine parasitische Kegel sind über die Ebenen zerstreut, bis zu den Kiulubergen am nordöstlichen Horizont hin, über denen mit wachsender Tageswärme ein Kranz von hellgrauen Haufenwolken zu erscheinen begann. Und wenn mich nicht mein Gesichtssinn und mein Fernglas schmählich getäuscht haben, so entstiegen einem größeren Spitzkegel weit am nördlichen Horizont vertikale Dampfwolken, die erst in ziemlicher Höhe wieder entschwanden. Überall vulkanische Formen oder Spuren und Bachläufe und Seen, daß der Pfeilkompaß nicht zur Ruhe kommt.

Wir hatten damit unseren nördlichsten Punkt am Mawensi erreicht und kletterten nun nach Osten hinab auf einen großen Schuttkegel und über ihn quer in südöstlicher Richtung hinan zu einem höher gelegenen, nach Nordosten hinausspringenden Felswall, an dessen Fuß uns inmitten der braunen Laven aus etwa 4700 Meter Bergeshöhe ein kleiner, grün umrahmter Weiher zuwinkte. Über uns türmte sich über 500 Meter hoch der gewaltige Hauptkamm des Mawensi, auch hier in unantastbarer Steilheit. Wo der Nordostgrat sich von ihm trennt, ist eine Scharte in diese Nebenmauer geschnitten, die unser Ziel war, und als wir endlich über rollende Trümmer hinweg um ½10 Uhr in diese Scharte bei 4920 Meter hineintraten, gähnte vor uns wieder jener unabsehbare Abgrund, an dessen Westrand wir bei der zweiten Mawensibesteigung gestanden und gestaunt hatten. Auch hier konnte ich mir nicht klar darüber werden, ob es der alte Mawensikrater ist, dessen Riesenschlund sich vor uns auftat, aber es schien mir so.

Über die finstere Tiefe und einige niedrige Nebengrate hinweg konnte der Blick in die 4000 Meter tieferen fernen Ost- und Südostebenen schweifen bis nach den kegelförmigen Djulubergen zur Linken, der Taitagruppe in der Mitte, den Pareh- und Uguenobergen zur Rechten. Und auch hier fesseln drei Gewässer, der längliche Dschipe-See, der kreisrunde Kratersee Dschala und das mehrarmige sumpfige Becken des Tsavosees, das Auge am meisten. An den Abhängen des Kilimandscharo selbst aber leuchten hier auf der Südostseite die hellgrünen Bananenhaine von Rombo, Msai, Mwika, Marangu von unterhalb des dunkeln Urwaldes traulich herauf in unsere Felseneinöde.

Wenn uns auch die höchste Mawensispitze unnahbar blieb, hatte mir doch diese Tour mit ihren Fernsichten eine topographische Ausbeute von unerwartetem Umfang beschert, und höchst zufrieden kehrte ich vor Mittag zum Lager zurück, obwohl Purtscheller sich zunächst wehmütigen Betrachtungen darüber hingab, daß der Mawensi in unserer Lage »nicht gemacht werden könne«. Es ist wahr, zum völligen touristischen Erfolg fehlt uns die Besteigung des höchsten Mawensigipfels, aber ich mußte die Ausführung einer derartig gefährlichen und zeitraubenden Partie in Anbetracht unserer ganz ungewöhnlichen Lage für unvereinbar mit den Zielen meiner Expedition ansehen, die in erster Linie geographische Erforschung anstrebte. Und geographisch zu erforschen haben wir am Mawensi nichts Wesentliches übriggelassen. Mögen Nachkommende an seinen Stielzacken touristische Lorbeeren pflücken.

Mit dem Kibo waren wir aber noch nicht fertig. Seine noch unbekannte Nordseite zu erkunden und noch einmal von einer ande-

Der Kibo, vom Mawensilager aus O gesehen

ren Seite zu seinem Kraterkessel emporzusteigen, um ein vollständiges Bild von dem letzteren zu gewinnen, das waren zwei Ziele, die der Mühe wert waren.

Zu ersterem gingen wir am 17. Oktober ans Werk. Ein scharfer, eiskalter Kibowind blies uns entgegen, als wir in der Nacht um 3 1/4 Uhr unser stilles Lager verließen. Direkt auf den im schwachen Mondlicht dämmernden Nordabfall des Berges zugehend, überschritten wir in 2 1/4 Stunden das große Schlamm- und Aschenfeld nördlich von den Sattelhügeln und erreichten vor Sonnenaufgang am nordöstlichen Fuß des Kibokegels eine ansehnliche Mulde, die mehrere breite, vom Berg abfallende Schuttrinnen vereint und sich in die Grasfluren des Nordkilimandscharo hinabsenkt. Bald vergoldete die Frühsonne hoch zu unseren Häupten den Eiskranz, der an der Nordseite des Kibo ohne nennenswerte Zungenbildung, wie sie die Südseite auszeichnet, dem Rande des Kraters aufliegt, und nun begann das Traversieren der nordöstlichen und nördlichen Lavarücken und Schuttrinnen am Massiv des Kibo schräg aufwärts nach Westen hin. Das Überklettern der teils durch Ausfluß, teils durch Denudation entstandenen Lavarippen, die hier viel steiler und enger stehen als an der Südostseite, war außerordentlich zeitraubend und ermüdend.

Je höher wir gelangten, desto auffallender ward im Osten die scharfe Markierung unseres immer höher steigenden Horizontes, der in einer waagerechten Geraden den tiefblauen Himmel gegen ein darunterliegendes rosafarbenes Dunstband abgrenzte, welches allmählich in die hellgrauen, über der Ebene liegenden Wolkenschleier verlief. Die Wolken zogen aber noch genügend weit draußen, um unter ihnen weg fernhin die Bergabhänge verfolgen zu können. Da war denn zu sehen, daß jenseits von einem in ca. 4000 Meter Höhe am Berg entlang laufenden breiten Schutt- und Sandband die bekannten staudendurchsetzten Grasfluren sich zu einem mehrfach unterbrochenen Urwaldstreifen hinunterdehnen, welcher nach Westen hin allmählich ganz verschwindet. An mehreren Stellen wirbelten aus dem lichten Wald Rauchsäulen auf, die auf Wanderkrale der nomadischen Massai oder des Jägerstammes der Wandorobo (46) schließen ließen. Daß bei solcher Beschaffenheit des Waldes die Elenantilopen ohne Schwierigkeit aus den Ebenen zum Sattelplateau heraufkommen können, wo wir sie äsen gesehen, ist nun verständlich, denn eine trennende Kulturzone gibt es hier, wo das befruchtende feuchte Element fehlt, auch nicht.

Wir hatten gehofft, daß sich uns an der Nordseite ein relativ leichter Anstieg auf die Eisdecke bieten würde, weil ein anderer Reisender erzählt hatte, er sei hier nur mit einem Stock bewaffnet hinauf spaziert. Ein fünfstündiges, äußerst anstrengendes Klettern über die Steilrippen und Mulden von Norden nach Nordwesten brachte uns jedoch zu der Erkenntnis, daß wir hier der Eiskrone des Kibo, die in durchschnittlich 5700 Metern von einer fortlaufenden, 30–35 Meter hohen Eiswand begrenzt ist, nur in größerer Gesellschaft mit allen alpinen Hilfsmitteln hätten beikommen können.

An einer Stelle im Nordnordwesten, wo ein zweizüngiger Gletscher seine Schmelzwasser in zwei unter Eiskrusten murmelnden Bächlein zur Tiefe sendet, rasteten wir in 5660 Meter Höhe. Die

Sonne brannte empfindlich auf uns hernieder, und in den Eiswänden knisterte und krachte es geheimnisvoll. Purtscheller beugte sich über einen Lavablock und erprobte seine beneidenswerte Fähigkeit, zu jeder Zeit und in jeder Stellung schlafen zu können. Als aber vor Mittag, wie gewöhnlich, die Nebel zu steigen begannen, legte ich den Peilkompaß weg und trieb zur Rückkehr.

Eine lange Reihe von Felsrippen und Schuttkaren – 16 an der Zahl –, die wir am Vormittag höher oben überschritten hatten, überquerten wir bergabwärts und fanden in einer dieser Mulden (4850 Meter) einen kleinen, aus einem Eisbruch der Höhe regenerierten Gletscher, aus dessen kristallklarem Abfluß uns der langentbehrte Genuß eines Trunkes aus fließendem Wasser erquickte. Beim Abrutschen im Geröll der Erosionsmulden gerieten wir jedoch nachher unvermerkt unter das Niveau des Sattelplateaus und hatten deshalb nach unserm zehnstündigen Felsklettern schließlich noch eine Stunde zum Plateau wieder hinaufzusteigen. Endlich konnten wir angesichts der wolkenfreien Mawensispitzen auf dem großen asphaltharten Schlammfeld des Sattels zu unserem Lagerhügel bis 3/4 6 Uhr hinüberschlendern, wo uns Muini schon von weitem die frohe Botschaft entgegenjubelte, daß »weichgekochte« Bohnen und gebratene Hühner angekommen seien. So hatten wir fast jedesmal eine substantielle Belohnung für unser Tagewerk und waren glücklicher dabei als bei Pommery und Greno in irgendeinem Schweizer Luxushotel.

Die bösen Erfahrungen, die wir wiederholt in den Entfernungen des Kibo gemacht hatten, veranlaßten uns, für die noch geplante letzte Kibobesteigung wieder einmal ein Biwak am Kibokegel selbst zu beziehen. Bei der Rückkehr von der Nordseite des Berges hatten wir zu diesem Behuf ein Trümmerfeld nördlich von den »Drillingen« am Ostabhang des Kibo ausersehen, wo unter Lavablöcken mehrere Höhlen zu erkennen gewesen waren. In senkrechter Linie über ihnen klaffte am oberen Kiborand jene große Scharte im Eis, die im Jahr 1887 mein unerreichtes Ziel gewesen war, und dort wollten wir nun noch einmal unser Glück versuchen, in den Kraterzirkus hineinzuklettern.

Muini Amani machte ein saures Gesicht, als er wieder von einem Biwak hörte, aber er folgte doch willig mit den Schlafsäcken und Decken, als wir am 18. Oktober, selbst mit dem Steiggerät, Instrumenten und Proviant beladen, nach 2 Uhr unserm Zeltchen den Rücken kehrten. Auf dem flachen, harten Schlammfeld im

Sattelplateau war es auch heute wieder klar und warm, während von Süden wie von Norden die Wolkenmassen bis zum Rand heraufquollen, um sich plötzlich hoch zum Himmel aufzubäumen und oben scheinbar in nichts zu zerfließen. Unser Ziel lag uns immer vor Augen. Um 3/4 5 Uhr traten wir in 4690 m Höhe auf die Höhlen zu. Sie sind durch den Zusammenbruch größerer Felsblöcke entstanden, und eine von ihnen bot mit einem engen Eingang und einer tiefen, geräumigen Kammer ein vortreffliches, windgeschütztes Biwak.

Wer aber beschreibt unser Erstaunen, als wir am Eingang eine alte Feuerstelle mit Resten von feuergesprengten, großen Tierknochen (Elen-Antilopen?) und mit Fetzen von Bananenbastseilen entdeckten. Selbst Muini Amani hatte diesem seltsamen Fund gegenüber nur ein wiederholtes kurzes Zungenschnalzen der Überraschung. Robinson kann auf seiner einsamen Insel bei der Entdeckung von menschlichen Fußspuren nicht mehr verwundert gewesen sein, als wir hier. Daß das Feuer nicht von Europäern stammte, ging aus der Beschaffenheit der Reste hervor. Es bleibt also, da die Wadschagga eingestandenermaßen sich nie in diese Höhe wagen, nur die Deutung übrig, daß von der Nordseite her einmal ein Trupp der Wandorobo, des unter Massai lebenden Jägerstammes, einen Pirschgang nach Elen-Antilopen hierher gemacht, in der Höhle genächtigt und ihre Jagdbeute verzehrt haben. Unseren früheren Funden einer Heilsarmee-Zeitung in der Nähe der Schneequelle und einer leeren Mockturtlesoup-Büchse unfern von unserm Mawensilager reiht sich diese Entdeckung jedenfalls ebenbürtig an.

In den Pelzen und Decken überstanden wir die bisher noch nicht dagewesene Nachttemperatur von −14°C ganz erträglich, und als der Mond in seinem letzten Viertel die Umgebung unserer Felsen zu bescheinen begann, machten wir uns auf; es war 1/4 3 Uhr. Auf kolossalen Schutthalden von anfänglich sanfter Neigung, bald aber von so steiler Erhebung (30–35°) und so mächtiger Ausdehnung, wie sie in den Alpen nirgends zu finden ist, klommen wir 3 Stunden lang bergauf. Links, also südlich von uns, lag hinter einem hohen Lavawall die Mulde, in der wir 1887 den Aufstieg versucht hatten. Von Zeit zu Zeit mußte eine felsige Quermauer überklettert werden, aber in der Hauptsache blieben wir bei Mond- und Sternenschimmer auf den Schuttfeldern bis gegen Sonnenaufgang.

Als ein eisiger Wind aus Norden das Auftauchen des Sonnenballes ankündigte, rasteten wir in 5500 Meter Höhe eine halbe Stunde unter Felsenschutz und begrüßten Helios freudig, der sich von der höchsten Spitze des Mawensi sieghaft zum Himmel emporschwang. Die tiefen Ebenen waren von hellgrauen Stratusschichten überdeckt, über denen im Süden, hoch getrennt, dunklere Cirrusscharen langsam mit dem Antipassat nach Südwesten zogen. Der Kibo über uns, das Sattelplateau unter uns, der Mawensi uns gegenüber leuchteten prächtig grau, braun und rot in der Morgensonne.

Weiter kletterten wir an den Felsrippen entlang über morsche Laven und Obsidiane, die in prachtvoller Bänderung das ganze Farbenspektrum auf sich zu vereinen scheinen. Langsam kamen die oberen Eismauern näher, und um ½ 8 Uhr ließen wir uns an ihrem Rand in 5765 Meter Höhe unterhalb der großen Ostscharte zum Ablegen des Gletscherwerkzeuges nieder. Links, etwa 200 Meter unter uns, lag die Eiswand, die meinem Vordringen 1887 Halt geboten hatte; rechts, also nördlich von uns, verlief

Der große Kraterzirkus des Kibo

die Eismauer, anfänglich in imposanten, teilweise überhängenden Wänden von 60–70 Meter Höhe, nach Norden fast immer gleicher Höhe. Auch von unserm günstigen Standort aus streckte sich die Eisoberfläche zuerst so glatt und buckelig hinauf, daß eine Anzahl Stufen gehauen werden mußte, aber schon nach 10 Minuten traten wir in die Scharte ein, in der wieder der Fels stellenweise aus dem Eis ragte, und bekamen freien Ausblick in den großen Kraterzirkus.

»Heute geht's fix«, rief Purtscheller befriedigt, »wenn keine Überraschungen kommen, sind wir in einer Stunde drüben auf dem Kegel und um Mittag schon wieder im Biwak.« Aber das Aussehen der vor uns liegenden nieve-penitente-Felder ließ mich zweifeln, und die gefürchteten Überraschungen kamen bald genug. Das Eisfeld, welches sich bis zum Fuß des Ausbruchskegels im Grund des Kessels hin erstreckt, ist von Sonne, Wind und Schmelzwasser an seiner Oberfläche fürchterlich verwittert und zerfurcht. Ohne zeitraubendes Zögern stiegen wir in das Chaos hinein; von Spitze zu Spitze, von Schneide zu Schneide suchte sich der Fuß einen festen Halt, aber oft trugen die Eistafeln die Körperlast nicht und ließen uns bis unter die Arme in die engen Spalten einbrechen. Die Knie und Arme wurden wund bei solcher Arbeit, die Hände trotz der Handschuhe eiskalt und gefühllos. Und je weiter wir hinabkamen, desto schlimmer wurde es.

Doch was ist das? Sieht das dunkle Ding da in einer Spalte neben uns nicht aus wie eine tote Antilope? Wahrhaftig, es ist ein Tier der kleinen Art, die wir auf den oberen Grasflächen häufig aufgescheucht haben. Das ist doch der wunderbarste Fund, den ich auf dem ganzen Kilimandscharo gemacht habe. Wie mag das Tier hierhergelangt sein? Vermutlich war es ein einsamer, unternehmungslustiger Bock, der zur Zeit des Winterschnees auf unserm heutigen Weg über die Eisgrenze wegsteigen konnte und, von einem Wetter überrascht, seine Neugierde mit dem Leben hat büßen müssen. Immerhin ist die Geschichte rätselhaft, und das Vorkommen selbst eines toten Säugetieres in einem 20,000 Fuß hohen, vereisten Krater grenzt an das Fabelhafte.

Endlich, nach drei Viertelstunden, hatten wir den steinigen Grund des Kraterbodens in 5770 Metern unter unseren Füßen und gingen ans Werk, um durch das wild zerklüftete Eis noch weiter zum Eruptionskegel vorzudringen, dessen braune Aschen und Laven verlockend hinter einem Eiswall standen; aber der Versuch schlug wiederholt fehl, und mißmutig stand ich davon ab, als Purtscheller schließlich erklärte: »Wenn Sie weiter in das Eis hineingehen, tragen Sie allein die Verantwortung.« So gab ich den Eruptionskegel auf und mußte mir an dem Grund des großen Zirkus genug sein lassen. Bis 9 Uhr verweilten wir in ihm, mit allerlei Beobachtungen beschäftigt, und klommen dann auf schmalen Eisbrücken zu der südlich über der Ostscharte auf dem Ringwall sich wölbenden Eiskuppe empor. Auf ihrer luftigen Höhe rasteten wir in 5865 Meter Höhe bei + 10° Sonnenwärme, aber 0° Schleudertemperatur, eine Viertelstunde, während welcher ich den Krater skizzierte und Peilwinkel maß.

Die Süd-, Ost- und Nordseite des Kraters waren nun genau zu übersehen, während ich früher von der Kaiser-Wilhelm-Spitze aus die West-, Süd- und Ostseite hatte beobachten und aufnehmen können. Der schlammige, aschige und teilweise eisbedeckte Kraterboden liegt am tiefsten im Westen, wo sich die große Spalte öffnet, am höchsten im Norden, wo ihn die vom nördlichen Kraterrand bis zum Eruptionskegel herüberreichenden riesigen Eismassen ganz verdecken. Die stufenförmig von den Rändern zum Kraterboden hinabsteigenden Eisgalerien sowie die auf dem Kraterboden liegenden, seltsam abgebrochenen Eisfelder sind in ihrem Farben-und Formenwechsel von wunderbarer Schönheit.

Nach beendeter Aufnahme winkten wir »unserm« Krater und »unserer« Kaiser-Wilhelm-Spitze ein letztes Lebewohl zu und verließen des Kibo eisige Höhen, wahrscheinlich für immer. Um 10 Uhr waren wir mit Hilfe einer größeren Stufenzahl von der Kuppe herab wieder am äußeren Eisrand unter der Scharte. Die von Norden heranziehenden schweren Nebel zwangen uns zum raschesten Abstieg, der auf den lockeren Schutthalden im erwünschten Tempo vor sich gehen konnte; wo man auf losem Schotter abrutschen kann, wird man zum Abstieg wohl nie mehr als ein Viertel der Zeit des Aufstieges brauchen. Gegen 12 Uhr nahmen wir an der Biwakhöhle Muini Amani auf, dem wir aus der Ferne zugerufen hatten, und so früh näherten wir uns unserm Zeltlager, daß wir noch, während Muini direkt »heim« ging, über den 4520 Meter hohen »Roten Mittelhügel« auf dem Sattelplateau wegklettern konnten, um seine Höhe, seine Gesteine und Schichtenlagen kennen zu lernen.

Vor 3 Uhr warf ich Rucksack und Pickel am Lagerfeuer ab. Oben in den Eiskammern des Kibo wehte und wallte es bis gegen Abend, und als sich dann das Gewölk verzog, stand der Kibo im rötlichen Abendlicht auf der Südhälfte weit herab mit Neuschnee bestreut; dies das Geschenk der aus Norden heraneilenden Wolkenzüge des Mittags, vor denen wir rechtzeitig den Rückmarsch angetreten hatten.

Der 21. Oktober war unser letzter Tag im Lager am Sattelplateau. Vorher war mit den Proviantträgern plötzlich Ali, der Wächter des Marangulagers, erschienen und berichtete von Prügelei und Aufruhr im Marangulager, die meine Anwesenheit dringend notwendig machten. Damit war über unser ferneres Tun entschieden, unser Aufenthalt in der Höhe abgeschlossen. Und blicken wir zurück, so können wir mit den Ergebnissen wohl zufrieden sein. Die viertägige Unterbrechung abgerechnet, welche mich nach der Gipfelersteigung des Kibo nach Marangu rief, sind wir 16 Tage lang zwischen 15,000 und 20,000 Fuß tätig gewesen und haben in diesen zwei Wochen vier Kibobesteigungen, drei Mawensibesteigungen ausgeführt, die höchste Spitze des Kilimandscharo erstiegen, den großen Krater des Kibo entdeckt, die ersten afrikanischen Gletscher gefunden und das ganze Hochgebiet möglichst gründlich untersucht, topographisch und photographisch aufgenommen und abgesammelt.

Der letzten Tage Last war groß, aber noch größer wäre sie gewesen, hätte nicht der getreue Muini Amani, der Kälte trotzend, alle die kleinen zeitraubenden Lagerarbeiten, wie Holzsammeln, Feuermachen, Wasserholen, Stiefelschmieren und anderes mehr, unverdrossen ausgeführt, wodurch uns Muße zu wichtigeren Dingen geschaffen wurde. Freilich blieben uns immer noch Widrigkeiten genug in unserm einsamen Lagerleben, und zwar waren am lästigsten nicht etwa die nächtlichen Abmärsche um ½ 3 oder 3 Uhr bei Sturm und Schnee, nicht das Biwakieren in eisigen Felslöchern und dergleichen, sondern die rauchige, alltägliche Kocherei, die ich Muini abnehmen mußte, nachdem er einige sehr bedenkliche Proben seiner kulinarischen Künste geliefert hatte, und die langdauernde notgedrungene Entbehrung jeglicher Körperreinigung aus Mangel an Waschwasser. Täglich entspann sich zwischen uns beiden Europäern ein edler Wettstreit um das Tellerwaschen, weil dieses nasse Geschäft doch auch den Fingern des Wäschers zugute kam, die dabei wenigstens die dickste Schmutzkruste los wurden. Man lernt Selbstverleugnung im afrikanischen Hochgebirge.

Über diese Widerwärtigkeiten konnte nur die ästhetische Freude an Fels, Eis und Luft und die Lust an dem eigenen Schaffen hinweghelfen. Die Spannung bei der Unternehmung unserer Touren, das Vollgefühl vielseitiger Kraftentfaltung bei ihrer Ausführung, die Befriedigung nach vollbrachter Tat, sie stehen natürlich in erster Linie. Aber auch die vielen stillen Freuden an den Spielen und Äußerungen der Naturkräfte, welche uns in und an unserm Lager erblühten, machten unsere Tage dort oben reich.

Am Morgen der sogenannten Rasttage, wenn das Plateau und die Berge sich im jungen Licht der Morgensonne badeten und unten auf dem Urwald sich die dichtgedrängten hellgrauen Wolkenballen dehnten und schoben, da wurde herumgestiegen und photographiert, gemessen, botanisiert, Steine geklopft, daß es eine Lust war. Unter dem Schlag des geologischen Hammers kamen da aus all den scheinbar homogenen, rundlich abgewitterten Blöcken und Trümmern die allerverschiedensten Gesteinsarten zum Vorschein; kaum eine Ecke der anstehenden Felsen meint es mit der anderen gut, und 22 voneinander abweichende vulkanische Gesteine in einer halben Stunde, das ist gewiß nicht wenig! ...

Da endlich für die Leute die Stunde der Erlösung aus Frost und Nebel schlug, waren sie von erstaunlichem Eifer beseelt. Schon um 1/2 10 Uhr fanden sich die Träger atemlos vom Mittellager ein, das sie vor Sonnenaufgang verlassen hatten, und in kaum 10 Minuten war unser kleines Camp abgebrochen und in Bündeln verschnürt. Noch ein halb fröhliches, halb wehmütiges Abschiedswinken zum Mawensi hinauf und zum Kibo herüber, und im Geschwindschritt ging es den Trägern nach, die auf dem im Verlauf der Wochen regelrecht ausgetretenen Pfädchen jauchzend und jubelnd vorausgeeilt waren. Die Schneequelle spendete uns einen frischen Trunk, als wir im funkelnden Sonnenschein an ihr vorüberzogen, dann ließen wir den vorderen Plateaurand mit seinen sumpfigen Graspolstern und einsamen Senecien hinter uns, schritten über den Schneequellbach in die tauigen Grasfluren hinein und trafen nach einem wahren Wettlauf in kaum 4 Stunden auf derselben Strecke, zu der wir bergauf 2 Tage gebraucht hatten, am gemütlich qualmenden Mittellager ein.

Der nächste Morgen sah mich mit Muini Amani der kleinen Karawane ein gutes Stück voraus, da ich am oberen Urwaldrand noch einige photographische Aufnahmen zu machen hatte. Als ich dort unter dem Dunkeltuch gerade ein Bild einstellte, schreckte mich Muini mit dem Ruf »tembo, tembo« auf: Zwei stattliche Elefanten schlenderten langsam aus der Grasflur dem Urwald zu, in dem sie verschwanden, und als wir danach ihren Wechsel kreuzten, dampften die umherliegenden fußlangen und fußdicken Walzen ihrer Losung noch lebenswarm. Dann zogen wir ohne weiteres Geschehnis durch den stillen, dämmernden und immer wärmer werdenden Urwald in das bewohnte Marangu hinunter. Doch in der Sicht- und Hörweite des Kilemaberges ward uns der ungewohnte Anblick einer langen Menschenkolonne, die sich wie eine Schützenlinie unter anhaltendem Schießen am Kilemaberg hinaufbewegte. Schon dachte ich an einen Angriff Mareales auf den keineswegs mit ihm befreundeten Häuptling Fumba von Kilema, als uns begegnende Holzschläger riefen, es sei in Taweta eine große Suahelikarawane von Pangani angekommen, die ins Massailand ziehen wolle und durch Sendlinge in Kilema und Marangu Proviant kaufen lasse. Daß ich bei dieser Nachricht an Buschiri dachte und, noch getrennt von dem nach Alis Erzählung aufsässig gewordenen Marangulager, ein gewisses Unbehagen empfand, ist leicht erklärlich. Mit beflügeltem Schritt eilten wir dem Lager zu und überraschten die unsrigen kurz nach Mittag. Der erste Blick zeigte, daß unsere Sorge grundlos war; hier war alles in Frieden. Auch der Aufruhr, von dem Ali Schreckliches berichtet hatte, entpuppte sich als eine solenne Prügelei, in welcher die übermütig gewordenen Somali den Kürzeren gezogen hatten. Mit endlosem Flintenknallen, Stierschlachten, Schwelgen in Fleisch und Hirsebier wurde der Festtag unserer Rückkehr gefeiert und mit einem Freudenfeuerwerk, bei dem es Mareale sich als eine Vergunst erbeten hatte, die Raketen höchsteigenhändig abbrennen zu dürfen, würdig beschlossen.

Meine Hoffnung, nun in Marangu ein paar Tage in Ruhe arbeiten zu können, bevor wir uns zu einer neuen Entdeckungsfahrt in das Bergland Ugueno aufmachen wollten, ward leider zunichte. Die Abteilungen der genannten Panganikarawane, welche auch in Marangu Proviant kauften, kamen täglich in unser Lager zum Markt und fingen mit meinen Leuten und den Dschaggaverkäufern Streit um die Waren an. Eines Morgens wurde mir das Treiben zu bunt, und, gefolgt von den Somali, säuberte ich den Markt von den schreienden Gesellen. Kaum aber waren sie unter wütenden Drohungen verschwunden, als in ihrem Lager einige Schüsse fielen und eine Kugel in einen Pfosten an Purtschellers Hütte einschlug. Meine Somali ergriffen zornig ihre Gewehre, ich beruhigte sie jedoch und schickte dem arabischen Führer die Erklärung, daß ich mir schnell selbst Sicherheit verschaffen wolle, wenn er nicht dafür Sorge tragen würde, daß seine Leute vorsichtiger mit ihren Flinten umgingen. Einen Tag blieb es ruhig, niemand erschien auf dem Markt. Am dritten Tag aber pfiffen in aller Frühe wieder ein paar Kugeln herüber und zertrümmerten ein Blechgeschirr in der Küche. Zur Antwort ließ ich diesmal Mareale das Ultimatum stellen, entweder die Suaheli bis zum Mittag aus Marangu auszuweisen oder mich nach Modschi wandern zu sehen, um gemeinsam mit dem dortigen Amerikaner und mit Mandaras Soldaten, welche die Gelegenheit zweifellos freudig begrüßen würden, einen Angriff auf ihn und seine Suahelifreunde zu machen. In höchster Erregung kam er ins Lager und beschwor mich, ihm nicht zu zürnen; die Suaheli müßten bis Mittag abziehen. Er schien ernstlich unglücklich darüber zu sein, daß ich an seinem guten Willen gezweifelt hatte. Und wirklich erschien gegen Mittag der arabische Karawanenführer, meldete, daß seine Leute im Abzuge begriffen seien, und bedauerte den Vorfall mit vielen Entschuldigungen und mit der unausbleiblichen Schlußbitte um ein Geschenk an Zeug und Perlen. Dies hinderte aber nicht, daß in dem Trupp der Abziehenden doch noch ein paar Schüsse losgingen und einen Zweig über meinem Zelt abschlugen.

Ein erfreulicher Besuch des Mr. Morris von der Mission in Modschi brachte uns bald über diesen Zwischenfall hinweg, und beim Ordnen der Sammlungen und dem Schreiben von Berichten und Briefen nach Europa schwanden nur zu schnell die wenigen Tage bis zum festgesetzten Aufbruch nach Ugueno. Diese kleine, abgeschlossene Berglandschaft südlich vom Kilimandscharo, welche stets so verlockend und verheißend jenseits der Kahe-Ebene vor unseren Augen lag, ist nur einmal von einem Europäer, Dr. Kersten, in ihrem Ostrand besucht worden, welcher dort die Eisenschmelzen von Usangi gefunden hat. Arabische und Suaheli-Karawanen steigen nicht selten in dieselbe Landschaft Usangi hinauf, um dort Vieh und Sklaven einzuhandeln, aber der größere Teil Uguenos war völlige terra incognita. Da war mir es natürlich hoch willkommen, daß Muini Amani, der große Vagabund, auch schon in Usangi gewesen war und die Uguenosprache leidlich zu verstehen behauptete, und so entstand mit Mareales Rat der Plan, mit ca. 20 Mann von der Kahe-Ebene nach West-Ugueno hinaufzusteigen, von dort das Land nach Usangi im Osten zu durchkreuzen und schließlich nach Norden vordringend auf den dem Kilimandscharo zugewandten Abhängen in die Niederung des Dschipesees und des Rufuflusses abzusteigen, um von da aus wieder Marangu zu erreichen. Die Expedition sollte 2–3 Wochen dauern.

Das Aussuchen der 20 geeigneten Leute, das Ordnen und Pakken der nötigen Lasten, die Anordnungen für die Zeit unserer Abwesenheit und dergleichen dauerte einen ganzen Tag. Endlich war die kleine Karawane fertig, und ich freute mich, wieder in Bewegung zu kommen, einmal um der erhofften Entdeckungen und Arbeiten willen, dann aber auch, weil der Aufenthalt in dem Marangulager, in dessen nächster Umgebung sich nun so viele Wochen lang die Exkremente von einigen 60 Vegetariern angesammelt hatten, der Fliegenschwärme und anderer Umstände halber nicht mehr zu den erquickendsten gehörte. Daß ich deshalb meine tägliche Abendwanderung etwas über die nächste Umgebung ausdehnte, wäre mir beinahe noch schlecht bekommen. Als ich nämlich am letzten Abend in stille Betrachtungen versunken saß, hörte und sah ich plötzlich auf 20 Schritt im Mondschein einen Leopard heranschleichen, der es offenbar auf mich abgesehen hatte. Gänzlich unbewaffnet, wie ich war, konnte ich nur ein großes Geschrei erheben, um ihn zu verscheuchen, und mich eilig zurückziehen. Meine Leute glaubten entsetzt, ich hätte einen Geist gesehen, und ich hütete mich, den wahren Sachverhalt zu beichten; mein Ansehen wäre durch die urwüchsigste Heiterkeit für immer vernichtet worden.

Durch das Bergland Ugueno

Eine der häufigsten Fragen, die in Europa an den heimgekehrten Reisenden gestellt werden, lautet: »Wie finden Sie sich eigentlich in Afrika zurecht?« Antwort: »Natürlich auf den Pfaden der Eingeborenen.« Unausbleibliche zweite Frage: »Wie wissen Sie denn aber, ob Sie auf dem richtigen Weg gehen?« Stereotype zweite Antwort: »Natürlich durch die Führer, die ich mir mitnehme.« Darüber ist gewöhnlich der wißbegierige Fragesteller, der sich nach seiner, aus der modernen Afrikaliteratur stammenden lieben Gewohnheit gern von afrikanischer Wildnis etwas vorgraulen lassen möchte, höchst erstaunt und enttäuscht, daß es dort so natürlich zugeht, aber an der Wirklichkeit ändert das nichts.

Von einer bewohnten Örtlichkeit zur nächsten führt in Ostafrika, wenn nicht besondere Hinderungsgründe vorliegen, ein Pfad, der je nach der Benutzung mehr oder weniger ausgetreten ist, nie aber über die Breite einer menschlichen oder tierischen Fußspur hinausgeht, so daß selbst auf den meistbegangenen Pfaden, den sogenannten »großen Karawanenstraßen«, immer nur ein Mann hinter dem andern im »Gänsemarsch« gehen kann. Für Geld (resp. Baumwollenstoff) und gute Worte begleitet vom Ausgangspunkt ein wegkundiger Eingeborener – oder häufiger ihrer zwei, da sich einer allein auf dem Rückweg fürchtet – die Karawane so weit, wie die freundschaftlichen Beziehungen seines

Stammes reichen. An dieser Nachbarschaftsgrenze angekommen, sucht man sich andere Führer bis zur nächsten, und so fort bis zum Endziel der Reise. Oft auch finden sich Träger und Askari in der eigenen Karawane, die, von früheren Reisen her genügend wegkundig, die Führerschaft übernehmen können. Das hat also keine nennenswerten Schwierigkeiten. Solche beginnen erst, wenn man seine Karawane nicht nur richtig führen will, womit sich freilich die meisten Reisenden begnügen, sondern auch die Route aufnehmen, topographische Aufnahmen machen will, denn dabei handelt es sich in erster Linie um das Erfragen und Feststellen der richtigen Namen aller gesehenen Örtlichkeiten, und dazu bedarf man eines eingeborenen Führers, der die Namen nicht allein kennt, sondern sie auch dem Fragenden nennt ...

Da die Bewohner des Kilimandscharo-Gebietes, abgesehen von den Tawetanern, sehr wenig Kisuaheli verstehen, mußte ich mich immer auf Kisuaheli durch Muini Amani verständigen, der die Idiome der Wadschagga und Wagueno zur Genüge sprach und seine Fragen mit Geschick und Harmlosigkeit zu stellen wußte. Bis nach Ugueno mit uns zu gehen, konnte ich jedoch keinen der Wadschagga Mareales bewegen. Ihre freundnachbarliche Grenze nach dieser Richtung liegt vor Ugueno unten in der Ebene bei Kahe. Dorthin aber brauchte ich keine Führer, da mehrere von meinen Leuten den Pfad schon des öfteren gegangen waren und ich selbst 1887, von Taweta nach Kahe wandernd, ein gutes Stück von ihm kennen gelernt hatte. Darum brachen wir am letzten Oktober führerlos von Marangu nach Kahe auf.

Die Uguenokarawane bestand außer uns beiden Europäern aus 17 Trägern, 2 Soldaten, dem Hauptmann Abed, dem unentbehrlichen Muini Amani und 4 Somali; im ganzen 27 Mann. Im Moment des Abmarsches kam Mareale und brachte eine starke Ziege als Reisezehrung. Bis zum Landestor führte uns sein hübsches, munteres fünfjähriges Söhnchen, das mit großer Würde die schwarz-weiß-rote Karawanenfahne voraustrug und am liebsten bis nach Ugueno mitgewandert wäre, wenn ich es nicht mit einem freundschaftlichen Klaps heimgeschickt hätte. Aus den Bananenpflanzungen waren wir nun heraus, aber in dem von Schlingpflanzen durchwundenen Buschwald schlängelt sich der Pfad schattig bis zu 1150 Metern auf dem langsam abfallenden Terrain hinab, wo der tief geschluchtete Mabungobach, der sich weiter unten mit dem von Marangu kommenden Mondjo zum Himo vereinigt, durchwatet und durchklettert werden mußte. Auf dem vielbegangenen Pfad liefen die Träger wie junge Hengste und scherzten über ihren rieselnden Schweiß, mit dem nun all die schöne Milch und Butter von Marangu wieder verloren gehe. Der Wald wird offener und mehr mit Steppenformen untermischt, bei 1050 Metern traten wir in die Region der riesigen Halmgräser, wo eine Anzahl Maranguleute mit dem Schneiden und Binden der üblichen langen Grasbündel beschäftigt war, die zu Viehfutter, Lagerstreu und Dachdecken verwendet werden, und bei 900 Metern öffnet sich rasch die weite Baumsteppe, aus welcher 3 Meilen entfernt im Süden sich das breitschulterige Uguenogebirge mit seinem weiten, nach uns, nach Norden, geöffneten Kessel emporhebt. Links von ihm schillert der silbergraue Dschipesee, rechts dunkelt der Wasserwald von Kahe in der hellen Steppe. Aber zurück zum Kilimandscharo gewendet, trifft das Auge auf zwei ungeheure, zum blauen Himmel ragende weiße Cumuluswolken, in denen Kibo und Mawensi verborgen sind.

Nach Mittag näherten wir uns dem Lagerplatz am Himofluß, wo wir vor zwei Monaten auf dem Marsch Taweta-Modschi genächtigt hatten, waren aber entrüstet über die Veränderung, die mit dem so lauschig unter großen Bäumen am kühlen Bachrand gelegenen Lager vorgegangen war. Die 600 Mann starke Suahelikarawane, mit deren Proviantkäufern wir in Marangu üble Bekanntschaft gemacht hatten, war vor ihrer Massaireise 4 Tage lang hier liegen geblieben und hatte das idyllische Erdenfleckchen in eine abscheuliche Kloake verwandelt. Auf dem rechten Ufer machten wir eine bessere Stelle zum Nächtigen ausfindig und hatten später zum Ersatz für das zerstörte Idyll eine überraschend reiche Ausbeute an Schmetterlingen, die wohl, gerade durch die Exkremente angezogen, in großer Arten- und Individuenzahl am steinigen, feuchten Bachrand herumgaukelten.

Am Morgen ließen wir den Himofluß links, den Modschiweg rechts und marschierten auf einem steinigen Pfädchen in die dürre Mimosensteppe hinein, die nun breit und schwach geneigt sich zur Kahe-Ebene absenkt. Ugueno lag in schwerem Regengewölk. Je mehr wir der Kahe-Ebene, in der uns ein sehr markanter Hügel als Richtungsweiser diente, nahe kamen, desto lebendiger wurden Gras und Busch von Wild. Zebras und Tigerpferde galoppierten in übermütigen Sätzen davon, Hartebeeste und Streifengnus suchten trabend das Weite, ein männlicher Strauß stolzierte mit gemessenen Schritten in sichere Deckung, und zwei Rhinozerosse standen und äugten, prustend und mit dem Stummelschwanz wedelnd, nach der verdächtigen Menschenschlange herüber.

Unter dem Ausschauen nach den Tieren hatten wir aber mit einem Mal unser dünnes Pfädchen verloren und kamen nicht wieder auf die richtige Spur, da uns die kreuz- und querlaufenden Wildpfade irre machten. »Also pfadlos auf den unfehlbaren Kaheberg zu«, lautete die Parole. Eine Stunde lang mühten wir uns durch hohes, schilfiges Gras, kreuzten einen Hain blattloser Baobabs, der ganz an einen winterlich kahlen Eichwald gemahnt haben würde, wenn die Sonne nicht so zentralafrikanisch gebrannt hätte, durchwateten dann das von Raphiapalmen beschattete kühlwässerige Nassaiflüßchen trotz seiner vielen Krokodilspuren und kamen jenseits in einen gluterfüllten Palmenhain, der kein Ende nehmen wollte. Die hellbraunen apfelgroßen Früchte dieser Dumpalmen, deren faserig-holzige Kernhülle sehr ähnlich dem »Johannisbrot« seligen Kinderangedenkens schmeckt, ließen nicht nur wir uns vortrefflich munden, sondern auch Dutzende von Pavianen saßen truppweise in den Fächerwipfeln und schmausten mit gefüllten Backen.

Noch einmal wurde das Nassaiflüßchen auf einem Baum überritten, dann kam endlich der hochstämmige Wasserwald von Kahe zum Vorschein, und bald standen wir am still strömenden Dehufluß, von dessen anderer Seite Bananenfelder und Kegelhütten zum Näherkommen einluden. Es war hohe Zeit, denn auf dem heißen Steppenboden hatten sich die im kühlen Marangu verwöhnten Träger ihre weich gewordenen Fußsohlen jämmerlich verbrannt, so daß mein Vorrat an Zinksalbe kaum ausreichte. 1887 waren wir nach Kahe hineingegangen, nachdem wir einen unserer Träger, der unterwegs erblindet war, mühsam über den Dehufluß geseilt hatten, und hatten von unserm im Waldesdikkicht gelegenen Lagerplatz aus die beste Gelegenheit gehabt, die interessantesten Bewohner der Kahelandschaft, die prachtvollen großen Colobusaffen (Colobus Guereza var. caudatus), zu belauschen und zu erlegen.

In dem hochstämmigen Galeriewalde von Kahe habe ich die Guerezas mehrfach in kleinen Banden angetroffen, aber in die Pflanzungen oder Felder kommt nach Angabe der Eingeborenen der Affe nie. Von weitem ist die Anwesenheit einer Guereza-Bande

erkennbar an einem eintönigen singenden Summen, das in wechselndem Anwachsen und Abnehmen von den zusammensitzenden Familiengliedern ausgeht. Näher kommend, kann man die prachtvollen Gesellen in Banden von 4–8, alte und junge, in den hohen Wipfeln teils ruhig verdauend und summend, teils von den jungen Trieben und Beeren des Wachholderbaumes naschend, in Muße beobachten. Wird der Beobachter entdeckt, so schweigt die Gesellschaft plötzlich, leise ducken sie sich hinter dichtbelaubte Zweige oder Stammteile und blicken unverwandt herab, ohne aber zu fliehen. Das führende Männchen kommt jedoch behutsam näher, wendet sich unruhig nach der verdächtigen Erscheinung und stößt in kurzen Pausen einen Warnruf aus, der wie das Balzen eines Puters, gefolgt von einem mehr oder minder langen »Oa«, klingt. Auf einen Schuß erfolgt allgemeiner rascher Rückzug, keine eigentliche Flucht, und prächtig sieht es aus, wenn bei den langen Sprüngen die weißen Mäntel und Schwänze wallen. Der Affe scheint dann wirklich zu fliegen. Da der Geschossene schwer getroffen sein muß, um zu fallen, jagen ihn die Eingeborenen selten, obwohl von den Massai das Fell für Kriegsmäntel sehr gesucht ist.

Diesmal blieben wir, um den Hongo (Wegzoll) zu sparen, diesseits des Grenzflusses und riefen durch Schüsse die Eingeborenen mit ihren Bananen, Hirsemehl, Honig herbei. Die Viehzucht haben sie aus Furcht vor den viehraubenden Massai und vor Mandara aufgegeben; sie sind Vegetarier aus Furcht, wie es die Tawetaner in früheren Jahren gewesen sind, denen sie in Aussehen, Sitte und Sprache ungemein ähneln.

Von einigen älteren Herren, die ich mit Schnupftabak und Zündhütchen traktierte, erfuhr ich im scheinbar absichtslosen Gespräch, daß der Dehufluß, an dem wir lagerten, der Unterlauf des Muë ist, also ein alter Bekannter, dessen Wiegenlied wir oben unter dem Mawensi haben singen hören. Rechts ergießt sich in ihn der von Kirua kommende Kirerema, links nimmt er den aus einem Sumpf entspringenden Nassai auf, den wir am Morgen zweimal gekreuzt, und führt die vereinten Gewässer dem Rufu zu, dem Entwässerer des ganzen südlichen Kilimandscharo-Gebietes. In der Gabel zwischen Dehu und Kirerema breitet sich das waldige Kahe aus.

Colobusaffe aus dem Nebelwald am Kilimandscharo

Der moskitoschwülen Nacht machte ein prasselndes Gewitter ein Ende, dessen Blitzmenge – bis 40 in der Minute – blendend war. Der Himmel flammte im wahren Sinn des Wortes, aber auch hier schienen die meisten Entladungen zwischen den Wolken stattzufinden und die Erde nicht zu treffen. Vielleicht ist es diese Erfahrung, welche den Neger, der doch sonst vor den Kraftäußerungen und Gefahren der Natur einen gewaltigen Respekt hat, die Gewitter durchaus nicht fürchten läßt. Das Unwetter war vom Kilimandscharo herabgekommen und zog nach Ugueno weiter, nachdem es in kurzem die Temperatur bei starkem Wind von 28 auf 19° erniedrigt hatte.

In der Morgenfrische war großes Schauri (Beratung) mit den Kaheleuten über die Führung nach Ugueno. Sie schienen nicht die mindeste Lust zu haben, angeblich, weil die Wagueno sich jedem Versuch von Europäern, in ihre Berge einzudringen, mit Gewalt wiedersetzen. Gegen hohe Versprechungen entschlossen sich endlich zwei junge Männer, bis zur Uguenogrenze mitzugehen, die 1 ½ Tagesmärsche von Kahe entfernt liegt, und mit dem üblichen »Haya, haya« ging es los.

Am linken Ufer des Dehu entlang querten wir in zwei Stunden eine weißschimmernde Salzsteppe, die von den Hufen des nach dem Salz und zum Wasser gehenden großen und kleinen Wildes buchstäblich gepflügt ist, durchwateten zum drittenmal das Nassaiflüßchen unmittelbar vor seiner Einmündung in den Dehu und näherten uns durch schattenlose Dumpalmengruppen dem dunkeln Galeriewald des Rufu, über dessen hier schon 10 Meter breites, steiluferiges Bett wir vorsichtig auf einem querliegenden glatten Riesenstamm hinüberbalancierten.

Drüben hat der Menschenpfad ein Ende. Wildpfade kreuzen zu Hunderten die grasige und dornige Steppe, aber der Kaheweg geht trotz der freundschaftlichen Beziehungen zwischen den Wakahe und Wagueno nicht bis zu den Uguenobergen fort, weil beide Teile die Massai fürchten, von deren Horden die Steppe auf dem Gang zum Wasser regelmäßig passiert wird, und dieselben nicht auf die frischen Spuren eines ständigen Pfades aufmerksam machen wollen. So schlugen wir uns denn wohl oder übel querfeldein, insofern als in diesem von Wild zerwühlten Boden von »Feld« gesprochen werden kann, benutzten aber immer die Wildpfade,

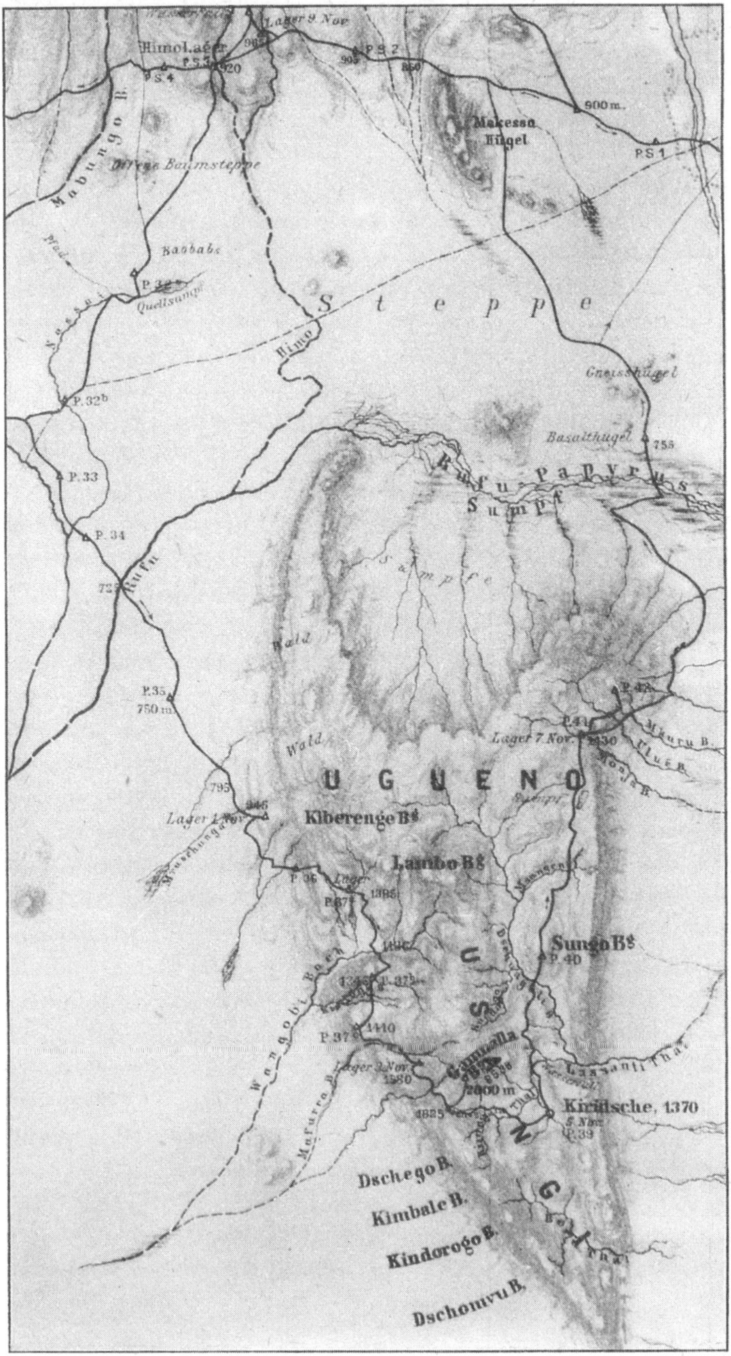
Lager 9. Nov.
Himo Lager
P.S.3
920
P.S.4
985
P.S.2
905
860
900 m.
Makessa Hügel
P.S.1
Mabungo B.
Dürre Baumsteppe
Baobabs
Quellsumpf
Steppe
Himo
P.32b
P.33
P.34
Rufu
Gneisshügel
Basalthügel
755
Rufu-Papyrus-Sumpf
Sümpfe
Wald
P.35
750 m
795
Lager 1. Nov.
UGUENO
Kiberenge Bg
Lambo Bg
P.36
P.42
P.41
Lager 7. Nov.
Mfuru B.
Sunga Bg
P.40
P.37
1440
Lager 3. Nov.
1580
Kirifische, 1370
P.39
Dschego B.
Kimbale B.
Kindorogo B.
Dschonvu B.

soweit sie in unserer Richtung verliefen, und schreckten wiederholt Nashörner zurück, die uns auf ihren altgewohnten Bahnen im Schritt entgegenkamen, zum Wasser ziehend, und nach kurzem Schnaufen und Wittern mit plumper Seitenwendung in das Dornengestrüpp wegbrachen. Die beiden Kaheführer hatten ihre Nase fast auf dem Boden, um sich keine verdächtige Menschenspur entgehen zu lassen; bei jedem Laut standen sie still und lauschten argwöhnisch. Mir war nach den verschiedenen Begegnungen, die ich früher mit Massai gehabt, offen gestanden das Dornengestrüpp, in dem wir uns bewegten, weit fürchterlicher als die gefürchteten ostafrikanischen Nomaden, und im Stillen bewunderte ich die Träger, die ihre Lasten bei solcher Glut ohne Weg durch diese Dornenwildnis hindurchbrachten. Aber ihre Massaifurcht trieb sie vorwärts, den Uguenobergen zu.

Diesen kamen wir näher, wo sie nach Südwesten in einen ziemlich spitzen Winkel vorspringen. Das nördliche große Kesseltal war längst hinter der Westmauer verschwunden, und wie eine Mauer, oben horizontal verlaufend, ohne Taleinschnitte und ohne nennenswerte Vegetation, nur mit vereinzelten Baobabs, Mimosen und Baumeuphorbien, hebt sich auch die in dunstiger Ferne verlaufende Südseite steil aus der Rufu-Ebene. Als das Terrain zum Fuß der Bergmauer leicht zu steigen begann, war sofort zu bemerken, daß wir die Grenze zwischen dem vulkanischen Gebiet des Kilimandscharo und dem archaischen Gestein des Uguenogebirges überschritten. Bisher waren wir über rundes Basalt- und Lavageröll gewandert, das teilweise von den Wassern des Rufu hierher transportiert sein mag, nunmehr stiegen wir auf teils brokkigem, teils zu rotem Laterit zersetztem Gneis an und bekamen immer weiteren Ausblick auf die südliche graue Ebene des Rufu und die ferne Kette der Sogonoiberge. Der Rauch von Massaifeuern wirbelte an manchen Stellen draußen in der Steppe empor, aber uns kümmerten sie nicht mehr, wir waren aus ihrem »Wechsel« heraus.

Schon lange hatten oben auf Ugueno schwere Wolken gebraut. Jetzt brach es los mit endlosem Blitz und Donner, und bis zum späten Nachmittag hatten die zähneklappernden Träger ihre Lasten im Gewitterregen weiterzuschleppen. Aber die dürstende Erde war unersättlich; kein Tropfen blieb auf dem Boden stehen. Da endlich wurde in halber Bergeshöhe an den Abhängen eine baumige Rinne sichtbar. Dort unter jenen hellgrünen Wipfeln mußte es Wasser geben. Und hätten wir noch daran gezweifelt, so würden uns die immer häufiger werdenden Wildpfade eines Bessern belehrt haben, die von allen Seiten her wie zu einem Stelldichein zusammenliefen, manche von ihnen so hübsch abgetreten und breit, als hätte sie der Thüringer-Wald-Verein angelegt. Auf ihnen langten wir über steile Hänge und Felsen hinweg gegen Sonnenuntergang bei einigen im dichten Busch versteckten Felsenschalen an, die vom Regen mit einer dunkelbraunen Flüssigkeit bis an den Rand gefüllt waren, aber nur in der großen Regenzeit von einem wirklichen Bach, dem Mruschungabach, durchflossen werden. Von menschlicher Siedelung zeigte sich jedoch noch keine Spur.

Ein wenig abseits vom Wasserloch wurde das Zelt aufgestellt, die Leute machten sich unter den laubigen Büschen ihr Nachtlager zurecht, und als abends die Feuer brannten und die Träger, wieder warm geworden, an ihren Kochkesseln scherzten und lachten, und wir bei Lampenschein am gedeckten Tisch unser Mahl verzehrten, während von Zeit zu Zeit aus nächster Nähe die Stimme eines erschreckten Nashorns oder einer Hyäne laut wurde, die zur Tränke hatten gehen wollen, und fern aus der mondbelichteten Ebene die Lagerfeuer der Massai heraufleuchteten, da kam einmal wieder der ganze Zauber des afrikanischen Lagerlebens über mich. In dem Improvisieren eines Stückchens europäischen Komforts im Herzen der afrikanischen Wildnis, in dem Schaffen des denkbar schroffsten Gegensatzes zwischen Kultur und Natur und in dem daraus entspringenden Vollgenuß von beiden liegt einer der größten Reize auf Forschungsreisen.

Unten am Fuß des Berges fanden wir am nächsten Morgen auf einem Pfad einige Stückchen ausgekauten Zuckerrohres, aber keine Fußspuren, folglich den Hinweis, daß vor dem Spuren tilgenden Regen ein Mensch hier gegangen war, der einem ackerbauenden Stamm angehörte. Der Pfad mußte also in bewohntes Land führen. Ihm schräg bergan folgend, stieß ich plötzlich mit dem Fuß an einen metallisch glänzenden Stein und hob staunend einen Brocken gediegenen Eisenerzes auf: der Berghang war hundert Schritt weit und aufwärts mit Eisenbrocken bedeckt. Zu tieferen Bodenuntersuchungen fehlte die Zeit, aber es scheint, daß das Erz aus verwitterten Quarzgängen im Gneis denudiert ist und nun an der Oberfläche liegend langsam oxydiert und zerfällt. Daß es, wie man auch vermuten könnte, von vulkanischen Herden, als welche vielleicht die am Fuß des Gebirges liegenden Rundhügel, einschließlich der Kaheberg, anzusehen sind, ausgeworfen und bis dort hinauf geschleudert worden sei, ist einmal in Anbetracht des bandförmigen Vorkommens unwahrscheinlich und ferner deshalb, weil wir später im Inneren von Ugueno, wo von jüngerem Vulkanismus nicht die Rede sein kann, und auf der Ostseite des Gebirges ähnliches gefunden haben.

Die Sansibarleute nahmen von dem Fund keine Notiz und wunderten sich höchlichst, als sie hörten, daß das Gestein »chuma« sei, aus dem die Messer und Ketten gemacht werden. Jeder packte sich nun ein paar Stücken ein, in der Hoffnung, sie gelegentlich verwerten zu können, und vergrößerte damit seine Last noch mehr.

Kurz darauf kletterten wir in eine enge, steile Schlucht hinauf, in deren von einem dünnen Bächlein durchflossenem Grund wir auf Bananen trafen; die erste Uguenopflanzung. Bergauf sahen wir zu gleicher Zeit mehrere Eingeborene trotz der Zurufe unserer Kaheführer entfliehen, und während wir ihnen durch die pinienhainartige Euphorbienvegetation langsam folgten, erschienen auf der Höhe einzelne Trupps von bogen- und speerbewaffneten Waguenomännern, die sich rasch vermehrten und uns schreiend mit lebhaften Gesten zu verstehen gaben, wir sollten warten und einige Parlamentäre hinaufschicken, mit denen sie unterhandeln wollten. Muini Amani und Abed, der Hauptmann, gingen mit den Kaheführern, während wir anderen zurückblieben. Oben kauerte sich die ganze Gesellschaft im Halbkreise um unsere Gesandten, und das »schauri« begann mit Einzelreden hin und wider und den Zwischenrufen des Chorus wie in jeder Volksversammlung. Die Reden dauerten zwei volle Stunden. Da bekam ich die Geschichte satt, setzte mich mit den Meinigen langsam in Bewegung und brachte dadurch die Versammlung zu einem schnellen Entschluß. Es löste sich mit Muini Amani eine Deputation ab, die uns entgegenkam und uns halb scheu, halb argwöhnisch begrüßte (in Aussehen, Benehmen und Sprache ganz ähnlich den Waschamba, wie ich sie 1889 auf dem Zug durch das Bergland Usambara kennen gelernt hatte), nachdem sie mehrmals gefragt, ob wir nicht Freunde der Massai und des Dschaggahäuptlings Mandara seien. Um unseren friedlichen Versicherungen glauben zu können, verlangte der Sprecher, der Befehlshaber der Grenzwache, daß ich mit ihm Blutsfreundschaft schließen solle, ich wies ihn aber an Muini Amani mit dem stolzen Bemerken, daß ich nur mit »Königen« Blutsfreundschaft schlösse, und so gab er sich auch mit Muini zufrieden. Unter allgemeiner Aufmerksamkeit ritzten sich beide mit einem Dorn die Herzgrube auf und leckten sich gegenseitig die hervorquellenden Blutströpfchen ab, indem sie einander aufs fürchterlichste verwünschten, falls sie den Bund brechen würden. Der Chorus sang dazu melodisch »hau-hau«, bis die Zeremonie zu Ende war.

Aufspringend lief nun die ganze Gesellschaft vor uns her, und wir folgten langsam durch das Lianendickicht. Von oben ging es in eine Mulde hinab, deren Hänge Mais- und Bananenfelder trugen, und dort begrüßte uns das versammelte Kriegsvolk nochmals mit einem Kriegsgesang nach Massai-Art und wies uns einen Lagerplatz unter Bäumen an, wo wir's uns bequem machten, d.h. immer die Waffe in der Hand. Noch nie ist eine Suahelikarawane, geschweige denn ein Europäer, in diesen Distrikt gekommen. Scheu und Mißtrauen verließ darum unsere neuen Blutsbrüder nicht, und zu essen gab es für meine hungerige Schar erst recht nichts, bis wir uns im Dunkeln an die Maiskolben machten, die in einigen Feldern noch am Stock saßen. Erst müsse uns der »Fuma« (Häuptling) sehen, hieß es, der eine Tagereise weiter im Norden des Landes wohne, dann dürfe man uns Nahrungsmittel verkaufen.

Zu diesem Häuptling Jangobi nach Norden zu wandern, verspürte ich zunächst nicht die geringste Lust. Das Zentrum des Landes, wo vor unseren Augen die stolze Bergkuppe des Gamualla sich wölbte, war mein Ziel, und bald hatte ich glücklich herausgefunden, daß dort ein anderer Häuptling, Mafurra genannt, residiere, von dem aus man ostwärts in das Gebiet Usangi des Häuptlings Naguvon gelangen könne. Nach Usangi, offenbar dem »Usanga« der Karte: das war's, was ich wollte. Also zuerst ins Zentrum zu Mafurra, dann nach Usangi und von dort quer durchs Land in den großen Nordkessel hinab, den wir in Marangu stets vor Augen gehabt hatten; damit war der Reiseplan gegeben.

Am Morgen kehrten unsere Kaheleute reich belohnt in ihre waldige Heimat zurück. Mit Hilfe Muinis, der die Uguenosprache wirklich leidlich verstand, führte ich die kleine Karawane talwärts, umschwärmt von zahlreichen Eingeborenen, die unsere Absicht, ihren Distrikt zu verlassen, schnell erkannt hatten und nun wenigstens noch durch den Verkauf von Mais, Mehl und

Hühnern aus unserer Anwesenheit Nutzen ziehen wollten. Verschiedene Versuche, uns vom richtigen Weg abzubringen, schlugen fehl, da der Pfad zu deutlich an den Abhängen des mittleren Gebirgsstockes zu erkennen war. Im Talgrund wurde der sumpfige Wangobibach durchwatet, am westlichen Fuß des Gamualla das zuckerrohrbedeckte Kisingatal gequert, desssen Bach mit dem ersteren vereint aus einem ziemlich weiten Tal nach Süden in die Rufu-Ebene fließt, um dort in Sümpfen zu verlaufen, und am Kisingabach die Grenze des Mafurragebietes überschritten.

Die Jangobileute waren schon vorher zurückgeblieben. Jetzt empfingen uns ein paar Dutzend bewaffnete Abgesandte des Häuptlings Mafurra, entboten uns den Willkomm ihres Herrn und geleiteten uns auf guten Pfaden um die kahlen, in die Rufu-Ebene hinaustretenden Bergwände herum in ein enges, an Zuckerrohr und Bananen reiches Tal, den Sitz ihres Häuptlings Mafurra. Hier wie im Wangobital ist es auffällig, daß man nirgends eine menschliche Wohnstätte erblickt, denn sie sind so gut in den Pflanzungen und im Busch versteckt, daß sie auch der Feind erst lange suchen müßte.

Da wir der Anordnung der Mafurraleute, an der Grenze der Pflanzungen fern vom Wasser zu lagern, nicht willfahrten, sondern unbekümmert um ihren Protest durch die Felder im Tal hinaufstiegen und weit oben uns zum Nachtquartier einrichteten, verursachten wir großes Geschrei und Aufruhr, aber der Sturm legte sich, als ich den Theodoliten aufstellte und ruhig an die Mittagsobservation ging. Das funkelnde dreibeinige Ding war den Schreiern nicht recht geheuer, und als ich nun gar anfing, mich mit der Sonne zu unterhalten, zog sich einer nach dem anderen in respektvolle Entfernung zurück, gewärtig der Dinge, die da kommen sollten.

Inzwischen hatte der Häuptling Mafurra von unserm Tun vernommen, und kaum war die Mittagsobservation beendet, als er mit einem kleinen Gefolge angehinkt kam; ein alter, gebrechlicher und halb erblindeter Mann, dem der Argwohn gegen uns Fremde auf dem Gesicht geschrieben stand. Sein halbwüchsiger, blöde blickender Sohn führte ihn. Da ich in seinem Gefolge einen Fettschwanzhammel bemerkte, versicherte ich den Alten sofort meiner warmen Freundschaft, schenkte ihm und seinen Großwürdenträgern Perlen und Zeug, setzte ihm einen nagelneuen Fes auf und erklärte ihm, daß mein dreibeiniges Instrument die Sonne gebeten habe, heute Gewitter und Regen zu machen. Die verheißungsvollen Wolken standen längst am Himmel. Darauf ging der schmucke Hammel in unseren Besitz über und mußte mit seinem Blut, von dem wir uns einen Schluck zutranken, unseren Freundschaftsbund besiegeln. Kaum war Mafurra davongewankt, als seine Leute mit Lebensmitteln in Fülle herbeigeströmt kamen, um es zuerst mit unverschämten Preisforderungen zu versuchen (1 Huhn = 1 Doti), bis wir, lächelnd auf unseren Hammel weisend, die Preise selbst bestimmten. Auch fanden sich, nachdem ein am Nachmittag niederprasselnder Gewitterregen die Bevölkerung uns vorübergehend günstig gestimmt hatte, für mäßigen Lohn zwei Führer, die uns am anderen Morgen auf den Gamuallaberg und in die Nachbarschaft Usangi begleiten wollten.

War mir im Wangobital die Ähnlichkeit der Eingeborenen mit den Waschamba, den Bewohnern von Usambara, aufgefallen, so erinnerten mich die Mafurraleute mehr an den im Zentrum von Usambara sitzenden Stamm der Wambugu. Wir kommen später darauf zurück. Da die Mafurraleute wie die Wangobibevölkerung mit Fremden bisher nur in Gestalt der Massai und der Krieger Mandaras Bekanntschaft gemacht haben, die Vieh und Sklaven raubend diese Gebiete nicht selten heimsuchten, so ist ihr Mißtrauen gegen alles Fremde nicht unberechtigt. Und erklärlich ist es ferner, daß sie durch ihre bitteren Erfahrungen und ihre während vieler Generationen dauernde Bedrückung schwere Einbuße an ihrem Charakter erlitten haben. Sobald sie erkannt hatten, daß sie es mit friedfertigen Menschen zu tun hatten, wurden sie, die anfangs furchtsam gewesen waren, maßlos unverschämt; vor ihren diebischen Händen war nichts sicher.

Wir waren darum von Herzen froh, als wir am 4. November Mafurras Tal hinter uns ließen und mit Muße zu einem südlichen Ausläufer des Gamuallaberges hinanstiegen. Der Pfad windet sich durch mannshohes Dickicht von Adlerfarnen; Busch und Strauch sind selten, Baumwuchs fehlt ganz. Auf der Höhe des genannten Bergausläufers, auf der die Grenze des Mafurragebietes vom Gipfel des Gamualla zu jenem des südlicheren Dschego hinläuft, ließ ich die Karawane rasten und kletterte mit Purtscheller und den Führern über Fels und Farn zu dem runden, kahlen Gipfel des Gamuallaberges (2000 Meter) hinauf. Oben empfing uns kalter Nebel, aber der Wind war uns gnädig und entschleierte in kurzem das ganze uns umlagernde Ugueno, in dessen Mitte wir wie auf einer hohen Insel standen. Drei Gebirgsbilder fesselten das Auge am meisten: im Nordwesten die verschwisterten Bergkuppen Kiberenge und Lambo, im Nordosten der felsige, allein stehende Ngovi und im Süden die hohe Kette der Usangiberge, welche die Südwestfronte Uguenos zur Rufu-Ebene hin bildet. Zwischen diesen drei Berggruppen grünt im Nordwesten das Wangobital bis zum Lambo hin, im Norden winken die satten Farben des Msangenitales vor den grauen Wänden des Ngovi, und im Süden, entlang der Usangikette, dehnt sich das reichbebaute, vom Dschegobach durchrieselte Kirongaiatal mit den Hüttengruppen von Kiridsche, dem Sitz des Usangihäuptlings Naguvu. Dies letztere war unser Ziel. Darüber hinaus aber reichte der Fernblick nordwärts auf den breit vorliegenden Kilimandscharo mit seinen funkelnden frischbeschneiten Spitzen, im Westen auf die unabsehbare luftflimmernde Rufu-Ebene, im Süden auf die duftigen Bergketten von Pareh und im Osten auf den silbernen Dschipe-See und die graubraunen Nikasteppen.

Vor dem stärker wehenden Bergwind waren die frierenden Führer nicht mehr zu halten. Zur Karawane zurückgekehrt, wanderten wir auf dem im roten Lateritboden tief ausgetretenen Pfad in das lockende Kirongaiatal hinunter, aus dem uns in kleinen lustigen Trupps junge und alte Weiber entgegenkamen, die auf Kopf und Rücken Lebensmittel nach Mafurras Tal zu Markte trugen. Sie beantworteten unseren »jambo«-Gruß mit dem landesüblichen singenden »hm«, was sich, von vielen auf einmal gesummt, so melodisch anhörte, daß Muini belustigt ausrief: »wafanya kama niuki« (»Sie machen es wie die Bienen«). Da sie nur mit einem ledernen Schurz bekleidet waren, konnte man sehen, daß viele auf dem Bauch beiderseits vom Nabel mit gitterförmigen Schnittnarben tätowiert waren; ihren Trägerinnen nach zu schließen, ein Zeichen der Mutterschaft. Um den Hals waren sie fast alle mit zweifingerdicken Messingringen geschmückt, wie ich sie auch in Dschagga gelegentlich als Zierde angetroffen habe.

Mit Singen und Scherzen kamen wir unten im Kirongaiatal an. Vom hochragenden waldlosen Usangikamm zu unserer Rechten rauschten freundliche Bäche in weißen Wasserfällen zur Talsohle, um sich hier zum Dschegobach zu vereinigen, der später aus dem Lassantital in die östliche Ebene hinabfließt. Überall fesselnde Bergbilder, grüne Matten, rauchende Hütten, umhegte Felder, rieselnde Gewässer wie in den schönsten Teilen von Usambara. Nur

eine kleine Viehherde hier und da fehlte, um die Ähnlichkeit mit einem mitteleuropäischen Bergtal treffend zu machen
Gegen Mittag zogen wir an den ersten Hütten im Talgrund vorüber, die teilweise der Usambaraform (Dach nicht ganz zur Erde), teilweise der Dschaggaform (Dach ganz zur Erde) glichen, und folgten schließlich dem Dschegobach durch eine schier ununterbrochene Folge von Zuckerrohr-, Mais-, Hirse-, Bataten-, Maniokfeldern. Die Eingeborenen, die mit Hacke und Steckpfahl ihre Akker bestellten, riefen uns auf unser »jambo« ebenfalls ein fröhliches »jambo« zu, ein Beweis, daß eine Suahelikarawane hier keine unbekannte Erscheinung ist. Wo der Dschegobach aus seinem bisherigen westöstlichen Verlauf nach Nordosten umbiegt, steht auf kahler Hügelhöhe der nach Usambara-Art mit Palisaden umfriedete Kral des Häuptlings Naguvu. Kiridsche nennen die Wagueno die Örtlichkeit. Von dort kam uns eine Kriegerschar entgegen, die unsere Salutschüsse ebenfalls mit einigem Pulverknallen beantwortete. Und dann kamen die hübschen, geschmeidigen Jungens heran und führten uns nach umständlicher Begrüßung unter ihres Häuptlings Hügel an einen offenen Lagerplatz, wo zu ihrem lauten Erstaunen in kurzen Augenblicken unser geräumiges Zelt emporwuchs, lustig überflattert von dem schwarz-weiß-roten Fähnchen, das ihnen als geheimnisvolle »daua« besonders in die Augen stach. Die geringe Scheu der Usangileute bei unserm Erscheinen und ihre angenehme Bescheidenheit bei näherer Bekanntschaft zeigen, daß sie häufigere und bessere Erfahrungen mit Fremden gemacht haben als Mafurras Untertanen, denn die Massai scheuen den Ruf von Naguvus Kriegern ebensosehr wie die beutelustigen Horden Mandaras.

Am Abend kam im strömenden Gewitterregen der Häuptling Naguvu mit dem herkömmlichen Troß ins Lager. Er war irgendwo auswärts bei einem festlichen Gelage gewesen und erging sich, voll des süßen Zuckerrohrweines, in überschwenglichen Freundschaftsversicherungen. Sein Sohn und seine Höflinge eiferten ihm mit Hingebung nach. »Als ich ein kleiner Knabe war«, sagte er und streckte mir seine fetttriefende Tatze hin, »ist ein weißer Mann in unserm Tal gewesen [Dr. Kersten, der Gefährte von der Deckens]; nun, da ich alt bin, kommst du als zweiter. Du mußt nun immer hier bleiben, und wir wollen große Daua [Zauber] machen und ganz Ugueno unterwerfen, und du sollst so viel Weiber und Lebensmittel haben, wie du willst.«

Das klang freilich sehr verlockend, aber ich gestand vorläufig nur einen Tag weiteren Aufenthaltes und eine große Daua zu und stellte meinen schwarzen oder vielmehr roten Freund schließlich auch damit zufrieden. Ich sage »roten« Freund, weil Naguvu sich nach Massaiart den Körper, einschließlich Haare und Schmuck, mit Fett und rotem Lateritton eingeschmiert hatte, daß er im Lampenlicht funkelte und blitzte. Schön ist der etwa vierzigjährige Herr von Usangi nicht, seine Augen sind zu glotzig, sein Mund zu wulstig und sinnlich; aber seine Gutmütigkeit bewies er in Wort und Tat ...

Beim Gegenbesuch fand ich Naguvu in seinem Kral, dessen lebendige Dracänenpalisaden nur durch ein niedriges Kriechloch zu passieren sind. Darin stehen vier höchst verwahrloste Hütten des Usambarastils, in denen Mensch und Vieh einträchtig beieinander wohnen. Seine acht Weiber, von denen immer zwei mit ihm abwechselnd in einer Hütte nächtigen, und seine 14 Kinder wurden sämtlich vorgeführt und glotzten uns, soweit sie nicht zu alt und nicht zu jung waren, mit verlegenem Lächeln an. Es war ein herzerquickendes Familienbild, aber der Schmutz, der Gestank, das Kleinkinder-Geschrei riß uns doch bald los und trieb uns von diesem afrikanischen Fürstenhof in unser Lager zurück.

Beim wolkenlosen Mittagshimmel gelang eine Breitenbestimmung, und am Nachmittag wurde photographiert, gesammelt, gefragt und der vielgenannten Eisengewinnung des Landes nachgegangen ... Stets fand ich die Leute freundlich, willig, bescheiden. Der Abend aber brachte zuerst meine große Daua zur Weihung des Landes in Gestalt von drei Raketen mit Leuchtkugeln und darauf die Schließung ewiger Freundschaft zwischen mir und Naguva. Letztere Zeremonie war etwas umständlich und langdauernd. Nachdem sich Naguva mit seinem Kriegsvolk vor dem Zelt im Halbkreis niedergehockt hatte, brachte sein Sohn einen Topf Zuckerrohrpombe, Muini ein Stück gebratenes Fleisch und schnitt es in Streifen. Ich setzte mich mit Naguvu an den Topf, er erfaßte einen Stein, klopfte an das Gefäß und begann eine unendlich lange Verbrüderungsformel abzuleiern und grausige Verwünschungen gegen seine Feinde auszustoßen und gegen mich, falls seine Feinde von jetzt ab nicht auch die meinigen sein würden. Dabei dauerte das Klopfen an das Gefäß ohne Unterbrechung fort, und nach jedem wichtigen Abschnitt wurde ein Fleischstreifen in den Pombetopf geworfen. Mit Muinis Hilfe wiederholte ich nach

Naguvus Vorgang den ganzen Hokuspokus mit Verfluchen, Klopfen, Wünschen und Fleischwerfen zu allgemeiner Zufriedenheit, worauf wir gleichzeitig mit der Rechten in den Topf fuhren, einen Fleischbrocken herausholten und verschlangen. Zum Schluß spuckten wir beiden Bundesbrüder kräftig in das Gefäß; die Hauptbeteiligten folgten unserm Beispiel. Der Topf aber mit seinem heiligen Inhalt wurde weggetragen zu ewiger Aufbewahrung in Naguvus Schatzkammer.

Um die Gesellschaft endlich loszuwerden, erfüllte ich Naguvu seinen Wunsch und gab ihm eine Flagge, die er als große Daua auf seine Hütte stecken wollte, wie die unsrige über dem Zelt wehte. Es ist dies eine einmalige Ausnahme von der Regel meiner Reisepraxis, und dies sei betont, weil ich nicht in den Verdacht eines sogenannten Flaggenhissers (47) kommen möchte, deren Tun in Ostafrika, besonders in der schon durch internationale Vereinbarung deutschen Interessensphäre, nachgerade etwas possenhaft geworden ist.

Von unserer Verbrüderung aber war Naguvu höchst befriedigt, und sein Volk pries seine Stärke. Es ist doch wunderlich, wie fest diese Naturmenschen an die Wirksamkeit einer Daua glauben und immer wieder neue Daua begehren, da sie sich doch praktisch jedesmal von der Wirkungslosigkeit derselben überzeugen müssen. Dieser menschliche Zug geht durch alle Religionen. Oder ist es etwa mit dem christlichen Gebet, den geweihten Angebinden, den Heiligenbildern und dergleichen etwas anderes?

Zum Abschied fand sich Naguvu am Morgen zeitig ein und wies uns zwei junge Burschen als Führer zu, die uns bis zum Ngoviberg am Nordrand Uguenos begleiten sollten. Nun ging es an den buschigen Berglehnen entlang im Tal des Dschegobaches abwärts. Nach einer Stunde überschritten wir halb schwimmend den zu einem Flüßchen angewachsenen Bach, der nun nach Osten zwischen mächtigen Gneisblöcken in die Lasantischlucht hinabrauscht, wo er sich mit dem von Norden kommenden Dschunguli vereint, bevor er die Steppenebene erreicht. An den schlüpfrigen Lehmwänden des tief erodierten Dschungulitales kletterten wir weiter nach Norden, begleitet vom Tosen des Baches, der im Nebel unsichtbar rechts unter uns brauste. Ein geschluchtetes Nebental des Dschunguli folgte dem anderen, alle gut mit Zuckerrohr und Bataten bebaut und wie in Dschagga durch künstliche Gräben vom Oberlauf der kleinen Bäche aus be-

wässert. Die Übereinstimmung der Bevölkerung, die wir in den Feldern beobachten konnten, mit dem Wambugustamm des mittleren Usambara ist vollkommen in Sprache und Aussehen. Nennen sie sich doch sogar selbst Wambugu und den Distrikt Wambuguni.

Als der Nebelschleier einmal riß, ward uns ein kurzer Blick auf die durch die Lassantischlucht sichtbare Südspitze des Dschipe-Sees oder Ipe-Sees, wie ihn die Wagueno nennen. Als ein grünes Band schlängelt sich der Dschego-Dschunguli durch die fahle Ebene dem Seeufer zu, verbreitet sich aber, bevor er den See erreicht, zu einem ausgedehnten Sumpf, der wohl nur in der vollen Regenzeit einen Abfluß zum See gewinnt. Auch der Kibo und Mawensi erschienen einmal für einen Augenblick über den Wolken und strahlten in neuen Schneemänteln, aber Ugueno wurde erst übersichtlich, als wir den brausenden Dschunguli, die Grenze zwischen Naguvus Distrikt Usangi und Jangobis Distrikt »Ugueno«, durchwatet und uns auf den kahlen Sungoberg hinaufgearbeitet hatten, der, wie der Gamualla in der Südhälfte, eine isolierte und deshalb dominierende Stellung in der Nordhälfte des Berglandes einnimmt. Nach allen Seiten hin konnte gepeilt und visiert werden, während sich die Leute die Zeit damit vertrieben,

Der Dschipesee und das Uguenogebirge

Eisenerze zu sammeln, die auch hier, wiewohl in kleinen Mengen, an der Oberfläche liegen.

Hatten uns bisher die Eingeborenen aus ihren Feldern mit dem Dschaggagruß »mbuia« (Freund) bewillkommt, so ward uns beim Abstieg in das breite Msangonital ein wenig liebenswürdiger Empfang. Von allen Seiten stürzten Bewaffnete herbei und suchten uns schreiend und springend am Weitermarsch zu hindern. Schon machten die leicht erregbaren Somali Anstalten zu Gewaltmaßregeln, als Muini mit Würde seine Freundschaftswunde auf der Brust entblößte und unser Usangiführer mit Stolz ausrief, ich hätte mit Naguvu »aus dem Freundschaftstopf gegessen«, und Naguvu wünsche, daß wir den Berg Ngovi bestiegen. Das änderte die Situation. Man begleitete uns bergauf bergab noch eine gute Strecke mit Geschrei und Gelächter, bis wir dem Ngoviberg nahe kamen, dann verzog sich das rauflustige Gesindel und wir lagerten am Monjabach unter den grauen Gneiswänden des Ngovi, bald im Tauschverkehr mit den wenigen Anwohnern.

Der Besteigung des Berges stand am nächsten Vormittag nichts mehr im Weg. In zwei Stunden standen wir auf seinem farnbewachsenen Gipfel (1700 Meter), von dem aus kleine Galeriewäldchen in den Schluchten zur Ebene hinuntersteigen, und trafen es mit dem Wetter so gut, daß eine Breitenbestimmung des Ortes und eine Profilaufnahme von ganz Ugueno gelang. Im Süden überragt der breitschulterige Kindorogo in der Usangikette alle seine Genossen und ist somit die höchste Erhebung des ganzen Landes. Im Nordwesten war der große Nordkessel Uguenos leider durch eine vorspringende Bergstrebe verdeckt, aber im Osten erstreckte sich zu unseren Füßen der Dschipe-See in seiner ganzen Länge. Kein einziges von den hinabrieselnden Gewässern erreicht das Seeufer; sie alle verlaufen und verdunsten unfern vom Gebirgsfuß in grünen Sümpfen und Lachen. So bleibt als sichtbarer Zufluß des Sees nur der vom Ostkilimandscharo kommende Lumi, der bereits ein Mündungsdelta in den See vorgeschoben und nahe vor der Mündung eine kleine Insel angeschwemmt hat, auf und neben welcher sich, wie durch das Glas zu erkennen war, mehrere Flußpferdfamilien tummelten, während am Ufer Scharen blendend weißer, großer Vögel über sich sonnenden Krokodilen kreisten. Von Eisenerz war am Ngovi nichts zu entdecken.

Im Nebel und Regen kehrten wir zum Lager zurück, im Regen ging der Nachmittag und die Nacht hin, und im Nebel begannen wir den Abstieg zur Ebene hinab auf einem dünnen Pfädchen, das Ugueno mit Taweta verbindet. Die jähen Ostwände des Gebirges waren naß und glatt und ließen dem Pfad oft nur ein fußbreites Felsband zur Benutzung, auf welchem das Wandern neben dem schwindelnden Abgrund für die Träger nichts weniger als belustigend war. Kaum waren wir einige hundert Fuß hinabgeklettert, als mit großem Lärm einige Boten des Häuptlings Jangobi hinter uns herkamen und uns aufforderten, umzukehren und dem Landesherrn den schuldigen Besuch abzustatten. Selbstverständlich dachte ich nicht daran. Aber der Zwischenfall war darum peinlich, weil daraufhin unsere beiden neuen Führer streikten und mit den abgewiesenen Boten zurückkehrten. Der See jedoch leuchtete so ermutigend herauf, und der einzige Pfad dieser Gegend war in der Ebene so weit hin zu übersehen, daß wir glaubten, wieder einmal einen führerlosen Marsch wagen zu können, und unverdrossen weiterzogen. Der Versuch schlug gut aus. Auf den unteren Ausläufern des Gebirges passierten wir noch einige eisenhaltige Stellen, wo, nach verglasten Scherben und Kohlen zu schließen, gelegentlich auch das Erz geschmolzen worden war, schnell trat dann die Nika-Vegetation in ihr Recht, und in der Ebene umfing sie uns mit all ihrer Dürre, ihrem trocknen Lianengewirr, Weißdorngestrüpp und ihren grauen Grasbüscheln …

Zwei Stunden waren wir nach Norden durch die dornige Baumsteppe marschiert und hatten allmählich den dunkeln Galeriewald, welcher den Abfluß des Dschipesees, den Rufu, säumt, von rechts heranziehen sehen, als vor uns ein paar Eingeborene auftauchten, die durch ihr furchtloses Entgegenkommen sich sofort als Tawetaleute kennzeichneten. Sie hatten Honig gesammelt und waren auf der Heimkehr. Das war ein wahres Glück für uns, denn ohne ihre Führung wären wir nie über den großen, vor uns liegenden Papyrussumpf, zu dem sich der Rufu im Norden Uguenos verbreitert, hinweggekommen.

Ich habe manchen Fluß- und Sumpfübergang mitgemacht, in Java und in den Philippinen, in Japan und in Transvaal, aber gegen den Rufusumpf bei Ugueno sind sie alle Kinderspiel. Die Tawetamänner waren vor zwei Tagen herübergekommen und folgten ihren noch frischen Spuren. Unmittelbar hinter dem schmalen Streifen hoher Laubbäume zwängten wir uns vom Ufer aus in einen scheinbar undurchdringlichen Wald kolossaler Papyrusstauden hinein und sanken sofort bis an die Knie in den schwarzgrauen Schlamm. Ein Stück weiter waren die Papyri durch Flußpferde niedergetreten, und dort hatte die Sonne den Schlamm so hart getrocknet, daß wir über die tiefen Spuren der Flußpferde von Rand zu Rand springen konnten. Dann folgte ein offener Wasserlauf, schwarz und bewegungslos wie der Styx. Aus Papyrusstämmen wurde eine schwankende Brücke zusammengeschichtet, die aber unter der Last der Träger sich tiefer und tiefer senkte, so daß die letzten Karawanenleute, bis an die Schultern einsinkend, sich durch das dunkle Wasser mit den Füßen tasten mußten. Stellenweise hatte sich der Schlamm zu kleinen Inseln mit Busch und Baumwuchs verdickt, aber wir kamen darum nicht leichter vorwärts; das knietiefe Stampfen durch den Morast, das Abhacken der Papyrusstämme, das Durchwaten durch die Wasserrinnen, das Forthelfen Ermüdeter und Gefährdeter dauerte 2 ½ Stunden. Fast alle Lasten wurden naß. Mitunter erschreckte uns ein in nächster Nähe schnaubendes Flußpferd oder der penetrante Moschusgeruch eines verborgenen Krokodils. Fremdartig wie eine phantastische Szenerie aus vergangenen Erdperioden war unsere Umgebung, vor allem der Papyrus selbst mit seinen

Im Papyrusdickicht des Rufuflusses

durchschnittlich 4 Meter hohen armdicken Stämmen und 1/2 Meter breiten Blattrosetten. Endlich fühlten wir wieder festen Boden unter den Füßen, das Papyrusdickicht ging in hohen Wasserwald über und nach weiteren 100 Metern konnten wir am jenseitigen Rand des schmalen Uferwaldes unter hohen Mimosen Lager schlagen.

Mit Angelhaken fingen einige Träger im Sumpf mehrere bis 9 Kilogramm schwere bärtige Welse, die etwas fett, sonst aber nicht übel schmeckten. Scharen von Meerkatzen kreischten uns aus den Bäumen die Tafelmusik. In der Nacht aber war die Plage der Moskitos, die in Tausenden und Abertausenden aus dem Sumpf erstanden, so quälend, daß kein Mensch im Lager ein Auge schloß. Mit dem hohen Diskant ihres Summens verschmolz das leise Flattern der Fledermäuse und Nachtschwalme, das gelegentliche tiefe Grunzen der Nilpferde im Sumpf, der laute Schrei eines Affen im Wald, das kurze Gebell eines Leoparden in der Steppe zu einer Harmonie echt afrikanischer Wildnis, die niemals vergißt, wer sie einmal gehört.

Nur wenig erquickt zogen wir mit Tagesgrauen von dannen. An den dem Sumpf nächsten Rundhügeln betraten wir wieder vulkanischen Boden und kreuzten bald den Pfad, der nach Taweta führt. Unsere Führer verließen uns, aber die unteren Wadschimbahügel, die sogenannte Makessa-Gruppe, am Fuß des Kilimandscharo waren uns eine weit sichtbare Richtungsmarke, auf die wir pfadlos durch das verfilzte Steppengras nach Norden hin marschierten. Auf dem Kilimandscharo wallten die Nebel, und zur Rechten fern über dem dunkeln Waldstreif von Taweta wirbelten die bläulichen Rauchwolken der gastlichen Eingeborenen auf. Die Sonne über uns und der Boden unter uns glühte, und der Durst brannte uns gegen Mittag schier die Kehle durch, da es niemand für nötig gehalten hatte, aus dem schlammigen Sumpfwasser einen genügenden Marschvorrat mitzunehmen. In wachsender Geschwindigkeit eilte jeder dem noch zwei Stunden entfernten Habaribach zu, der uns vor zwei Monaten auf dem Weg nach Modschi zuerst getränkt hatte.

Bevor wir aber unseren Modschiweg gefunden hatten, stand plötzlich in der öden Strauchwildnis ein riesiges Rhinozeros kaum 30 Schritt vor uns und stierte uns mit aufgestellten Ohren und hochgehobenem Schwanz wie versteinert an. Mit unseren schlechten Gewehren war an eine Jagd auf das große Wild nicht zu denken; es wäre höchstens eine »Aasjägerei« geworden. Der Koloß kam aber, als wir anhielten, langsam ein paar Schritte näher, gerade auf Purtscheller zu, der ihm ohne Waffe gegenüberstand. Die Träger hatten sofort ihre Last abgeworfen und sich ins Gebüsch geduckt. Da plötzlich rannte das Tier mit geradeaus gestrecktem Kopf auf Muinis rote Jacke zu, fehlte aber sein Ziel, da

Im Euphorbienwald der Taitawildnis

Muini einen Riesensatz zur Seite machte, und galoppierte mit einer Eleganz der Bewegungen davon, die ich einer so ungeschlachten Kreatur nie zugetraut hätte. Die Heiterkeit hinterher war natürlich groß und hielt noch lange an, als wir bereits unter den Schattenbäumen des rauschenden Habaribaches uns gelagert, gebadet und getrunken hatten fast bis zum Ertrinken.

Mit Lust und lautem Lachen legten wir in der Frühe des nächsten Tages die drei Stunden nach Marangu hinauf zurück, wo wir jedermann sehr überraschend kamen. Man hatte uns erst in mehreren Tagen erwartet und war in Besorgnis gesetzt worden durch allerlei Gerüchte über harte Kämpfe, die wir mit den Wagueno gehabt haben sollten. Um so stürmischer äußerte sich die Freude des Wiedersehens. Bei der wahnsinnigen Flintenknallerei geschah es aber diesmal, daß ein Tölpel aus Dummheit einen Schrotschuß losschoß und zwei Träger, die eben von Ugueno heimgekehrt waren, so schwer an den Oberschenkeln verwundete, daß sie drei Wochen später bei unserm Aufbruch zur Küste noch nicht marschfähig waren. So fand die Uguenoreise doch noch einen blutigen Abschluß.

Wieder folgten ein paar schöne Tage des Lagerlebens, des Materialordnens, der Korrespondenz, Lektüre und anderer beschaulicher Beschäftigungen. Aus Sansibar und Europa waren mit der Modschipost wieder Briefe und Zeitungen angekommen, die nichts Betrübendes meldeten; und das ist genug. Einige Tage später kam Dr. Abbott zu Besuch auf seiner Rückkehr von Aruscha, südlich von Kahe, wo er in den Steppen Elefanten geschossen und dabei um Haaresbreite zertreten worden wäre. Kaum war er fort, als wir Missionsbesuch bekamen, und so brachte jeder Tag etwas Neues. Da unser Gemüsegarten in üppiger Fülle prangte, vermochte ich meinen Gästen Radieschen, Rettiche und Salat vorzusetzen, wofür als sehr willkommene Gegengaben Salz und Kaffee in unsere bedenklich leer gewordenen Vorratskoffer wanderten.

Viel in Anspruch war ich in diesen Tagen durch ärztliche Behandlung von Dschaggakindern genommen, welche mir Mareale meist selber zuführte. Sie leiden an großen, bis 15 Zentimeter langen Geschwüren am Unterschenkel, die ohne äußere Ursache entstehen und monatelang die armen Kleinen durch offene Wunden peinigen. Die Krankheit ist sehr häufig, aber die einheimische Behandlung, bestehend im Auflegen von frischem Kuhdünger, ist schwerlich ein geeignetes Heilverfahren.

Erfreulichere Unterbrechungen waren die an mehreren Abenden sich wiederholenden Defilierkouren von jungen Weibern und Mädchen, die, nur mit einem Läppchen und einer Perlschnur gegürtet, sonst aber mit Fett und rotem Ton festlich gesalbt, eine in gleicher Weise geschmückte Braut zur Hütte des jungen Gatten führten und beim Gehen mit den faustgroßen Glocken, die sie an den Knöcheln trugen, eine liebliche Musik machten wie eine heimkehrende Kuhherde. Schade, daß man eine solche Szene nicht in Europa vorführen kann; man würde Respekt bekommen vor afrikanischer Sitte

Die täglich aus Südosten heftiger wehenden Winde, die fast in jeder Nacht strömenden Regengüsse und das immer umfänglicher werdende Wolkentreiben am oberen Kilimandscharo mahnten uns zur Eile, wenn wir in den oberen Bergregionen noch etwas ausführen wollten. Schon lange trugen wir uns mit dem Plan eines Besuches des Süd- und Westkibo. Noch einmal, bevor wir uns zur Küste zurückwendeten, folgten wir daher zum Schluß unserer Kilimandscharo-Fahrten dem Zug nach dem Westen, noch einmal dem Zug nach oben.

Nachdem im Jahre 1848 der Missionar Rebmann den Kilimandscharo entdeckt hatte und bis zur Landschaft Madschame am Westabfall des Gebirges vorgedrungen war, hat die Expedition des deutschen Reisenden Klaus von der Decken 1861 Madschame wiederum besucht und von dort aus das Gebirge zu erschließen versucht. Seitdem ist mancher Europäer dorthin gelangt, aber durch keinen ist unsere auf den Deckenschen Reiseergebnissen beruhende Kenntnis von jener großartigsten Seite des äquatorialafrikanischen Schneeriesen wesentlich erweitert worden.

Ich hatte deshalb auch die Westseite des Gebirgsstockes in meinen Forschungsplan mit einbezogen und rüstete mich nun, um Mitte November des Jahres 1889, zu einem Aufstieg am Süd- und Westkibo.

Die westlichen Dschaggastaaten waren gerade jetzt der Schauplatz besonders erbitterter Fehden zwischen den Häuptlingen Mandara von Modschi und Sinna von Kiboso, an welchen die kleineren Nachbarn notgedrungen teilnehmen mußten. Ich vermochte deshalb nicht, quer durch Dschagga direkt auf mein Ziel loszugehen, sondern mußte von Marangu durch den Urwald zu den Grasmatten oberhalb der Waldregion aufsteigen, um von dort, westwärts über den Dschaggaländern entlang wandernd, den südlichen und westlichen Fuß des Kibo zu erreichen.

Am 14. November machten wir uns erst mittags im stechenden Sonnenbrand auf den Weg, da die beiden von Mareale gestellten Führer nicht früher aufzutreiben gewesen waren, und stiegen langsam durch den offenen Busch in die schattigen, bachdurchrieselten Bananenhaine hinein, auf dem nun schon zum fünftenmal in diesem Jahr begangenen Pfad über die Kulturgrenze und die folgende Farnregion hinaus, zum unteren Urwaldrand, wo wir auf der kleinen orchideentragenden Kampine am murmelnden Ruabach wie früher die Zelte aufschlugen. Meine Karawane war diesmal nur 20 Mann stark, also beweglich genug, um alles Mögliche mit ihr auszuführen. Herr Purtscheller war zwar noch recht angegriffen infolge von bösen Verdauungsstörungen, die er sich durch reichlichen Genuß von Dschagga-Bananen zugezogen hatte – welche in reifem Zustand seltsamerweise nicht einmal die Sansibarträger ungestraft genießen konnten, – erhoffte aber, ebenso wie ich für mein aus Ugueno stammendes Fieber, baldige Besserung von der Höhenluft.

Schon die erste Nacht im 1960 Meter hohen Ruabachlager war bei +5 °C Minimumtemperatur köstlich erfrischend. Vom Bach drang summendes Murmeln, aus dem tauigen Riedgras unserer Kampine das Zirpen der Zikaden und aus dem Waldesdickicht bisweilen das ferne Posaunen eines Elefanten an unser Ohr. Und funkelnd klar brach der Morgen an. Im Urwald prangten nun viele Pflanzen, die früher im graugrünen Moosbehang gestanden hatten, in vollem Blütenschmuck. Besonders wirkungsvoll hoben sich die mit rotbraunen Blütentrauben belasteten Sumachbäume und die weißblütigen hohen Dracänaformen, welche den Hauptbestandteil des Waldes bilden, von den tiefstehenden indigoblauen Staudenblütlern ab, über welche im Dämmerlicht des Waldes einzelne durch das Blätterdach dringende Sonnenstrahlen spielend hinwegtanzten. Gegen Mittag traten wir auf die offene Grasflur über der Waldregion hinaus und wanderten auf ihrem von roten Immortellen und Amaryllen durchwebten Teppich nunmehr nach Westen. Bald zogen dunkelgraue Wetterwolken aus Südosten heran, und ehe wir unsere Strohhütten am Muëbach (2890 Meter) erreichten, brach das Gewitter los in so urgewaltiger Heftigkeit, daß die meisten Träger, vom Hagel gepeitscht, sich halb ohnmächtig vor Kälte und Entsetzen neben ihre Lasten warfen und nur durch Hiebe gezwungen werden konnten, bis zu den schützenden Hütten weiterzugehen. Zwei Stunden tobte der Sturm, und noch eine halbe Stunde nachher bei strahlender Sonne lagen Hagelkörner von Kaffeebohnengröße 2 Zentimeter hoch auf dem Grasboden. Kein Wunder, daß in solchem Wetter unsere mitgeschleppten Hühner elend umgekommen waren, aber auch sehr erklärlich war es bei unseren Verpflegungsverhältnissen, daß wir ihnen trotzdem noch nachträglich feierlichst den Hals abschnitten, um sie mit nicht allzuschlechtem Gewissen verzehren zu können.

Auf den stürmischen Nachmittag folgte eine klare, kalte Nacht. Kaum graute der Tag, als ich zum Aufbruch antrieb, konnte aber diesmal die Leute selbst nicht durch Androhen von Schlägen aus den Grashütten heraustreiben; die Furcht vor der Kälte, welche vor Sonnenaufgang noch − 1½ °C betrug, war stärker als der sonst nie versagende Respekt vor dem geschwungenen Bergstock. Da ich die Berechtigung des Verlangens dieser nur notdürftig gekleideten großen Kinder wohl einsah, gab ich nach und wartete bis nach Sonnenaufgang. Von den wärmenden Strahlen hervorgelockt und ermutigt, setzte sich die kleine Karawane in Bewegung, um auf dem neutralen Pfad über der oberen Urwaldgrenze mit uns nach Westen hinüberzuziehen.

Da plötzlich trat ein neues Hindernis ein. Die beiden Führer, welche uns Mareale mitgegeben hatte, um uns nach Madschame zu geleiten, und welche nach Landesbrauch die Hälfte ihrer Bezahlung voraus erhalten hatten, mochten sich die Sache in der Nacht anders überlegt haben und erklärten nun, offenbar auf Verabredung, daß sie weder den Weg wüßten noch uns rieten, weiter vorzudringen, da wir unfehlbar den meuternden Mandara- und Sinnakriegern in die Hände fallen würden. Ich schaute mich im Kreis meiner Leute um, und ein Blick auf die drei mitgenommenen Somali zeigte mir, daß ich verstanden wurde. Ruhig legte ich dem verständigeren der beiden Führer die Hand auf die Schulter, und sofort war er von hinten gepackt und gebunden. Der andere entwischte. Erst hielt ich unserm Gefangenen eine eindringliche Rede über seine Torheit und unsere Klugheit, drückte ihm dann, als ich sah, daß er sich wirklich nur vor räuberischen Mandara- und Sinnaleuten fürchtete, als kräftigstes Schutzmittel unsere kleine Fahne in die Hand und hieß ihn auf dem Pfad vorangehen ... »Mkumbo« gehorchte nun willig und trennte sich von Stund an bis zur Heimkehr nicht mehr von seiner Fahne. Als drolliger Spaßmacher und in dem wunderlichen Kostüm, in das ihn Mareale gesteckt hatte (– auf dem Kopf den verwetterten Filzhut eines Missionars, auf dem Leib einen alten Paletot vom Grafen Teleki, an den Füßen ein Paar zerrissene Schnürschuhe von mir, in einer Hand die Fahne, in der anderen einen Speer –), ließ er uns bald seine anfängliche Unart vergessen.

Der Gewittersturm des vorherigen Nachmittags hatte dem Mawensi sowohl wie dem Kibo einen blendenden Neuschneemantel umgelegt, der das Relief der Felspartien herrlich hervorhob. Auf unserm Pfad durch die Grasfluren brannte die Sonne heiß und ließ für den Mittag wieder Gewitter und Regen erwarten, aber nur langsam kamen wir dem Kibo näher in dem Maß, in welchem wir uns vom Mawensi entfernten. Nach Überschreiten einer größeren Zahl kleiner Bäche, die meist in dieser Region kurz oberhalb des Urwaldes und unterhalb der oberen Plateaustufe entspringen und in ihren tiefen Erosionsschluchten häufig von zwei baumartigen Senecio-Arten (Senecio Johnstoni und eine andere mit dünnem glatten Stamm und vielfacher Verästelung) gesäumt sind, kletterten wir über einen hohen grasigen Lavarücken hinweg in eine weite Mulde, von deren Rand aus sich ein umfassender Ausblick auf den aus der blaudunstigen Westebene aufsteigenden Vulkan Meru bot. Deutlich war sein nach Osten geöffneter großer Kraterkessel mit den westlichen zackigen Steilwänden und einem hohen Eruptionskegel in seiner Mitte zu erkennen.

Wir traten nun in das Gebiet von Kiboso ein. In der geschützten wassersammelnden Mulde zieht der Urwald und über ihm die Strauchvegetation merklich weiter zum Sattelplateau hinauf als im Osten des Gebirges. Ihre kleinen Rinnsale passierten wir in ihrem moosgepolsterten seneciengesäumten Oberlauf, wo das Bachbett nur in vereinzelten Steinlachen Sickerwasser enthält. Um die weißen Blüten der Proteaceen schwirrten die kolibriartigen, Honig naschenden Sonnenvögel, mehrfach wurden kleine hellgraue Antilopen (Dr. Abbotts neue Art) flüchtig, und einmal sahen wir einen prachtvoll gezeichneten Leoparden in langen Sätzen entspringen. Vor den Wildgruben, welche die Kibosoleute hier unmittelbar neben dem Pfad 4–5 Meter tief ausheben und mit Gestrüpp verdecken, muß man sehr auf der Hut sein.

In heißem Marsch durch das Gewirr von Erikastauden kamen wir höher und höher zur Basis des Kibo empor. Gegen Mittag wurde aber das Auftürmen der in Südosten sich sammelnden Wolkenmassen so drohend, daß ich an einem Rinnsal Lager schlagen ließ trotz des Widerspruches des Führers Mkumbo, welcher fürchtete, daß der Rauch unserer Lagerfeuer die Wakiboso herbeilokken werde. Sein Bedenken ward aber gegenstandslos durch den Losbruch des Mittagsgewitters, das den gefürchteten Feinden zweifellos nur wenig Lust zu Beutegängen machen konnte. Was elementare Gewalt eines Gewitters heißt, lernt man nur im Hochgebirge kennen und doppelt in einem tropischen Hochgebirge. Vor dem prasselnden Hagel und heulenden Sturm flüchteten sich die Träger unter die nur geringen Schutz gewährenden Lavablöcke und Schichtenbänke, wo sie durch den anhaltenden Regen den ganzen Nachmittag und die ganze folgende Nacht bei qualmenden Feuern in ihren durchnäßten Hemden und mit hungerndem Magen festgebannt wurden. Dieser letztere Übelstand kam zu allen übrigen noch hinzu, denn es stellte sich heraus, daß die Leute in der sicheren Erwartung , schon in drei Tagen nach Madschame zu kommen, den vermeintlichen Überschuß an Nahrungsmitteln, die sie in Marangu erhalten, auf dem Marsch verschleudert hatten, um nicht schwer schleppen zu müssen.

Diese Entdeckung, welche mich zwang, am folgenden Tag in bewohnte Gebiete hinabzusteigen, selbst wenn ich trotz der Gewitterregen auszuharren gewillt gewesen wäre, hätte mich drei Monate vorher vielleicht noch in großen Zorn versetzt. Aber man wird gleichmütig im afrikanischen Reiseleben. Ich stellte nur zum Schein jedem der Missetäter eine Tracht Prügel in Aussicht, sobald wir nach Marangu zurückgekehrt sein würden, und ordnete für den nächsten Morgen den Abstieg in die mit Mareale befreundete Dschaggalandschaft Uru an, um von dort westwärts nach Madschame vorzudringen. Der Gedanke, daß bei den nun täglich eintretenden Gewittern, welche die Berge mit Neuschnee bedeckten und sie für die zweite Tageshälfte ganz in Nebel einhüllten, große Besteigungen ohnehin nicht ausführbar gewesen wären, war der einzige tröstliche. Tatsächlich hatten wir zu unseren Besteigungen 14 Tage vorher vom Sattelplateau aus gerade die günstigsten Wochen des ganzen Jahres gewählt. Von nun an trat die Regenzeit in ihr Recht.

Als wir uns am folgenden Morgen zum Rückmarsch wendeten, liefen die hungrigen und frierenden Träger wie Wiesel bergab. In drei Stunden waren wir wieder an unserm alten Muëbachlager, und nachdem ich dort einige photographische Aufnahmen der in der Frühsonne funkelnden frischbeschneiten Berge und der oberen Urwaldgrenze gemacht, wanderten wir in den wassertriefenden Wald hinein, indem die Träger vergnügte Wechselgesänge über die bevorstehenden Bananen- und Milchfreuden von Uru anstimmten.

Wald und Terrain dieser Bergseite unterscheiden sich in mancher Hinsicht von jenen oberhalb Marangu. Dort sanfter Anstieg, flache Ausdehnung, keine energische Ausarbeitung des Bodens zu Kämmen und Schluchten, keine schroffen Übergänge von einer Vegetationsform des Urwaldes in die andere. Hier dagegen fällt das Terrain anfänglich unter 20–25 °C ab und ist von den atmosphärischen Kräften und rinnenden Gewässern in ein gedrängtes Nebeneinander von hohen Rücken und tiefen Klüften modelliert, wie es die Südostseite erst weit unten am Gebirgsfuß aufweisen kann. Den Wald setzen im obersten Teil zwischen 2800 und 2600 Metern fast ganz unvermischte Erikaceenbestände zusammen, die, bis 5 Meter hoch, mit Stämmen von Schenkeldicke und überzogen von langwehenden grauen Bartflechten, ganz den Eindruck eines Waldes von Nadelholz erwecken, das doch auf dem Kilimandscharo gänzlich fehlt. Rasch geht dieser Teil bei 2600 Meter Höhe in den typischen tropischen Urwald mit seinen Dutzende von Arten repräsentierenden Baumriesen über, zu deren Füßen das herrschende diffuse Licht ein üppiges Wuchern von mannshohen Stauden, von Kräutern, Farnen und Moosen begünstigt, welche die hier täglich fallenden Niederschläge vor Verdunstung schützen und somit recht eigentlich die Quellensammler für diese Gebirgsseite werden. Der Boden ist lehmig und schlammig, der kaum erkennbare Pfad sehr schwer zu gehen. Von 2300 Metern ab wird der Wald trockener und lichter. An Stelle der staudenförmigen Untervegetation treten dichte Wirrsale von Lianen und Sträuchern, und anstatt der grauen Bartflechten überziehen nun braune Moose die Stämme und Äste. In den sich immer tiefer schluchtenden Bachrinnen begleiten breitwedelige Baumfarne den Verlauf der kalten, klaren Gewässer. In dieser Beschaffenheit reicht der Hochwald hinab bis ca. 2000 Meter. Dann wird er schnell offener und lichter und endet bei 1950 Metern in einem Buschdickicht, das 50 Meter tiefer, da, wo wir es durchwanderten, in eine Zone gedrängt stehender Adlerfarne ausläuft. In 1800 Meter Höhe verschwinden die Farne am Rand einer schroffen Terrainstufe, unterhalb deren bei 1750 Metern die obersten Bananenpflanzungen von Uru beginnen.

Durch den ganzen Wald von oben bis unten fanden wir an umgerissenen Bäumen, aufgewählten Wurzeln, knietief eingestampfter Erde ungezählte Spuren von Elefanten, die meisten im mittleren, trockneren Teil; und dort war es, wo ich den größten Elefanten begegnete, die ich in Afrika zu Gesicht bekam. Die Karawane war durch die Beschwernisse des Weges weit in die Länge gezogen. Die Somali überwachten die zurückgebliebenen Träger, und ich ging mit Mkumbo und einem mein Gewehr tragenden Askari ein gutes Stück voraus. Beim Austritt aus einer verwachsenen Bachschlucht hörte ich plötzlich in der Nähe ein dröhnendes Brausen und Krachen und erblickte im selben Augenblick etwa 40 Schritt vor mir unter den Bäumen eine Herde Elefanten. Mit dem Schreckensruf »tembo« verschwand Mkumbo im Gebüsch, und mein Gewehrträger folgte ihm. Durch unser Geräusch aufmerksam gemacht, wendeten sich die nächsten Tiere nach mir hin und witterten, da ich, nur mit einem Stock bewaffnet, hinter einen Baum trat, mit aufgerichteten Ohren und geschwungenem Rüssel mißtrauisch nach meinem Versteck hin. Soweit ich die Herde übersehen konnte, zählte ich 14 der kolossalen Dickhäuter; Junge bemerkte ich gar keine. Der Anblick dieses unvergleichlich großartigen Tierbildes dauerte aber nicht lange, denn beim lärmenden Nahen der vordersten Karawanenträger wendeten sich die Ungeheuer zur Flucht, kletterten mit spielender Leichtigkeit an dem steilen Schluchtrand empor und brachen schnaubend durch das Dickicht davon, daß man das Getöse noch lange vernahm.

Elefanten im Urwald

Als das Mittagsgewitter in den oberen Bergregionen zu toben begann, waren wir schon weit aus seinem Bereich. Nach 4 Uhr langten wir in den ersten Bananenpflanzungen von Uru-Salika an. Ein wenig unterhalb ließ ich auf einem freien, zwischen zwei tiefen Erosionsschluchten stehenden Hügel das Lager aufschlagen, und nun gab es für die Träger, die seit anderthalb Tagen keinen Bissen über die Lippen gebracht hatten, kein Halten mehr. Da wir seit Rebmanns Zeiten die ersten Weißen waren, welche in diesem Gebiet erschienen und überdies von der Bergeshöhe herab aus einer Gegend kamen, die noch nie eine Karawane betreten hatte, verhielt sich die Bevölkerung anfänglich sehr mißtrauisch und zurückhaltend. Aber durch Mkumbos, unseres Führers, Zuspruch verlor sich allmählich die Scheu, und als die Träger die Bananen mit Baumwollzeug und roten Glasperlen zu bezahlen begannen und ich die gegen Abend eintreffenden Abgesandten des Häuptlings Salika mit roten Taschentüchern und Messingketten beschenkte, war bald laute Freude im Land über den »Msungu, der aus den Wolken herabgestiegen war«.

Den folgenden Tag gab ich als Rasttag zu, um dem weit unten am Berg wohnenden Landesherrn, dem Häuptling Salika, einen Besuch abzustatten. Auf den langgedehnten kahlen Hügelrücken und durch drei tiefe Bachtäler hindurch brauchten wir fast zwei Stunden, bis wir vor das umzäunte Gehöft des Häuptlings kamen. Dort hemmte unsern Fuß ein senkrecht in den lehmigen Boden geschnittener tiefer Graben, der vorsichtig auf einem als Brücke übergeworfenen Baumstamm überklettert werden mußte. Der allerwärts in Dschagga übliche Ehrensalut von zwei Schüssen aus den Gewehren meiner Somali kündete dem Häuptling unser Nahen an. Neugieriges Gefolge hatten wir bereits eine ganze Menge. Jenseits des Grabens umschließt ein hoher Palisadenzaun ein halbes Dutzend runde Hütten für Weiber, Kinder und Vieh und eine viereckige größere Hütte, die Wohnung Salikas. An dem niedrigen Tor kamen uns zu unserm Erstaunen ein paar zerlumpte Küsten-Suaheli unterwürfig grüßend entgegen, die bei keinem Dschaggafürsten zu fehlen scheinen, weil es für sie in den dauernden kleinen Kriegs- und Raubzügen stets Gelegenheit zum Sklavenverkauf gibt.

Salika stand inmitten seines sauber gefegten Hofes, in ein Stück nagelneuen roten Baumwollenstoffes gekleidet und von vielen jungen Weibern umgeben. Er ist etwa 20jährig, dick und breit und wußte bei meiner Ansprache nicht, wo er vor Scheu und Verlegenheit hinschauen sollte. Erst als ich ihm die Hand schüttelte und ihm erzählte, daß ich über den Berg von seinem Freund Mareale gekommen sei, um nach Madschame weiterzugehen, und sein Herz durch schöne Geschenke erfreuen wolle, taute er langsam auf und plauderte dann bei einem Kübel Pombe (Bananenbier) ganz nett in Suahelisprache über Sansibar und Europa, von dem ihm seine suahelischen Hofschmarotzer Wunderdinge erzählt hatten. Seine beiden Liebhabereien: Pombe und Weiber, merkte man ihm und seiner Umgebung sehr deutlich an. Ich habe nirgends besseres Bananenbier getrunken und nirgends hübschere Dschaggaweiber gesehen als bei Salika. Wie dem Häuptling Mandara, so machte auch ihm unter meinen Geschenken den tiefsten Eindruck eine schauerliche grün-weiß-rot bemalte Maske, die er als große Daua (Zauber) selbst in Verwahrung nahm, während er die Zeuge, Perlen, Spiegel, Ketten, Messer, Fese usw. seinem Haushofmeister übergab.

Während unserer Audienz hatte ich einen Askari ins Lager zurückgeschickt mit dem Auftrag, letzteres weiter am Berg herab an einen hübschen Platz zu verlegen, den wir am Morgen passiert hatten. Als wir nachher, von Salikas Leuten begleitet, dort wieder ankamen, waren die Zelte bereits aufgeschlagen, und ich sah nun, daß wir nie einen schöneren Lagerplatz gehabt haben. Wir standen auf einem frischgrasigen, vorspringenden und hochwandigen Hügelrücken unter einem Schattenbaum, um uns künstliche Wassergräben mit kristallklarem kühlen Bergwasser, zu beiden Seiten in der Tiefe rauschende Bäche, an den Hängen ringsum Bananenhaine und Maisfelder, über Wald und Fels und Schnee zum Kilimandscharo hinauf, über Wald und Steppe zum Vulkan Meru hinüber und zur Südebene hinunter überall das herrlichste Panorama; von Marangu bis Modschi kommt kein Fleck an landschaft-

Der Kilimandscharo, von Madschame aus SW gesehen

licher Schönheit, kein Rundblick an Großartigkeit den mittleren Partien von Uru-Salika nahe. Und auf keiner anderen Seite, auch nicht auf der später geschauten imposanteren Westseite, ist das Bergbild des Kibo so formenschön wie von Uru.

Vom Kraterrand bis zur Ebene ist auf dieser Südwestseite des Kilimandscharo die Kurve des Gebirgsstockes geradezu typisch für einen Vulkan. Seine Basisteile laufen hier erstaunlich weit in die Ebene hinaus, denn nach dieser Seite konnte der Kibo seine Eruptionsmassen ungehindert hinabsenden, während im Osten der ältere Mawensi und das Sattelplateau einen hemmenden Damm bildeten. Am himmelstürmenden Kibo reichen die Eiswände der Südseite mit vielfacher Durchbrechung von dunkelbraunen Felsgraten bis zum Fuß des Kegels herab, wo sie nur durch relativ schmale Grasmatten von der oberen Urwaldgrenze getrennt sind, die, wie wir auch einige Tage vorher in der oberen Kibosomulde beobachten konnten, höher am Berg aufsteigt als im Südosten, während der Wald anderseits mit dem Verlauf der Gebirgsbasis sich sehr viel weiter in die Ebene hinaus erstreckt. Die Dschaggalandschaft Kibongoto (Kibo-ngoto, d. h. unten am Kibo) liegt scheinbar ganz in der waldigen Ebene, wogegen Kiboso (Kibo-so, d. h. oben am Kibo) mit seiner oberen Kulturengrenze fast bis zu 2000 Metern am Berg hinaufrückt.

Anderseits hängt die große Ausdehnung des Urwaldes im Südwesten ebenso wie die gewaltige Schnee- und Eisfülle des südlichen Kibo mit der bedeutenderen Menge der Niederschläge auf dieser Seite zusammen. Täglich konnten wir beobachten, wie die Mittagsgewitter von der Südebene zum Berg aufzogen, sich an seiner Südseite entluden, ihn dort am dichtesten mit Neuschnee bestreuten und dann nach Südwesten über die größte Walderstreckung und Bächezahl in der Richtung des Meru wegzogen.

Während ich den Nachmittag mit Instrumentbeobachtungen und Aufnahmen hinbrachte, warteten meine Leute sehnsüchtig und ungeduldig auf das übliche Gegengeschenk des Häuptlings, denn nirgends mehr als in Afrika herrscht der unmoralische Grundsatz »do ut des«. Aber erst in dunkler Nacht erschien das Ersehnte in Gestalt zweier Ziegen, die denn auch sofort gemordet wurden und ans Feuer wanderten. Der afrikanischen Höflichkeitsform war aber damit nur schlecht Genüge getan, denn Salika besaß viele Rinder, und meine Geschenke waren für ihn mindestens zwei Rinder wert. Ich steckte deshalb, da es mich drängte, nach Madschame zu kommen, am Morgen eine tief verstimmte Miene auf und befahl, trotz Einspruchs einer Gesandtschaft, die mich zum Manki (Häuptling) entbot, Abzug aus diesem ungastlichen Land. Die Träger hatten sich satt gegessen und folgten willig; Mkumbo, der Maranguführer, kannte den Weg. Es dauerte lange, bis wir aus den Bananenfeldern herauskamen, die auf dem wenig geneigten unteren Bergauslauf gar kein Ende nehmen wollten. 2½ Stunden zogen wir zwischen den Pflanzungen bergab, die durch ein hier ganz besonders verwickeltes System künstlicher Wassergräben aus dem oft stundenweit entfernten Oberlauf der

Borassuspalme

Waldbäche mühsam bewässert werden und von regelmäßig verteilten Schattenbäumen gegen zu heftigen Sonnenbrand geschützt sind. Wo uns weiter unten auf den schmalen, rotlehmigen Pfaden Eingeborene begegneten, ergriffen sie eiligst die Flucht, denn dort kannte man uns noch nicht.

Nach 2 ½stündigem Schnellschritt standen wir gänzlich unerwarteterweise vor einem 15 Meter tiefen, steilen Trockengraben, der unteren Landesgrenze von Uru. Daß derselbe wirklich ein Schutzmittel gegen unvermutete Feinde ist, erkannten wir aus unserer eigenen Ratlosigkeit. Bald aber wurden seitwärts im Busch zwei Kerle entdeckt, welche sich als Brücken- und Torwache entpuppten und auf meine Aufforderung hin zwei dünne, lange Stangen über die Schlucht warfen, auf denen wir nun einzeln bedächtig hinüberbalancierten. Ein Fehltritt hätte mindestens ein Bein oder einen Arm gekostet. Dieses Übersetzen dauerte eine ganze Stunde; sie genügte, um den nicht fernen Salika von unserm Tun in Kenntnis zu setzen, und eben war der letzte Mann über den Graben herübergeritten, als der »Manki« mit Gefolge an der Landesgrenze erschien und verblüfft erkannte, daß er zu spät gekommen. Die Torwächter mußten seinem Zorn standhalten. Ich aber begann, ihm von der neutralen Seite aus eine schwungvolle Rede zu halten über Gastfreundschaft gegen Fremde im allgemeinen und Hochachtung gegen Europäer, die im Besitz wirksamer Zaubermittel seien, im besondern, wodurch er dermaßen eingeschüchtert wurde, daß er versprach, uns einen Ochsen opfern zu wollen, wenn wir von Madschame wieder zu ihm zurückkehren würden, und uns einen seiner Begleiter für den Marsch nach und von Madschame als Führer und lebendiges Unterpfand mitgab.

Schon daraus war zu schließen, daß Uru freundschaftliche Beziehungen zu Madschame unterhält, während es gegen Sinna von Kiboso gemeinsame Sache mit Mandara von Modschi macht. Mit Mkumbo jedoch befreundete sich unser neuer, mit einem langen Steinschloßgewehr bewaffneter Führer nur wenig, vielleicht aus Eifersucht auf Mkumbos ältere Würde, und ließ mich daher hoffen, daß in kritischen Augenblicken sich beide nicht unter eine Decke stecken würden.

Unterhalb der Kulturgrenze von Uru erstreckt sich ein trockener, lianendurchflochtener Buschwald bis zur Steppenebene hinaus, in welchem wir mehr kriechend als schreitend westwärts bergab zogen. Gegen 10 Uhr kletterten wir in das engschluchtige

Tal des Rauflusses hinab, dessen Gewässer aus den Waldquellen am Südkibo stammen, und setzten über den 10 Meter breiten, schnell strömenden Raufluß auf der natürlichen Brücke eines von Ufer zu Ufer gestürzten Baumstammes. Riesenhaft war die Entwicklung der Vegetation in der Nähe des Wassers; 60 und mehr Meter hoch streben die dicken Stämme einer Ficus-Art kerzengerade empor und bilden den denkbar schroffsten Gegensatz zu dem sich jenseits anschließenden trockenen Buschwald mit seinen glanzblättrigen, niedrigen Bäumen, Dornsträuchern und Riesengräsern. Dieser Buschwald gleicht jenem unterhalb Marangu, mit dem er auch auf derselben Höhenzone liegt. Doch sind hier die Elefantenspuren häufiger als dort, weil die Tiere hier selten gejagt werden.

Je mehr wir uns der unteren Ostgrenze von Kiboso näherten, desto scheuer und vorsichtiger wurden unsere Führer, und als wir sie überschritten hatten, wanderten auch meine Träger, die bisher geschwätzt und gelacht hatten, lautlos hinter jenen her. Sooft ein Vogel schrie oder ein Vierfüßler des Waldes aufgescheucht entfloh, blieben sie lauschend stehen, zu sofortiger Flucht bereit. Ich bin überzeugt, daß das Erscheinen von nur einem halben Dutzend Kibosoleuten genügt haben würde, um die ganze Gesellschaft Reißaus nehmen zu sehen. Es gibt im allgemeinen kaum etwas Feigeres als die Suaheli, besonders einem Feind gegenüber, von dem sie wissen oder gehört haben, daß er nicht nur ein fürchterliches Geschrei erhebt, wie sie selbst es tun, sondern unter Umständen auch einmal Ernst macht, wie die Massai und ein Teil der Wadschagga. Obwohl jeder zu seiner eigenen Beruhigung mit einem Gewehr und Munition bewaffnet war, wußte ich doch aus Erfahrung, daß im Ernstfall nach dem ersten Schuß keiner von ihnen standhalten würde. Hauptsächlich aus diesem Grund hatte ich beim Antritt der Reise acht zuverlässige Somali aus Aden als Leibwache mitgenommen, von denen mich drei auch auf dieser Tour begleiteten; und mit fünf zuverlässigen Schützen brauchten wir eine fünfzigfache feindliche Überzahl nicht zu scheuen.

Soweit kam es indessen gar nicht. Am Ngomberefluß fanden wir zwar ein erst vor wenigen Stunden verlassenes Lager, das auf Anwesenheit von Kibosokriegern schließen ließ, aber sie selbst bekamen wir nicht zu sehen. Wären wir nicht von Sinnas Feinden Mandara und Salika hergekommen, so würde ich ohne Bedenken nach Kiboso hinaufgestiegen sein, um den kraftvollen jungen Fürsten zu begrüßen, und bin sicher, von Sinna, der schon früher Europäer bei sich gesehen hat, freundlich aufgenommen worden zu sein. So aber waren meine Leute um keinen Preis der Welt dazu zu bewegen, und allein mit Purtscheller konnte ich es nicht ausführen.

Der Ngombereflß bildet die untere Westgrenze von Kiboso. Jenseits von seinem frischgrünen schmalen Galerienwald querten wir die Buschwälder der kleinen Staaten Kindi und Kombo, passierten die auf geringer Bodenneigung träge fließenden Bäche Maëmbe, Mandschoka und Nseri, bewegten uns aber immer unterhalb der Kulturengrenze auf der mittleren Höhe von 1100 Metern, bis wir nach 3 Uhr in den Bereich von Naruma kamen und nun aus dem welligen und buschigen, wenig koupierten Terrain in dichteren, hochstämmigen Wald gelangten, in welchem der Pfad nordwestwärts wieder langsam bergan zu steigen begann. Bald erschienen in der Waldesdämmerung die ersten Bananenpflanzungen der Wanaruma. Ein kleines Dorf lag, verdeckt durch Hekken und Verhaue, seitwärts im Dickicht, von seinen Bewohnern aber wurden nur einige Greise sichtbar, die uns scheinbar teilnahmslos vorbeiziehen ließen. Eine Stunde später traten wir aus dem Wald auf offene Rodungen heraus und sahen vor uns das tief eingeschnittene, wenig breite Tal des Weriweriflusses, der Ostgrenze von Madschame. An seinem linken hohen Steilufer, also noch auf Narumagebiet, ließ ich, da die Leute sehr ermüdet waren – gegen die allgemeine Reiseregel, an einem Fluß erst nach seiner Überschreitung zu lagern, diesmal verstoßend – in ca. 1200 Meter Höhe Lager aufschlagen und labte mich bald an einer Schale wilden Honigs, die der Naruma-Häuptling Ndelongo als wertvolles Gastgeschenk übersandt hatte. Abends zog am Lager eine kleine Rotte Massai vorbei, heimwärts in die Ebene hinab, nachdem sie die Feldfrüchte des Landes (Bohnen, Mais, Bananen) und Honig gegen einen Teil ihres Viehes eingetauscht hatten. Von uns nahmen sie wenig Notiz.

Das Hinabklettern in die palmenbestandene, etwa 60 Meter tiefe Schlucht des Weriweriflusses, der Durchgang durch die schnell strömenden Gewässer, die uns bis an die Brust reichten, und der Aufstieg an der Madschameseite war am folgenden Morgen für die belasteten Träger ein schweres Stück Arbeit. Drüben stießen wir beim ersten Dorf von Madschame sofort auf den Versuch der Bewohner, uns festzuhalten, um durch den Verkauf von

Lebensmitteln in den ersehnten Besitz von Stoffen und Perlen zu gelangen. Eine angebliche Gesandtschaft des Häuptlings eröffnete uns, der »Manki« wolle hierher kommen, um an der Grenze des Landes mit mir Blutsbrüderschaft zu trinken. Das Manöver war indes so leicht zu durchschauen, daß ich den Sprecher lächelnd beiseite schob und ruhig mit den Meinigen weiter bergan wanderte. Darob großes Geschrei und Drohungen, aber keine Tätlichkeiten.

Leider bekamen wir an diesem Tag vom Kibo, der hinter hochgetürmten Wolkenhaufen schlummerte, gar nichts zu sehen, aber um so klarer lag das westliche Dschagga vor unseren Augen. Hier gibt es keine hohen Lavarücken, keine mannigfaltig gestalteten Hügelzüge wie in Uru, Modschi, Marangu, sondern breit und haldenartig senkt sich der bebaute Landstrich vom Urwald zur Ebene hinab. Die Baumbestände sind viel gründlicher ausgerodet als weiter im Osten, doch hat man in den Pflanzungen und Wiesen auch hier die hohen Schattenbäume stehen gelassen, welche der Landschaft ein im besten Sinn parkartiges Aussehen geben. Geschlossene Dörfer gibt es nur im unteren, den feindlichen Einfällen am meisten ausgesetzten Grenzgebiet, wo sie oft kleinen Forts gleichen, landeinwärts von der Grenze sitzt dagegen jedermann auf seiner eigenen Scholle, umgeben von seinen ausgedehnten Bananenfeldern, die von den Pflanzungen des Nachbars durch eine lebendige Hecke geschieden sind. Je höher wir zum Wohnsitz des Häuptlings anstiegen, desto häufiger wurden aber die Spuren feindlicher Einbrüche und Zerstörung. An vielen Stellen schauten aus dem Grün der Bananenhaine die verkohlten Trümmer der niedergebrannten Hütten trübselig hervor und klagten die Kibosokrieger an, die vor kurzem sengend und brennend ins Land eingefallen waren. Nirgends jedoch habe ich gesehen, daß den Bananenpflanzungen selbst Schaden durch Umhauen oder Brechen geschehen sei. Sie waren überall im besten Stand.

Nach dreistündigem Bergaufwandern durch Haine, Felder und Bäche langten wir an der ehemaligen Behausung des Häuptlings Ngamine an, wo jetzt innerhalb eines Palisadenzaunes unter riesigen Bananenwedeln ein wirrer Haufen von Balken, Kohlen und Steinen liegt; auch dies das Werk der Kibosokrieger. Davor schlugen wir, da des Manki neue Wohnung nicht fern war, auf einem kleinen schattigen, wie eine Tenne festgestampften Platz das La-

Bananenpflanzung in Madschame

ger auf und sahen uns auf unsere meldenden Schüsse hin alsbald von einem höchst lebhaften und bunten Treiben neugieriger und feilschender Madschameleute umwogt. Nahrungsmittel wurden in Fülle zu billigen Preisen angeboten, und beide Parteien waren vom Handel befriedigt. Man lachte, sang, pries an, lief und tanzte, daß das Getriebe schier für einen »Jahrmarkt« oder ein »Vogelschießen« gelten konnte. Ich ließ die Gelegenheit nicht vorübergehen, ohne eine Reihe photographischer Momentaufnahmen aus dem vorher auf eine bestimmte Stelle eingestellten Apparat zu machen und eine Anzahl der alten kleinen Speer- und Schildformen zu erwerben, welche im östlichen Dschagga längst durch die bis 1 Meter lange Speerklinge und den Massaischild verdrängt sind.

Nach dem strömenden mittägigen Gewitterregen meldete die Niampara die Ankunft von des Häuptlings Bruder nebst einigen Weisen des Landes, die eine Ziege gebracht hätten, um Freundschaft mit mir zu schließen, bevor ich den Manki aufzusuchen ginge. Ich vermutete, daß es sich um die allgemein übliche Form der Freundschaftschließung mit Geschenk und Gegengeschenk handele, und ließ den Überbringern der Ziege Zeuge und Perlen aushändigen, stieß aber zu meiner Verwunderung auf Widerspruch:

»Wir nehmen deine Geschenke nicht, bevor du uns nicht einen Eid leistest.«

»Was für einen Eid und warum?«

»Einen Eid auf den Kopf dieser Ziege, daß du als Freund zu uns kommst.«

»Bin ich nicht ein Europäer? Und ist euch nicht mein Führer von Uru eine Gewähr, daß ich von euern Freunden als euer Freund komme?«

»Allerdings bist du ein Europäer, aber Europäer haben andere Gedanken als wir, und den Urumann kannst du ebenfalls getäuscht haben. Du kommst von Osten. Vielleicht bist du vorher bei unserm Feind Sinna gewesen und willst jetzt uns und unser Land durch eine böse Daua vernichten. Deshalb schwöre, damit wir an deine guten Absichten glauben können.«

»Ihr seid sehr weise Männer. Bringt die Ziege her, damit ich euch überzeuge.«

Die Ziege wurde angeschleppt. Der Bruder des Manki – übrigens der einzige stotternde Neger, der mir je vorgekommen ist – faßte sie an den Hörnern, spuckte ihr salbungsvoll auf die Stirn und sprach:

»Hier ist ein Europäer angekommen, welcher sagt, daß er nur Gutes gegen uns im Sinn habe. Wenn dies gelogen ist, so möge er sterben und seine ganze Karawane untergehen, daß nichts davon übrigbleibt.« Darauf ein zweites bekräftigendes Spucken auf den Ziegenkopf. Nun mußte ich die Hörner erfassen und in gleicher Würde spuckend beteuern:

»Falls ich Böses gegen Ngamine, sein Volk, sein Vieh, sein Land im Schilde führe, so möge ich sterben und meine ganze Karawane untergehen, daß nichts davon übrigbleibt.« Zum Schluß nochmals Spucken.

Unmittelbar darauf wurde der Ziege der Kopf abgeschnitten, »damit sich Blut und Speichel mische«, und die bespuckte Stirnhaut abgelöst, aus welcher für jeden Beteiligten ein schmaler Hautstreifen geschnitten wurde, den wir uns gegenseitig als Ring über den Mittelfinger der Rechten stülpten. Damit war der

Freundschaftsbund besiegelt, und höchst befriedigt zogen die Gesandten ab, nachdem sie mir das Versprechen abgenommen hatten, am nächsten Morgen das Lager in nächste Nähe zu Ngamines Hof zu verlegen.

In der Frühe brachen wir die Zelte ab. Hinter unserm Lagerplatz ging es hinab in das grasige, 80 Meter tiefe, enge Tal des Kikafuflusses und jenseits steil hinauf zur »Sultanshöhe«, wo ich hart am Oberrand des Flußtales neben einem murmelnden Bächlein unter schattigen Laubbäumen die Zelte wieder aufstellen ließ. In der Tiefe zu unseren Füßen rauschte zwischen abgerundeten Lavablöcken der Kikafu, an dessen Ufern früh und spät Paviane in kleinen Trupps zu lustwandeln pflegten. Der Kibo aber blieb immer noch verschleiert.

Vor Mittag stattete ich mit Herrn Purtscheller, den Somali und Führern dem Häuptling Ngamine einen Besuch ab. Sein Hof liegt im Dunkel eines Bananenwaldes, und dort fanden wir den jungen Häuptling mit einem Dutzend alter Berater und flintentragender Krieger vor einer der niedrigen, aus Bananenblättern geflochtenen Hütten. Sein ruhiges Auge, seine überlegte Sprechweise, der Respekt, mit dem ihm seine Leute begegnen, lassen ihn als einen intelligenten jungen Mann erscheinen. Gekleidet war er nur in ein Stück alten blauen Baumwollenzeuges (Kaniki). Der geheimnisvolle große Geschenkballen, den einer meiner Leute schleppte, veranlaßte ihn aber sofort, uns zum Eintritt in das durch eine hohe Palisadenreihe abgezäunte Innerste seines Hofes einzuladen, wohin wir ihm durch vier in den konzentrischen Balkenzäunen angebrachte niedrige Türlöcher geduldig nachkrochen. Uns folgten nur einige Günstlinge, der Rest blieb draußen. Unter einem kleinen Verschlag wurde ausgepackt; Messer, Feilen, Tabakspfeifen, Perlschnüre, Fese und anderes mehr kamen zum Vorschein, und als Hauptgeschenk machte eine wirklich gehende Waterbury-Uhr an »goldener« Kette den glänzendsten Eindruck. Als die Sachen gebührend angestaunt waren und zum Zeichen der Anerkennung und Zufriedenheit von allen fürchterlich viel gespuckt worden war, begann der Manki aus einem Riesenkübel mit seinem Gefolge um die Wette Pombe zu zechen, während ich seinem hübschen Lieblingsweib behilflich war, sich mit den sämtlichen geschenkten Schmucksachen festlich zu schmücken. Ein großes, als Halsschmuck bestimmtes Messingband versuchte sie sich vergeblich auf den Oberschenkel zu ziehen, bis ich ihr den Irrtum begreiflich machte. Phantasie und guter Geschmack in der Weise, sich zu schmücken, war trotzdem dieser Negerin nicht abzusprechen, und an Zierlichkeit der Hände und Füße übertraf sie noch die in dieser Hinsicht auffallend bevorzugten Weiber Mandaras.

Zurück ins Lager begleitete uns Ngamine, um dort zunächst alles und jedes mit Sorgfalt in Augenschein zu nehmen, wobei einer unserer Trinkbecher abhanden kam, und dann mit seinem Troß ins Unterland zu wandern, wo eine kleine Suahelikarawane von Pangani, die dort seit Wochen lagerte, einen seiner Leute »aus Versehen« als Sklaven festgenommen hatte.

Als ich mich danach an eine Mittagsobservation machen wollte, gewahrte ich zu meiner größten Bestürzung, daß das eine Taschenchronometer beschädigt war und nicht mehr ging. Nun war ich auf das zweite allein angewiesen, welches indes bis zum Schluß der Expedition trefflich ausgehalten hat. Hatte ich schon vorher dem Theodoliten alle Vorsicht angedeihen lassen, so hütete ich ihn jetzt wie meinen Augapfel. Wenn diesem Instrument etwas zugestoßen wäre, würde der Hauptzweck der ganzen Reise, die möglichst genaue Aufnahme des Kilimandscharo- Gebietes, unerreichbar gewesen sein.

Da der Kibo die beiden letzten Tage gar nicht aus den Wolken gekommen war und nur im schwachen Mondlicht der Nächte als ein geisterhaft schimmerndes Bild am Himmel stand, wuchs meine Besorgnis, daß wir bei der herrschenden Regenzeit vielleicht wochenlang auf sein Erscheinen zu warten haben würden. Und auch der dritte Tag begann mit Wolkentreiben in der Höhe. Mit steigender Sonne hellte sich jedoch langsam der Himmel auf und bald strahlten die Eishäupter in ihrer ganzen überwältigenden Schönheit. Das war ein Schwelgen für Auge und Phantasie und eine Ernte für den photographischen Apparat und den Peilkompaß!

Die Westseite ist ohne Zweifel die großartigste des Kibo, der, von hier gesehen, in einsamer Größe und Majestät thront, während der Mawensi, der sonst einen Teil der Beobachtung auf sich abzieht, nun bis auf ein kleines Spitzchen hinter dem Kibo verschwunden ist. Aber nicht allein diese Einsamkeit macht den Kibo von Westen aus so groß, sondern auch die gewaltigeren Eismassen auf dieser Seite, die energischere geologische Gestaltung, die ausgedehntere Urwalderstreckung, die nach Westen gerichtete Abzweigung des mächtigen zerrissenen Schirakammes, der breitere Auslauf der Basis vereinigen sich zu einem so grandiosen Bergbild, wie es keine andere Seite bietet. Das gleichmäßige Ansteigen der vulkanischen Formen von der Ebene zum Gipfel des Kibo gewährt einen umfassenden Überblick. Gerade wegen dieser erdrückenden Größe entbehrt aber der Kilimandscharo des eigentlich malerischen Moments, welches reiche Gliederung verlangt. Seine Schönheit ist eine architektonische, monumentale, es ist die Schönheit eines außerordentlichen Individuums gegenüber jener der Gattung, und der einsame Kibo ist, um ein vom Matterhorn gebrauchtes Wort auf ihn anzuwenden, kein Berg, sondern ein Genie.

Vor allem andern fesselt das Auge der hellgrau blinkende Eispanzer des Kibo. Auf der Südwestseite reicht er vom Gipfel bis zur Fußlinie des eigentlichen Kibokegels, also von 6000 Metern bergab zu etwa 4000 Meter Bergeshöhe und legt sich in annähernd gleicher Ausdehnung von Westen nach Osten um die Südhälfte des Berges. Durch große vulkanische Längsrippen in seinem unteren Teil durchbrochen, läuft er in vier breite Zungen aus, welche eigentlich als regenerierte Gletscher anzusehen sind, denn der Neigungswinkel des Berges ist oberhalb der genannten Felsrippen so groß, daß die zusammenhängende Eisdecke der oberen Kibohälfte zerreißt und nach einer Zone von Klüften und Trümmern sich erst ca. 300 Meter über der unteren Eisgrenze wieder zu jenen Zungen zusammenschließt. Die breiteste dieser Zungen ist die westlichste; aber wiederum westlich von ihr tritt aus einer riesigen steilwandigen Schlucht, welche als ein tiefer »Baranco« den Kibo vom Scheitel bis zur Sohle spaltet, ein großer Gletscher hervor, der zu einem Teil aus dem Gipfelkrater des Kibo durch dessen in die Schlucht mündende Westspalte, zum anderen Teil aus den Firn- und Eisansammlungen der Schlucht selbst gespeist wird. Er reicht somit von ca. 5700 Metern mit einer etwa 500 Meter tiefen Eiskaskade und bei starker Drehung nach Südwesten, bis unter die Grenze der anderen Eiszungen (4000 Meter) hinab und gibt schließlich dem wasserreichsten Abfluß des Kilimandscharo, dem Weriweri, seinen Ursprung.

Jenseits des Westkessels ist der Kegelmantel des Kibo wieder mit einer geschlossenen Eisdecke überzogen, von welcher eine gerade nach Westen gerichtete Zunge sogar die weiteste Erstreckung unter allen am Berg hinab hat. Dort setzt im oberen Drittel des Kilimandscharo, unter der Basis des Kibokegels, der große Westkamm des Gebirges an, welcher weiter aus Osten gesehen, wo sein Ansatz verdeckt ist, als eine selbständige Gebirgskette, die Schirakette, erscheint. Aus der dichten Bewaldung seiner unteren Hälfte steigt er in die Region der Grasfluren auf und aus ihr in fast gänzlicher Vegetationslosigkeit zu einem zerrissenen Grat von Schroffen und Zacken, in welchem zahlreiche, von hellerem Gestein ausgefüllte Vertikalspalten auf einen einstigen selbständigen Eruptionsherd schließen lassen. Die mächtigen Lavafelder, welche die Landschaften Schira und Kibongoto bilden, verdanken wohl zum Teil dem Westkamm ihre Entstehung.

Während zwischen Madschame und dem Westkamm, also südlich von ihm, noch eine größere Menge von Flüßchen und Bächen vom Berg herabkommen, um sich zum Weriweri zu vereinigen, fließt nördlich von ihm kein Gewässer mehr zur Ebene. Der Kibo-Abfall ist dort aschig und grasig wie an der Nordseite, Wald fehlt ganz, und die Eislinie zieht nordwärts zum Kraterrand hinauf, wo wir sie ja vier Wochen vorher untersucht hatten.

Unsere Arbeiten unterbrach das Erscheinen des Häuptlings, welcher gehört hatte, daß wir am nächsten Morgen aufbrechen wollten, und eine schmucke Kuh als Abschiedsgeschenk herbeiführen ließ. Einen alten Ziegenbock, den mir am Morgen sein stotternder ehrenwerter Bruder hatte anschmieren wollen, hatte ich zurückgewiesen. Ein Riesenstück Rindfleisch nahm aber Ngamine für sich selbst in Anspruch und schlug sich mit ihm, nachdem es oberflächlich angeröstet war, seitwärts in die Büsche, um nach Dschaggabrauch ungesehen von den niederen Sterblichen den fetten Bissen zu verschmausen, denn der »Manki« ist halbgöttlicher Natur und irdischer Speise abhold.

Da Ngamine eine seltene Sammlung von 11 verschiedenen, meist unbrauchbaren Schußwaffen besaß, auf die er sehr stolz war, machte ich ihm die Freude, das Dutzend durch eine neue Spezies in Gestalt einer halbzerbrochenen einläufigen Lancasterflinte zu vervollständigen. Er schien jedoch meine wohlwollende Absicht mißverstanden zu haben, denn als wir in der Frühe mit vielen Abschiedsschüssen abmarschierten, fehlte der Revolver des Niampara. Jedermann schwor, die Waffe nicht gesehen zu haben. Da verstieg ich mich zu der fürchterlichen Drohung, den Kibo Feuer speien zu lassen, und plötzlich hing der verlorene Revolver an einem Ast.

Einen zweiten Beweis für die Vorliebe der Madschameleute für fremde Waffen erhielten wir ein paar Stunden später. Nachdem wir in der regnerisch grauen Morgenluft ohne Unterbrechung bergab bis zum Weriwerifluß gewandert waren, wo wir einige Tage vorher gelagert hatten, kam unser Uruführer, der unterwegs zum Bananenkauf zurückgeblieben war, in großer Aufregung nachgelaufen und klagte, daß ihm mit Gewalt seine lange Steinschloßflinte entrissen worden sei. Schon dachte ich an Rückkehr, als sich der Marangumann Mkumbo ins Mittel legte. Es stellte sich heraus, daß der Uruhäuptling Salika vor einiger Zeit zwei Madschameleute, die als geschickte Chirurgen bekannt waren, nach Uru eingeladen hatte, um seinen mündig gewordenen Sohn zu beschneiden. Dies war geschehen, aber die Operateure hatten die ausbedungene Zahlung nicht erhalten. Sie benutzten deshalb jetzt die günstige Gelegenheit und machten sich durch das Gewehr des Urumannes bezahlt, welches das Eigentum Salikas war. Der Beraubte wollte nun zur Entschädigung eines der arglos herumstehenden Kinder fesseln, um es als Geisel nach Uru mitzuschleppen, wurde jedoch an derartiger Selbsthilfe durch eine nicht mißzuverstehende Gebärde meiner rechten Hand gehindert, die ihn in schmerzliches Erstaunen versetzte. Jedenfalls ist diese Art der Repressalien bemerkenswert.

Wiewohl die Karawane an der Zulast des Rindfleisches, das uns Ngamine gespendet, schwer zu tragen hatte, eilte sie doch, wie stets auf Rückmärschen, ohne längere Rast durch den offenen Buschwald zum Ngomberefluß hinab, wo wir am Nachmittag im Gewitterregen Lager schlugen. Im krokodilfreien, blockreichen Fluß nahm die ganze Gesellschaft ein erquickendes Bad, und später photographierte ich die steile linke Uferwand, welche sehr charakteristische Durchschnitte durch vulkanische Agglomerate aufschließt. Gegen nächtliche Überrumpelung durch Kibokrieger standen einige Leute freiwillig und ohne mein Wissen auf Wache, natürlich überflüssigerweise, denn die Wadschagga scheuen die Nacht ebensosehr wie andere Neger.

Bevor die Sonne aufging, trotteten wir schon wieder durch den glanz- und starrblätterigen Steppenwald ostwärts. Auffallend waren die vielen frischen Elefantenspuren in dem Gebiet des hohen Graswuchses, das wir bald durchquerten. Diese Dickhäuter sind das einzige große Wild, das in solchen hochgrasigen Büschen zu finden ist, während es doch sonst in Ostafrika Regel ist, daß das meiste Wild da steht, wo die Vegetation am dürftigsten ist, also das Wild am besten nach nahender Gefahr umschauen kann. Das Anpassungsvermögen des Elefanten ist erstaunlich. In der offenen Grassteppe fühlt er sich ebenso wohl wie im Busch, im Savannenwald ebenso wie im Urwald, in der trockenen heißen Ebene ebenso wie auf feuchten, kühlen Bergeshöhen, in 700 Meter Höhe ebenso wie in 3000 Metern; es dürften ihm nur wenige andere Tiere in dieser Eigenschaft gleichkommen. Seine höchsten Spuren habe ich in vereinzelten Fällen bei 4000 Metern beobachtet. Noch höher hinauf geht er wohl kaum, da er dort weder etwas zu fressen findet noch auf dem scholligen Lavagestein ohne Beschwerde zu gehen vermag.

Als wir gegen Mittag an den nach Uru abzweigenden Pfad kamen, eröffnete ich dem verblüfften Uruführer, daß ich aus Zeitersparnis nicht über Uru, sondern über Modschi nach Marangu zurückkehren wolle, und schickte ihn beschenkt an seinen Herrn, Salika, mit der Versicherung meines vollsten Wohlwollens, obgleich mir nun der in Aussicht gestellte Festochse entgehen würde. Wir überschritten bald darauf den in seinem prachtvollen Galeriewald dahinrauschenden Raufluß und zweigten eine Stunde später von dem bisherigen zirkummontanen Pfad ab, bergan gen Modschi, wo wir am Nachmittag, von Dr. Abbott freundlichst begrüßt, in dem behaglichen deutschen Stationshaus anlangten.

Zu Mandara schickte ich einige Geschenke, die leider unerwidert blieben, besuchte die englischen Missionare und schwelgte mit Purtscheller wieder einmal in lang entbehrten Genüssen, als da sind Plaudern mit liebenswürdigen Europäern, Duschbad, Kaffee mit Milch, aus europäischem Mehl gebackenes Brot, Zigarren, illustrierte Zeitungen und dergleichen mehr. Ja, man wird materiell bei solchem Reiseleben, oder richtiger gesagt, man lernt erst hier nach seinem wahren Wert schätzen, was einem in Europa ein selbstverständliches Lebensbedürfnis ist oder zu sein scheint.

Des Nachmittags wanderten wir 3/4 Stunde bergan durch die grünenden Fluren in die tiefe Talschlucht des Sarankabaches, in deren Ende die Gewässer über phantastisch mit Schlingpflanzen, wilden Bananen, Moosen, Zwergpalmen überwucherte Lavafelsen zerstäubend 60 Meter hoch in ein klares, schattiges Lavabekken von 20 Meter Weite hinabfallen, das zum Baden geradezu herausfordert. Es ist eines der wenigen idyllischen Plätzchen, wie sie

Die Ansiedlung Kitimbiri bei Mandara, von Johnston 1884 als Basislager errichtet

der Vorstellung von Nordländern beim Begriff »Tropen« vorzuschweben pflegen, wie sie aber doch so äußerst selten sind.

Am Abend vor der Rückkehr nach Marangu ließen wir beim Schein der Petroleumlampe und Qualm der Pfeifen alle die Europäer, die Reisenden, Missionare, Jäger, Kolonisten und Abenteurer Revue passieren, die je den Boden von Dschagga betreten haben. Wir brachten im Ganzen 49 zusammen; in der Einleitung habe ich darüber Näheres vorausgenommen. In aller Frühe waren wir nach Mareales Land unterwegs und sahen schon kurz nach Mittag, da der Pfad besser gangbar war als vor zwei Monden, von den Lassobergen aus die schwarz-weiß-rote Flagge über unserm Marangulager wehen. »Camp all well«, meldete Ali mit militärischem Gruß und unmilitärischem Grinsen eine Stunde später.

Die wenigen Tage, die uns noch bis zur festgesetzten Abreise nach der Küste blieben, wurden noch gründlich ausgenutzt, um Versäumtes nachzuholen, Gegenwärtiges zu benutzen, Künftiges vorzubereiten. Das vorhandene Sammlungsmaterial wurde gesichtet, neu blühende Pflanzen und neu zum Vorschein kommende Insekten wurden dazugefügt, photographische Aufnahmen in und außer dem Lager gemacht und alles transportsicher verpackt. Zu dem Zweck wurden die Pflanzenbündel und Insektenbüchsen in luftdicht schließende Blechkoffer gut verstaut, die exponierten photographischen Platten in Zinkkasten eingelötet und die Gesteine sowie die ethnographischen Objekte in frische Kuhhäute eingenäht, die beim Trockenwerden eine elastische, stoßsichere und wasserdichte Hülle abgeben, gewiß die beste Verpackungsweise für unsere Bedürfnisse. Den größeren Teil der uns noch übriggebliebenen Handelsstoffe tauschte ich als Marschproviant für die Träger in Bohnen um, von denen 24 Lasten in Matten und Bastsäcke verpackt wurden. Die Maranguleute, die nun sahen, daß wir uns ernstlich zur Abreise rüsteten, wollten auch ihrerseits die kurze Gelegenheit noch benutzen, um von den vielbegehrten Stoffen und Perlen möglichst viel zu gewinnen, und boten ihre Bodenerzeugnisse und sonstigen Besitzstücke zu weit billigeren Preisen an als früher. Mareale selbst kam täglich mit Gefolge ins Lager und war tief gerührt, als ich ihm endlich nicht nur seinen sehnlichsten Wunsch erfüllte und ihm einen meiner Berliner Blechkoffer abtrat, sondern auch noch einen europäischen wollenen Anzug mit Schnürstiefeln, eine Blendlaterne, eine große emaillierte Waschschüssel, Tisch- und Taschenmesser, Zeuge,

Pulver und anderes mehr dazufügte. Vor versammeltem Volk zog er den Anzug an und sah, als er schmunzelnd herumstolzierte, wirklich gar nicht übel aus ...

Als Gegengabe überbrachte mir Mareale einen sorgfältig mit Massaimustern bemalten Dschaggaschild und einen nicht minder schönen Speer, an dem ich ihn mehrmals selbst hatte schmieden sehen. Daß Mareale eigenhändig schmiedete, ist aber keine wunderbare Übereinstimmung eines Dschaggabrauches mit altgermanischer Sitte, wo das Schmieden für eine des Fürsten würdige Beschäftigung galt, sondern nur ein Zeichen persönlicher Freundschaft, denn das Schmieden ist in Dschagga wie in anderen Negerländern Sache geübter »fundi« (Handwerker), denen niemand ins Handwerk pfuscht. Eine bei allen Naturvölkern wiederkehrende Einrichtung ist aber die Absonderung der feuergefährlichen Schmiedewerkstätten von den Wohnungen der Bevölkerung, wodurch den Schmieden naturgemäß eine gewisse Heimlichkeit erwächst, die sich auch auf das Handwerk selbst erstreckt. In ganz Dschagga machte mir nur Mareale kein Hehl aus seinem Schmiedebetrieb.

Die Arbeiten werden in einer offenen Hütte von mehreren Männern ausgeführt. Das Gebläse ist genau dasselbe, wie es ... von Ugueno beschrieben ist, und in dem auf solche Weise angefachten Kohlenfeuer werden die in der erforderlichen Länge zusammengebogenen Drahtbündel geglüht, um dann auf steinernen Ambolßen mit Steinhämmern zu wahren Damaszener Klingen ausgeschmiedet zu werden. Ein zweitägiges Abschleifen mit Quarzbrocken gibt der Waffe die letzte Politur. Die Form ist diejenige der Massaispeere in höchster Vollkommenheit, von welcher die einstigen kleinen Dschaggaformen, wie wir sie in Madschame gesammelt, kläglich abstechen. Dasselbe gilt von den alten Dschaggaschilden; und beide Aneignungen fremder Formen sind wieder ein Beispiel für die besonders in Afrika häufig zu findende Erscheinung, daß bedrückte Stämme von ihren Bedrückern das Äußere annehmen, um ihnen gleich zu werden und um Dritten gegenüber in gleichem Grad furchtbar zu erscheinen wie jene.

Die nicht den Massai nachgeahmten Waffen und Schmucke der Wadschagga zeichnen sich durch äußerste Armut an ornamentaler Verzierung aus. Hier und da einige blaue und rote Perlen oder ein den Schnittverzierungen unserer neolithischen Keramik ähnliches Ornament, das ist alles. Irgendwelche stilistische Leitmotive, wie sie durch die Kunsterzeugnisse vieler anderer Naturvölker gehen, haben die Wadschagga nicht. Ihr Kunstsinn ist viel weniger ornamental als formal entwickelt; das zeigt die Gestalt ihrer Gefäße, Geräte, Hütten und Höfe.

Unsere letzten Tage in Dschagga waren so mild, klar und schön, als wollten sie uns den Abschied doppelt schwer machen. Jeder Baum und Strauch hatte jetzt ein frisches, volles Sommergewand an, und in Busch und Wald zwitscherte und trillerte es von früh bis abends. Am frühsten ließ beim ersten Morgengrauen ein kleiner Buschsänger sein grasmückenartiges, melodienreiches Lied ertönen, und bis spät in die Abenddämmerung hinein rief noch der helmköpfige Turaco sein eintöniges tiefes »Wau-wau« von den nahen Bäumen. Wenn dann nach dem Dunkelwerden die befiederten Sänger schwiegen und das Mondlicht mit dem roten Schein der Lagerfeuer zu spielen begann, dann hoben die menschlichen Sänger und Tänzer ihre Reigen an, daß es stundenweit durch die schweigende Nacht schallte. Unsere Suaheli nahmen nie teil an den abendlichen Tänzen der Wadschagga; sie hielten sich wahrscheinlich für zu gut dazu. Aber später auf der Rückreise sangen und tanzten sie ihnen doch manche Weisen nach. Am beliebtesten scheint in Marangu der Ula-Tanz zu sein, in dem ein Vortänzer sich in halben Wendungen auf den Fußspitzen nach rechts und links dreht, daß sein vorn aufgewickeltes und hinten herabhängendes Gewand wie ein langer Schwanz um ihn herumschwingt, während die Mittänzer ihn im Kreis umstehen, im Chorus eine kurze, bis zu neun Noten umfassende Melodie immer wiederholen, dazu im Takt abwechselnd mit dem rechten und mit dem linken Bein aufstampfen und in die Hände klatschen. Laszive Bewegungen fehlen hierbei so wenig wie bei jedem anderen Negertanz. Nach einer Viertelstunde löst den ermüdeten Vortänzer, der in den Ring tritt, ein anderer ab, es beginnt eine neue Melodie nach denselben Bewegungen, und so geht es stundenlang fort bis tief in die Nacht hinein. Mareale selbst liebt es sehr, im Kreis seiner Askari den Ula-Tanz vorzutragen, und ist stolz darauf, ihn länger fortsetzen zu können als irgendeiner seiner Getreuen.

Am 29. November waren wir fertig zum Aufbruch. Die Lasten waren gepackt und verteilt, die Zelte wurden abgebrochen, jeder Träger machte sich an seiner Bürde zu schaffen. Rufen, Lachen und Schreien von den unsrigen und den Eingeborenen erfüllte die

Luft ... Unter Salutschüssen wurde die Lagerflagge eingeholt, und unter weiteren Salutschüssen zogen wir talwärts an Mareales Hof vorüber, wo ich dem braven, lieben Kerl noch einmal herzlich die Hand drückte. »Leb wohl, sehr wohl«, sagte er betrübt lächelnd, »und komm im nächsten Jahr wieder, wenn du kannst.« Ich antwortete mit dem tröstlichen »Inschallah, bwane, inschallah« und schied so zum zweitenmal von einem guten Freund, den ich wahrscheinlich niemals wiedersehen werde ...

Die Heimreise

»Die Heimreise!« Wie verschieden doch diese Vorstellung auf die verschiedenen Elemente der Karawane einwirkt. Uns Europäern ist's wehmütig ums Herz, von unserm Forschungsgebiet scheiden zu müssen, wo wir so manches errungen haben, wo aber noch so viel zu tun übrigbleibt; wir trennen uns schwer von dem schönen Land, dem schönsten in ganz Ostafrika, und von seinen freundlichen, gastlichen Bewohnern. Und auf der anderen Seite die Träger? Sie träumten bereits von den Freuden der Küste und Sansibars, von den vielen Rupies, die ihnen dort ausgezahlt werden, vom süßen Nichtstun und von ihren Mädchen. Käme es auf sie an, so wanderten sie jetzt Tag und Nacht fort, um bald ans Ziel ihrer Sehnsucht zu gelangen.

Wir steigen aber nicht direkt nach Taweta hinab, sondern ziehen vorerst nach Osten in die Marangu benachbarten und befreundeten Dschaggastädtchen Mamba, Massai und Mwika, um noch ein Stück des südöstlichen Dschagga kennenzulernen und auf diesem Umweg Taweta zu erreichen. Nahe bei Mareales neugerodeten Felderstrecken überschreiten wir den vom Mawensi kommenden wasserreichen Unabach, der in seinem Unterlauf sich mit dem westlicheren Ngona vereinigt und in der Ebene als Himo zum Rufu fließt, später die tiefe Dschorroschlucht, deren Gewässer vermutlich oben in die Felder abgeleitet werden, und betreten damit die ersten Bananenpflanzungen des Häuptlings Mlavi von Mamba, von dessen Kriegern eine ziemlich große Schar hart am Weg um einen Pombekübel kauert und unsere Karawane scherzend zum Mitzechen einladet. Wir aber sind eilig und wandern in den einförmigen Buschwald hinein, der uns bis nach Mwika hin nicht wieder freigibt. Wiederum sind trockene Schluchten zu überschreiten, denen das Wasser im Oberlauf durch die Felder von Massai entzogen wird, und unter welchen die Muamboschlucht dadurch interessant ist, daß ihr weiter unten aus Quellen wieder Wasser zugeht, welches als der Habarifluß, der uns oft erquickt hat, zur Ebene läuft. Das nächste kleine Mwikabächlein ist das einzige Rinnsal, welches der schmalen Landschaft Mwika das labende Naß spendet. An seinem Ufer schlugen wir nach Mittag unsere Zelte auf und befreundeten uns mit dem Landeshäuptling Sombararia (Präfix »So« wie in Somiriali die Hoheitsform), einem trinkfrohen jungen Mann, der meine Erzählungen von Eisenbahnen, Dampfschiffen, Telegraph, Repetiergewehr und anderen Kulturschätzen mit hellem Jubel begleitete, aber offenbar vergeblich versuchte, dafür einen gleichen Enthusiasmus in seinem Gefolge zu erwecken.

Im Regen bei + 8° Minimumtemperatur schliefen die Träger unter freiem Himmel, da sie zum Bauen von Grasdächern zu faul gewesen waren, im Regen verließen wir Mwika und damit Dschagga, und im Regen eilten wir bergab durch die überall jung sprießenden Grasflächen der Steppe, vorbei an den kegelförmigen Wadschimba- oder Fumvuhügeln, hinter welchen der Rombohäuptling Wadschimba haust, und an den Makessahügeln am Fuß des Kilimandscharo, wo vulkanisches Konglomerat sichtbar mit Gneis gemischt ist. Nach 7stündigem Eilmarsch langten wir im Tawetawald am angeschwollenen, jetzt rotbraunen Lumifluß an, nach dessen mehrfachem Durchschwimmen mittels des Gletscherseils wir endlich die müden Glieder im Lager des Amerikaners Mr. Chanler ans trocknende Feuer strecken konnten.

Der folgende 1. Dezember war ein Sonntag und wurde sonntäglich angewandt zur Erholung vor dem Gewaltmarsch zur Küste. Unter den Tawetanern herrschte große Freude, denn man hatte wieder einmal die Massai, die in den letzten Wochen des öfteren einen Einbruch nach Taweta versucht hatten, erfolgreich zurückgetrieben. Da die Massai jetzt im Frühsommer überall für ihr Vieh frisches Futter fanden, waren sie in ihren Bewegungen nicht beschränkt, und deshalb war es auch sehr wahrscheinlich, daß wir in den nächsten Tagen sie selbst oder ihre Spuren in der Steppe finden würden. Die Tawetakrieger aber begingen ihren Sieg festlich mit Gesängen und Tänzen. Wenn die Sonne zur Rüste ging, führten sie auf dem offenen Platz vor unserm Lager mit Kriegsgeschrei allerlei Evolutionen aus, bis sich ihrer eine genügende Zahl versammelt hatte. Dann marschieren sie in einer langen Reihe auf, die Mädchen, die bisher zugeschaut, stellten sich ihnen in einer zweiten Reihe gegenüber, und nun treten unter dem kurzstrophigen Chorgesang der Menge abwechselnd drei Mann vor die Kriegerfronte, springen mit Kniebeugē hoch in die Luft, schlagen dabei mit ihren rotfettigen langen Mähnen wie der Löwe mit dem Schweif einen furchtbaren Reif, schwingen Schild und Speer und werden von den Mädchen durch ein leichtes Hüpfen auf der Stelle bewillkommt und ermuntert. Das eigenartige Schauspiel dauert beim Mondlicht bis in die späte Nacht hinein.

Der Sonntag bescherte uns aber am Abend noch eine besondere Sonntagsfreude; denn als ich gerade meinen Tagebuchbericht abgeschlossen hatte, meldete Ali die Ankunft der Postläufer von der Küste mit Postsäcken für die Mission in Modschi und einem dikken Briefpaket für uns. Da saßen wir nun noch lang, umschnarcht von den Trägern, umsummt von Moskitos und umklungen vom fernen Geheul nächtlicher Hyänen, und lasen die engbeschriebenen Seiten, die in der winterlichen Heimat manche liebe Hand entworfen. Und aus Sansibar kam mir die hocherfreuliche Nachricht, daß von den 100 längst verloren gegebenen Warenlasten, die ich im Jahr 1888 mit der Karawane des Missionsagenten Mr. Stockes zum Südufer des Victoria Nyanza gesandt hatte, um dasselbst neue Vorräte zu finden, wenn ich mit meiner großen (später leider verunglückten) Karawane von Osten her dorthin gekommen sein würde, ein großer Teil durch die dortigen Missionare angekauft worden sei. Aber was steht hier? lese ich recht? Stanley ist mit Emin und Casati in Usagara und wird in 14 Tagen in Sansibar erwartet! Und wir werden etwa gleichzeitig in Sansibar ankommen. Welche verlockende Aussichten für die nächste Zukunft!

Die Postläufer erzählten aber auch, daß sie Massai bei den Wasserlöchern von Landjoro gesehen hätten, und führten uns dadurch unsanft zur Gegenwart zurück. Als wir in der Frühe aufbrachen, drehte sich alle und jede Unterhaltung der Leute um die Massai, und mit lautem Prahlen, aber der stillen Absicht, sich selbst Mut einzuflößen, lud jedermann eine besonders große Pulverladung und eine besonders schwere Kugel in sein Gewehr. Dabei wußte ich nur zu gut, daß im Fall wirklicher Gefahr aus purer

Angst kaum zwei oder drei von der ganzen Gesellschaft ihr Pulverrohr losknallen würden.

Vorderhand war es jedoch nicht leicht, aus dem Schutz Tawetas in die vogelfreie Oststeppe hinauszukommen. Das Schlupfloch im Landestor war durch schwere Baumstämme verrammelt, die erst beiseite geschafft werden mußten, und im Wasserwald folgte ein den Pfad sperrender Verhau auf den anderen, alles gegen die Massai. In 2½ Stunden waren wir aus dem ½ Kilometer breiten Waldband heraus und schritten im offenen Gelände weit aus, um die verlorene Zeit wieder einzubringen. Perlhühner und Frankoline huschten zu Hunderten über unseren Weg, aber kein Gewehr rührte sich, um nicht die Massai auf unsere Spur zu bringen. Kein

Neophrongeier von Madschame

Lachen, kein lautes Sprechen, kein Gesang erklang in der Karawane, nur die immer wiederkehrenden kurzen Warnungsrufe der Vorderen: »shimo« (Loch) oder »mawe« (Steine) oder »miba« (Dornen) an die Hintermänner unterbrachen von Zeit zu Zeit das Schlürfen der Schritte. Im Nordwesten traten noch einmal die höchsten Kuppen und Zacken des Kilimandscharo aus den Wolken und winkten uns ein stilles Lebewohl. Auch Ugueno sandte über den bleichen Dschipe-See herüber seinen letzten Gruß.

Vier Stunden waren wir unaufhaltsam ostwärts gewandert, als Muini Amani an der Spitze stutzte und zauderte. Unseren Weg kreuzte ein ganz frischer Pfad, der nur von Massai getreten sein konnte und vor nur wenigen Stunden begangen worden war. Die Spuren der Menschen, Rinder und Esel wiesen auf den Dschipe-See hin, und, der Richtung mit dem Blick folgend, gewahrten wir in ziemlicher Entfernung über den Bäumen kreisende Scharen von Geiern und Störchen, die untrüglichen Anzeichen der Anwesenheit von Massai, von deren Viehabfällen die gierigen Vögel sich nährten. Mit Ungestüm drängten meine Leute vorwärts. Obgleich in den Felslöchern von Landjoro mdogo reichlich Regenwasser stand, wollte doch niemand von einer längeren Rast hören, und so zogen wir, nachdem jeder seine Kürbisflasche gefüllt, weiter in die Taitawildnis hinein.

Freilich wie eine öde Wildnis sah die Landschaft jetzt nicht mehr aus. Die Baumsteppe hatte ihr Sommerkleid angezogen und prangte in allen Reizen blühenden Lebens. Als wir vor 2 1/2 Monaten diese Ebenen durchzogen, war die Natur im ersten Sprossen und Treiben, jetzt ist alles Leben und Gedeihen, Anmut und Fülle. Die Eintönigkeit in Farbe und Gestalt ist verschwunden, das Grün und Gelb der Blätter, das Grau und Braun der Stämme und vorjährigen Gräser, das Brandrot des Bodens, das Blau des Himmels, das Purpur, Violett und Weiß der Blüten führen einen Farbenreigen, dessen lebendiger Eindruck durch die mannigfaltigen Erscheinungen der Tierwelt noch erhöht wird. Es schwirrt von Insekten in der Luft und an den Blüten, die Vögel, die sich gepaart, flattern und jubilieren, und die kleinen und großen Säugetiere treiben ihr Wesen übermütiger denn je. Sie sind jetzt nicht mehr an bestimmte Weideflächen gebunden, sondern überall verbreiten sie sich über die Ebenen hin.

Vor unserm Blei waren sie diesmal sicher. Auch wenn die Massai nicht gewesen wären, würde bei der großen Belastung der Träger das Schießen und Fleischaufladen unzweckmäßig gewesen sein. So zogen wir ohne Harm an ihren Rudeln, Herden und Scharen vorüber, bis mit einbrechendem Dunkel der Pfad unerkennbar wurde. An einem einsamen Baobab wurde gelagert und unter bald näherem, bald weiterem Brüllen zweier Löwen die kühle Nacht an lodernden Feuern verschlafen. Dieser große Steppenräuber hat jetzt gute Zeit. Seinem Zahn fallen die großen Säuger

Löwe mit Kudu-Antilope

zum Opfer, wohin immer er sich wendet, und großmütig überläßt er dem kleineren Raubgesindel die niedere Jagd, die er sonst auch nicht verschmäht: dem Leoparden die kleinen Antilopen, den Schakalen und Schleichkatzen die Hasen, kleinen Nager, Bodenvögel und dergleichen.

Wie vor 2½ Monden lag wieder Nebel in den Senkungen der Bodenwellen, als wir mit dem ersten Dämmerschein unseren Marsch fortsetzten. Beim Hellwerden schien es mir plötzlich, als tauchten fern aus dem Grün weiße Turbane und rote Fese auf, und sofort rief auch Muini »msafara, wangwana!« (»Eine Karawane, Küstenleute!«) Wir kamen ihnen schnell nahe. Einige 50 Halbblutaraber und Suaheli zogen mit vielen Wataita-Trägern, belasteten Eseln und Schlachtochsen und, ein jammervolles Bild, mit 20–25 in schweren Ketten gehenden Sklaven, welche große Eisendrahtbündel, den wichtigsten Artikel im Massaigebiet, schleppten, gen Taweta, um von dort ins Massailand zu reisen. Die Angeketteten hatten den Versuch gemacht, sich dem Karawanendienst zu entziehen, und waren deshalb in der üblichen Weise in Verwahrsam genommen worden, was bei einem Marsch durch die Taitasteppen für eine der härtesten Strafen gilt. Gerade unter ihnen hatten meine Träger viele Bekannte, aber mit Scherzen begrüßte man sich, und das Austauschen von Neuigkeiten und Erlebnissen verursachte einen längeren Aufenthalt. Dabei ward uns die erfreuliche Mitteilung, daß drei Stunden weiter, wo die Karawane genächtigt hatte, ein kleiner Sumpf etwas Regenwasser enthalte. Diese Aussicht beflügelte unsere Schritte. Nach einer heißen Wanderung in der Vormittagssonne sahen wir vor uns die Rauchwölkchen der verlassenen Lagerfeuer der Suahelikarawane aufwirbeln, näherten uns dem verheißenen Wasserplatz und scheuchten einige Trupps Strauße auf, die an den schlammigen Pfützen ihren Morgentrunk genommen hatten. Es war eine abscheuliche graue, dickflüssige und warme Substanz, in welcher Menschen, Vieh und Wild herumgewatet waren, aber da sie naß war, wurde sie doch in die leeren Kürbisflaschen gefüllt, ehe wir weiterzogen. Daß sie erfrischend sei, behauptete keiner; nicht einmal die brave Ziege Adelheid, die freilich von ihren heimatlichen Uguenobergen einen besseren Trunk gewöhnt war, vermochte dem Schlamm Geschmack abzugewinnen.

Eine Stunde später gingen wir an der Stelle vorbei, wo wir auf dem Hermarsch gelagert hatten. Noch zeugten einige Kohlenflekken von unserer damaligen Rast, und an einem Baumstamm, wo er in jener Nacht geschlafen, fand der Somali Mohammed sogar ein Messer wieder, das er dort vergessen hatte. Das Herumwühlen an der Erde wäre ihm aber fast schlimm bekommen, denn unter seinem Fuß schnellte plötzlich eine dicke Puffotter auf, der er nur durch einen Seitensprung entging. Diese furchtbare Viper wird den Menschen nicht durch Beweglichkeit, Gereiztheit und Angriffslust gefährlich, wie etwa die Aspisschlange und mehrere kleine Nattern, sondern im Gegenteil durch ihre Trägheit, mit der sie als echtes Nachttier tagsüber im Gras und Geröll liegt, und durch die wunderbare Anpassung ihrer Hautzeichnung an die Farbe und Art des Bodens, auf dem sie sich aufhält. Beim Geräusch nahender Schritte flieht sie nur langsam; nicht selten habe ich sie an und auf unseren Pfaden ihrer Schutzfarbe wegen erst entdeckt, wenn sie hart vor meinem Fuß davonkroch. Kein Wunder, daß ich es schließlich wie die Eingeborenen und meine Leute machte und mit meinem Wanderstab zuschlug, wo nur im Gras oder Gesträuch etwas raschelte und sich bewegte, mochte es nun eine gefährliche Natter oder ein harmloses Reptil oder gar eine langschwänzige Eidechse sein. Und das geschah täglich mehrmals, denn der Reichtum dieser Steppe an Schlangen nach Art und Zahl ist groß.

Am luftflimmernden Horizont wurden um Mittag die blaudunstigen Taitaberge klarer. Bald sahen wir sie zu unserer Linken, bald zur Rechten, bald vor uns, wie es die weiten Bogenläufe des Pfades mit sich bringen, der auch hier, wo ihn doch keine Terrainhindernisse zu Umwegen zwingen, nach Negerart nie geradeaus gehen kann. Die ungeheuren Wildscharen, die bisher ringsum die Ebenen belebt hatten, begannen sich zu lichten, je näher wir den bewohnten Taitabergen kamen. Nur die Giraffen standen in größeren Familien zusammen, wo sie an den hohen Schirmmimosen ihnen zusagendere Äsung finden als in den westlichen strauchigen Gebieten. Da unser Lagerplatz am Burabach nicht mehr weit war und den Trägern nach den Mühen des Marsches ein tüchtiges Fleischgericht zu gönnen war, brachte ich einen der langhalsigen Wiederkäuer vom Pfad aus mit vier Schüssen des Mauser-Repetiergewehrs zur Strecke und sah nach einer Viertelstunde jedermann fleischbeladen und fröhlichen Mutes von dannen ziehen. Weithin waren die im langsamen Galopp schaukelnden Hälse der fliehenden Tiere hoch über den Büschen zu sehen. Auch die erst nach Sonnenuntergang im Lager eintreffenden letzten Träger hatten den inzwischen um die tote Giraffe sich streitenden Geiern noch so viel Fleisch abjagen können, daß im Lager Überfluß herrschte. Derselbe wäre aber beinahe gegen unsere Absicht noch sehr vermehrt worden, denn als wir uns im Dickicht der Baumeuphorbien dem Burabach näherten und ich meine Aufmerksamkeit den wunderlichen Pflanzenformen zuwendete, stierte uns plötzlich aus unmittelbarer Nähe ein scheußlicher Rhinozeroskopf entgegen. Sofort knallten vier oder fünf Gewehre, aber im Feuer fuhr der Dickhäuter herum und brach fort ins stachelige Gebüsch, wohin ihm niemand folgen konnte.

Im Lager fanden wir später bei unserer zweiten und letzten Flasche Rotwein, die bis hierher aufgespart worden, den zähen Giraffenbraten sehr genießbar, aber die Fleischmengen zogen in der Nacht noch andere Liebhaber herbei, deren unwillkommene Ge-

Lagerplatz bei Mombassa

genwart uns die sauerverdiente Ruhe raubte. Diesmal waren es nicht Löwen oder Hyänen, sondern jene kleinen nächtlichen Plagegeister, vor denen sich der Mensch nur durch die Flucht retten kann: Ameisen.

Kaum hatten wir die müden Glieder im Zelt auf das Feldbett gestreckt, als draußen ein Laufen und Fluchen entstand, aus dem ich nur das Wort »siafu« (Treiberameise) hörte, um sofort aufzuspringen. In wenigen Minuten waren sie auch im Zelt, verbreiteten sich rasch überallhin, krochen uns in die Kleider und kniffen uns mit ihren scharfen Zangen, daß wir wie unsere Leute fluchend das Weite suchten. Sie waren in Mengen erschienen, wie ich sie vorher nie gesehen, so daß an eine Rückkehr ins Zelt in dieser Nacht nicht zu denken war. Die Leute wüteten mit Feuerbränden und Pulver, gaben aber schließlich den vergeblichen Kampf auf und räumten das Feld. Wir waren froh, an anderer Stelle in unsere Decken gewickelt unbehelligt den Rest der Nacht zu verbringen.

Auf früheren Reisen, namentlich am Rufufluß, bin ich mehrmals in der Nacht durch die Treiberameise (Anomma arcens) aus dem Zelt gejagt worden. In der Nacht oder an ganz trüben Tagen führen sie ihre Raubzüge offen aus; an sonnigen Tagen wandern sie nur im dunklen Schatten des Grases oder Laubes und bauen sich auf schattenlosen Stellen handbreite Gewölbe aus Erdkrumen, unter denen sie Schutz vor den Sonnenstrahlen finden. Am frühen Morgen vor Sonnenaufgang und an kühlen, schattigen Tagen habe ich oft diese Ameisennomaden beobachtet, wenn sie in einem handbreiten ununterbrochenen Zug unseren Pfad kreuzten und unsere marschierenden Leute veranlaßten, mit dem Warnruf »siafu« eiligst über sie hinwegzuspringen. Deutlich sind drei verschiedene Kasten in ihren Kolonnen zu unterscheiden. Zu beiden Seiten des Zuges stehen in gewissen Abständen die Glieder der größten Kaste und strecken ihre stark gekrümmten, spitzen Kieferzangen, die ihrer Körperlänge gleichkommen, geöffnet nach der Außenfront des Zuges, um jeden nahenden Feind sofort gebührend zu empfangen. Unter ihrem Schutz ziehen die beiden anderen Kasten in hellen Haufen eilig dahin. Die größere von ihnen, die mit geraden, scharfen Kieferscheren von halber Körpergröße bewehrt ist, hat augenscheinlich den Beruf, die gefundene Beute zu zerschneiden und zu zerbeißen, wogegen es Sache der dritten, kleinsten und mit nur kleinen Kiefern ausgerüsteten Kaste ist, die zerlegten Stückchen fortzuschleppen. Stört man mit einem Stock die Harmonie des Zuges, so stürzen sich die beiden ersten Kasten mit wütenden Bissen auf den Eindringling, während die dritte Kaste mit ihren Lasten eiligst entflieht. Unbehende Kriechtiere und sogar kleine Säugetiere, die nicht rechtzeitig entfliehen, fallen den angriffslustigen Feinden rettungslos zum Opfer. Die Entwickelung und Vermehrung der Insekten beschränken sie wohltätig im ganzen Land.

Am anderen Morgen waren unsere kleinen Sieger abgezogen, aber von jedem Stück Fleisch hatten sie etwas mitgenommen und zwar seltsamerweise weniger von den saftigen Muskelfasern als von den harten Sehnenteilen und vom Fett.

Der für uns folgende vierstündige Marsch an den Wänden des Dschaviaberges entlang nach dem üppigen Tal des Matatebaches war nach den vorhergehenden Märschen mehr ein Erholungsspaziergang. Viele Träger waren fußkrank und humpelten klagend über das scharfe Geröll des Taitagesteins. Oben unter dem hochragenden Dschaviafels wendete ich den Blick noch einmal zurück auf die überstandene unabsehbare Taitawildnis und empfing als Gegengruß für meinen stummen Abschied ein ebenso unerwartetes wie zauberhaft schönes Naturbild. Hoch über den ziehenden Haufenwolken der Steppen hob im fernen dunstigen Westen wie eine Fata Morgana der Kibo sein schneeweißes Haupt zum Himmel, so einsam, so gewaltig und doch so schemenhaft, daß uns sein Suaheli-Name »Geisterberg« wie von selbst auf die Lippen trat. Nur im Himalaja, von Dardschiling aus zur Kantschindschinga-Kette schauend, habe ich ein Bergbild von ähnlicher Größe und Schönheit gesehen.

Im Fernglas traten die Felsen der Kaiser-Wilhelm-Spitze dunkel aus dem weißen Eisdom hervor, alle anderen Teile überragend. Aber vom Norden her verhüllte langsam ein Wolkenschleier das hehre Haupt und entrückte es unserer Anschauung, bis »unser« Berg nach Monaten wieder in der nordischen Heimat auf den photographischen Platten auferstehen sollte ...

Anhang

Anmerkungen

(1) *Ptolemäos* (griech. Ptolemaios), Klaudios (lat. Claudius Ptolemaeus) (nach 83 bis nach 161): wirkte im ägyptischen Alexandria als der bedeutendste Astronom der Antike sowie als Astrologe, Mathematiker und Geograph. In seiner »Einführung in die Geographie« (»Geographike hyphegesis«, acht Bücher) verzeichnete P. etwa 8000 Ortsbestimmungen nach geographischer Breite und Länge (Meridian 0° bei den Kanarischen Inseln), die es ermöglichen, sein Weltbild zu rekonstruieren. Aus der Spätantike sind eine allgemeine und 26 Einzelkarten erhalten, nicht aber das Original seiner Weltkarte, wodurch der letzte Nachweis fehlt, daß er selbst überhaupt eine solche gezeichnet hat.

(2) *Stanley,* Sir Henry Morton, eigentlich James Rowland (1840–1904): britischer Journalist und Afrikareisender; wurde durch die Erkundung des Kongo-Flußsystems einer der großen Entdecker Innerafrikas. In seinem Buch »Im dunkelsten Afrika« (2 Bände, 1890; dt. 7. Auflage 1924) schilderte er seine letzte afrikanische Reise, auf der er abermals Mittelafrika durchquerte, um dabei Emin Pascha (siehe Anm. 5), der in der südsudanesischen Provinz Äquatoria durch den Mahdiaufstand von der Außenwelt abgeschnitten worden war, Entsatz zu bringen.

(3) *Ravenstein,* E. G.: veröffentlichte in London 1889 eine Karte von Teilen Ostafrikas

(4) *Casati,* Gaetano: italienischer Reisender in Zentralafrika

(5) *Emin Pascha,* Mehmed, eigentlich Eduard Schnitzer (1840–1892): deutscher Afrikaforscher; trat 1876 in ägyptische Dienste und wirkte 1878/88 als Gouverneur der südsudanesischen Provinz Äquatoria in Lado, wo er die Verwaltung ordnete, den Sklavenhandel bekämpfte und Äquatoria geographisch erschloß sowie in wetter-, tier- und völkerkundlicher Hinsicht erforschte.

(6) *Eratosthenes* von Kyrene (um 282 bis um 202 v. u. Z.): vielseitiger griechischer Gelehrter, seit 246 Direktor der Bibliothek von Alexandria; wirkte als Philologe, Grammatiker, Literaturhistoriker, Mathematiker, Chronist, Astrologe, vor allem aber als Geograph. Er entwickelte die mathematische Geographie, wovon aber nur Fragmente erhalten sind.

(7) *Humboldt,* Friedrich Heinrich Alexander Freiherr von (1769–1859): deutscher Naturforscher von universeller Gelehrtheit und Bahnbrecher der Erforschung der Erde; leistete auf vielen Spezialgebieten umfassende wissenschaftliche Arbeit und legte mit ihr den Grundstein zum Aufbau neuer Teildisziplinen. H. war auch der Begründer einer dem gesellschaftlichen Fortschritt zugewandten, wissen-

schaftlichen Geographie, speziell der physischen Geographie und ihrer Teilgebiete, wie der Klimatologie, Hydrographie, Pflanzengeographie und der Lehre vom Vulkanismus und Erdmagnetismus.

(8) *Strabon* (etwa 64/63 v. u. Z. bis 20 u. Z.): griechischer Geograph und Historiker; entnahm trotz eigener weiter Reisen das meiste in seiner 17 Bücher umfassenden, zum großen Teil erhaltenen Geographie der ihm bekannten Erde (»Geographika«) einer Reihe schriftlicher Quellen. Sein 17. Buch behandelt Afrika in einer Zusammenschau geographischer, historischer, mythographischer und kulturgeschichtlicher Materialien.

(9) *Periplus des Roten Meeres* (griech. »Periplus maris Erythraei«): um 89 entstandene, einem Segelhandbuch vergleichbare griechische Beschreibung der Meeresküsten, fremder Länder und Inseln mit ihren Hafenstädten am Indischen Ozean, die auch die ostafrikanische Küste bis in die Gegend von Sansibar verzeichnet

(10) *Marinus* (griech. Marinos) von Tyros: Begründer der antiken mathematischen Geographie, der sich große Verdienste um die Festlegung der Umrisse Afrikas erwarb

(11) *Rebmann*, Johann (1820–1876): deutscher Missionar und Afrikaforscher; brachte mit den beiden Missionaren Johann Ludwig Krapf (siehe Anm. 12) und Jakob Erhardt die erste Kunde von den Schneegipfeln in Ostafrika nach Europa

(12) *Krapf*, Johann Ludwig (1810–1881): deutscher Missionar und Afrikaforscher; ging 1837 als Missionar nach Äthiopien und 1843 nach Rabai bei Mombassa in Ostafrika, von wo aus er, teilweise mit seinen Landsleuten Johann Rebmann und Jakob Erhardt, mehrere Reisen in das Hinterland der Ostküste unternahm. Dort erhielten sie Kunde von den großen Seen im Innern und entdeckten 1848 den Kilimandscharo (Rebmann) und 1849 den Kenia (Krapf).

(13) *Cooley*, W. Desborough: englischer Geograph; veröffentlichte in der Mitte des 19. Jh. Arbeiten über die geographischen Verhältnisse in Ost- und Zentralafrika und ihre Erforschung, brachte sich später jedoch in Mißkredit, indem er gegen die Existenz von »Schneebergen« in Ostafrika polemisiert

(14) *Decken*, Karl Klaus Freiherr von der (1833–1865): deutscher Afrikareisender; sah sich bei einem Vorstoß von Kilwa zum Nyassa-See 1860 zum vorzeitigen Aufgeben gezwungen und erforschte daraufhin den Kilimandscharo, den er 1861 mit Richard Thornton (siehe Anm. 15) zu besteigen versuchte. In 2500 Meter Höhe mußte er jedoch sein Unternehmen wegen starken Regens und der Flucht der einheimischen Führer abbrechen. Allerdings gelang es ihm, den Dschipe-See und den Oberlauf des Pangani-Flusses zu kartographieren. Bei einem zweiten Besteigungsversuch erkletterte er 1862 mit Otto Kersten (siehe Anm. 17) den Kilimandscharo bis in 4600 Meter Höhe und bestätigte endgültig die schon von Johann Rebmann berichtete Schneebedeckung der Gipfelregion, obwohl er selbst die Schneegrenze nicht erreichen konnte.

(15) *Thornton*, Richard: englischer Geologe; begleitete 1860 David Livingstone (siehe Anm. 16) und 1861 Karl Klaus Freiherr von der Decken auf dessen Reise zum Kilimandscharo, dann wieder Livingstone

(16) *Livingstone*, David (1813–1873): schottischer Afrikaforscher; verbrachte 28 Jahre als Missionar und Entdeckungsreisender in Afrika, wobei er das Sambesi-Gebiet und große Teile Süd- und Zentralafrikas untersuchte und damit zum bedeutendsten Afrikaforscher überhaupt wurde

(17) *Kersten*, Otto: deutscher Afrikaforscher; schloß sich 1861 Karl Klaus Freiherr von der Decken auf dessen Reise nach dem Kilimandscharo an und erforschte mit ihm Teile der Ostküste Afrikas

(18) *Barth*, Heinrich (1821–1865): deutscher Afrikaforscher; leitete die klassische Zeit der Sahara- und Sudanforschung ein und gehörte nach Zurücklegung von mehr als 20000 km auf afrikanischem Boden und deren kartographischer Aufnahme sowie der Sammlung völkerkundlicher, geschichtlicher und sprachlicher Materialien zu den größten Entdeckern im Dienste der Geographie überhaupt

(19) *Johnston*, H. H.: schottischer Afrikaforscher; bereiste das Kilimandscharo-Gebiet und veröffentlichte darüber in den 80er Jahren des 19. Jh. mehrere Arbeiten

(20) *Höhnel*, Ludwig Ritter von (1857–1942): österreichischer Seeoffizier und Forschungsreisender; bereiste 1887–89 mit Graf Sámuel Teleki von Szék (siehe Anm. 23) Ostafrika von Pangani aus, wobei sie den Kilimandscharo bis zur Schneegrenze bestiegen

(21) *Fischer*, G. A.: deutscher Afrikareisender und Arzt in Sansibar; bereiste 1880, 1883 und 1886 Ostafrika und veröffentlichte darüber mehrere Arbeiten

(22) *Johnston*, Keith: englischer Afrikareisender; unternahm 1879 mit dem schottischen Geologen Joseph Thomson eine Reise zum Nordufer des Nyassa-Sees in Ostafrika. Nach seinem Tode übernahm Thomson die Leitung der Expedition.

(23) *Teleki von Szék*, Graf Sámuel (1845–1916): ungarischer Afrikaforscher; führte 1886–89 mit Ludwig Ritter von Höhnel eine Ostafrika-Reise durch

(24) *Baumann*, Oscar (1864–1899): österreichischer Afrikareisender; hatte, bevor er sich 1888 mit Hans Meyer nach Ostafrika begab, 1885 bereits eine Expedition zum Kongo durchgeführt

(25) *Somali* (Somal): Vertreter eines äthiopiden Volkes der kuschitischen Sprachgruppe in Nordostafrika

(26) Fremdsprachige Wörter und Passagen in Meyers Text erscheinen hier und im folgenden in der ostafrikanischen Verkehrssprache Kiswahili (Kisuaheli), die zur östlichen Bantu-Sprachgruppe gehört und heute besonders in Tansania, Kenia, Uganda, im Osten Zaires und im Norden Mocambiques von etwa 30 Millionen Menschen (meist als Zweitsprache) gesprochen wird.

(27) *Wanyamwesi* (Wanjamwesi, Nyamwezi, Mwezi): Vertreter eines negriden Volkes der Bantu-Sprachfamilie im heutigen Zentraltansania (Landschaft Unyamwesi), die früher oft, wie auch für Meyers Karawane, als Lastenträger angeworben wurden. Allerdings nannte man damals an der Küste fast alle Leute W., die aus dem Westen, d. h. aus den zentralen Hochländern Ostafrikas, kamen.

(28) *Suaheli* (Swahili, Wasuaheli, Waswahili, Soaheli; arab. »Küstenbewohner«): Vertreter eines negriden Volkes der Bantu-Sprachfamilie im Küstengebiet Kenias und Tansanias sowie auf den vorgelagerten Inseln Sansibar und Pemba. Als ihre Vorfahren gelten an der Lamu-Küste angesiedelte negride Bantusprecher, die in Folge der arabischen und persischen Kolonisation seit dem Ende des 1. Jahrt. starken, vor allem auch islamischen Einflüssen unterlagen und sich so zu einem neuen Volk formierten. Am Ende des 19. Jh. leisteten zahlreiche S. Karawanendienste; in Meyers Troß stellten sie die Mehrheit der Lastenträger dar.

(29) *Waduruma* (Duruma, Derouma): Vertreter eines negriden Volkes der nordöstlichen Bantu-Sprachgruppe in der ostafrikanischen Küstenregion, das früher lange Zeit dem Einfluß ostkuschitischer Hirtennomaden ausgesetzt war und da-

her gelegentlich zu den »kuschitisierten Bantu« bzw. »Bantukuschiten« gerechnet wird.

(30) *Eingeborene*: von den europäischen Kolonialisten nicht selten in abwertendem Sinne gebrauchte Bezeichnung für die in unentwickelten Gebieten Afrikas einheimischen, d. h. dort geborenen Menschen

(31) *Samburu* (Sambur): Vertreter einer ethnischen Gruppe des negriden, der nilotischen Sprachfamilie zugehörigen Volkes der Massai (siehe Anm. 34) im heutigen Grenzgebiet von Kenia und Tansania

(32) *Wataita* (Wateita, Taita, Teita): Vertreter eines negriden Volkes der nordöstlichen Bantu-Sprachgruppe in der ostafrikanischen Region Teita, die in der Folge eines langdauernden Einflusses ostkuschitischer Hirtennomaden als »kuschitisierte Bantu« bzw. »Bantukuschiten« betrachtet werden

(33) *Dschagga* (Wadschagga, Djagga, Caga, Chaga, Chagga, Jaga): Vertreter eines negriden Volkes der nordöstlichen Bantu-Sprachgruppe an den Südhängen des Kilimandscharo und Meru im heutigen Tansania, das kulturell von den Massai (siehe Anm. 34) beeinflußt wurde

(34) *Massai* (Masai): Vertreter eines negriden Volkes der nilotischen Sprachfamilie in der M.-Steppe südlich des Kilimandscharo und Meru im heutigen Tansania. Die M. leben noch in der Gegenwart überwiegend als Hirtennomaden; nur einige Gruppen betreiben nennenswerten Bodenbau. Eine vor allem auf Alterklassen beruhende Sozialstruktur verlieh ihnen im 19. Jh. ein weithin gefürchtetes kriegerisches Wesen. Die Mehrzahl der M. widersetzt sich noch heute den Bemühungen um ihre Seßhaftwerdung.

(35) *Ndarabevölkerung:* Bevölkerung der Ndara-Berge im heutigen Kenia, die sich überwiegend aus Angehörigen der Wataita zusammensetzt

(36) *Neger* (von lat. niger, »schwarz, dunkelfarbig«): Angehörige der negriden Rassengruppe, die in Afrika südlich der Sahara verbreitet ist. Das Wort geht auf die dunkle Hautfarbe zurück, daher »die Schwarzen«, der »schwarze« oder »dunkle Erdteil« usw. Von den europäischen Kolonialisten wurde es in der Regel abwertend gebraucht. Mit dem Fortschreiten der Befreiungsbewegung afrikanischer Völker ersetzte man den Begriff »N.« durch die Bezeichnung »Afrikaner« bzw. – je nach Staatsangehörigkeit – »Ghanese«, »Tansanianer« usw., da er bei den negriden Bewohnern Afrikas als diskriminierend gilt.

(37) *Tawetaner* (Taweta, Wataweta): Vertreter eines negriden Volkes der nordöstlichen Bantu-Sprachgruppe in den Pare-Bergen im heutigen Tansania, das früher lange Zeit dem Einfluß ostkuschitischer Hirtennomaden ausgesetzt war und daher gelegentlich zu den »kuschitisierten Bantu« bzw. »Bantukuschiten« gezählt wird

(38) *Galeriewald*: flußbegleitender, immer-, regen- oder sommergrüner Laubwald in Trockengebieten, der an das Grundwasser im Tal gebunden ist

(39) *Bantuneger* (von Bantu, »Menschen«): Bezeichnung der negriden Vertreter einer großen afrikanischen Sprachfamilie in Ost-, Zentral- und Südafrika. Die Namen der Bantuvölker sind häufig durch Pluralpräfixe mit der Bedeutung »Menschen« (z. B. Ba-, Wa-, Ama-, Ova-) gekennzeichnet. Ihre Sprachen besitzen eine relativ große Einheitlichkeit. Die bekannteste davon ist das Swahili in Ostafrika. Zum Begriffsteil »Neger« siehe Anm. 36

(40) *Londoner Vertrag*: deutsch-englische Übereinkunft vom 29. Oktober und 1. November 1886, die den ersten großen Abschnitt der kolonialen Aufteilung Ost-

afrikas beendete. Durch sie wurde das Land zwischen den Flüssen Rovuma und Tana in eine deutsche und eine britische Einflußsphäre aufgeteilt. Die Demarkationslinie verlief den Wanga-Fluß hinauf zum Dschipe-See, dann mitten durch die Landschaften Taweta und Dschagga und schließlich den nördlichen Abhang des Kilimandscharo entlang zum Ostufer des Victoria-Sees.

(41) *Dschaggastaaten*: frühe Staatswesen der Wadschagga, die in der Übergangsphase von der Urgesellschaft zur frühen Klassengesellschaft entstanden waren. Eine Grundlage dafür stellte die Erzeugung eines – wenn auch nicht immer stabilen – Mehrproduktes dar. Privates Grundeigentum, Produkten- und Arbeitsrenten sowie Beziehungen der persönlichen Abhängigkeit der Produzenten vom Grundherrn begannen sich in den D. bereits vor der Kolonialzeit herauszubilden.

(42) Gemeint ist Ratzel, Friedrich (1844–1904), deutscher Geograph, Professor in München (1880) und Leipzig (1886), der West-, Südeuropa, die USA, Mexiko und Kuba bereiste sowie mehrere Handbücher verfaßte und herausgab. R. wurde durch seine »Anthropogeographie« (1882/91) und »Politische Geographie« (1897) zum Wegbereiter der reaktionären Geopolitik.

(43) Auf der Grundlage von Meyers Messungen und anderer beigebrachter Angaben wurde die Höhe der Kibo-Spitze von E. Wagner in Berlin später in der Tat auf 6010 Meter berechnet. Diese Höhenangabe blieb trotz nachfolgender Messungen F. Klutes und anderer, die eine geringere Höhe ergaben, über ein halbes Jahrhundert lang gültig. Erst im Ergebnis der 1952 durch Lucas und Pugh vorgenommenen Neuvermessung, die mit einem vertretbaren Grad an Genauigkeit die Höhe von 5895 Metern ergab, wurde der Kilimandscharo offiziell als Sechstausender entthront. Alle an der Kibo-Spitze orientierten Höhenangaben in Meyers Schilderungen sind daher als relativ zu betrachten.

(44) Meyers Bezeichnung der Kibo-Spitze als »höchsten Punkt ... deutscher Erde« sowie deren dem deutschen Kaiser gewidmete Benennung waren zeitbedingte Begleiterscheinungen der beginnenden Kolonialherrschaft in Ostafrika, die seine damalige persönliche Auffassung nicht unbedingt widerspiegeln. An anderer Stelle in den »Ostafrikanischen Gletscherfahrten« distanzierte er sich sogar von dieser Praxis, weil er »nicht in den Verdacht eines sogenannten Flaggenhissers kommen« wollte. Später indes trat er als engagierter Parteigänger der deutschen Kolonialisierung Ostafrikas hervor.

(45) *Steifensand*, Erich: deutscher Vizekonsul in Sansibar

(46) *Wandorobo* (Dorobo, Andorobo, Asa, Okiek): Vertreter eines Volkes mit khoisaniden Sprach- und Rasseelementen ähnlich den Buschmännern Südafrikas, das den ostafrikanischen Jägern zugehört und in kleinen Gruppen unter den Massai sowie den ihnen verwandten Nandi lebt

(47) *Flaggenhisser*: Anspielung auf die fieberhaften Aktivitäten von Carl Peters, der im Verlauf von insgesamt 18 Expeditionen in großer Eile Landabtretungsverträge mit ostafrikanischen Häuptlingen abschloß, um ein deutsches Kolonialreich von der Sansibar-Küste bis zu den Seen, vom Nil bis zum Limpopo zu schaffen. Während der Unterzeichnungszeremonien hißte er die deutsche Flagge. Dabei vermochte Peters nicht zu begreifen, daß die Gründung Deutsch-Ostafrikas ein Ergebnis des zufälligen Zusammentreffens seiner Aktionen und der Regierungsbestrebungen war. Sein fortgesetztes »Flaggenhissen« stieß bald auf den Unwillen Bismarcks, der seine Absicht, die koloniale Grenzziehung in Ostafrika diplomatisch zu regeln, gestört sah.

Worterläuterungen

Abessinien: latinisierter arabischer Name (arab. Habesh) für Äthiopien im engeren Sinne (arab → lat)
Adansonie: Affenbrotbaum (lat)
Agglomerat: aus groben, kantigen Lavabrocken bestehendes, oft fest verbackenes vulkanisches Auswurfprodukt (lat)
Aloe: Gattung afrikanischer Pflanzen mit rosettenständigen Blättern (griech → lat)
Amarylle: Belladonnenlilie, »Schönliliengewächs«; im tropischen Afrika heimische, duftende Pflanze; umgangssprachlich für Ritterstern (griech)
Aneroid: Luftdruckmeßgerät, das aus nahezu luftleer gepumpten Dosen besteht und ohne Flüssigkeit arbeitet (griech)
Annexion: gewaltsame Aneignung oder Einverleibung fremden Staatsgebietes (lat)
Anthozyanfarbe: blaue, rote oder violette Farbe in Blättern, Blüten und Früchten; eigentlich Blumenblau (griech)
Antipassat: die früher über der Passatströmung in etwa 3000 Meter Höhe vermutete Gegenströmung; nach neueren Forschungen existiert eine solche Gegenströmung nicht (griech + niederl)
Artemisia: Beifuß, Wermut; eine weitverbreitete aromatische Pflanzenfamilie (lat)
Askari: afrikanischer Soldat, Angehöriger der sogenannten Schutztruppe in der ehemaligen Kolonie Deutsch-Ostafrika (arab)
asper: uneben, rauh; schwierig, hart (lat)
Baobab: afrikanischer Affenbrotbaum; ein nur zur Regenzeit belaubter, bis 18 Meter hoch werdender Baum mit meist mächtigem, bis zu 40 Meter Umfang und 12 Meter Durchmesser erreichendem Stamm (afrikanisch)
Batate: Süßkartoffel; in tropischen Ländern angebautes Windengewächs mit stärkereichen, süßlichen Knollen (indian → span)
breccienartig: (oder brekzienartig) einem Gestein aus kantigen Gesteinstrümmern, die durch ein natürliches Bindemittel verkittet sind, ähnlich (german → ital)
British Association: Britische Vereinigung (engl)
British East Africa Company: Britische Ostafrika-Gesellschaft (engl)
Camp: Feld-, Zeltlager (lat → franz → engl)

Camp all well: Lager in Ordnung! (engl)
Chorus: Chor (griech → lat)
Church Mission: Kirchliche Mission (engl)
Church Missionary Society: Kirchliche Missionsgesellschaft (engl)
Cirrusscharen: Zirruswolken; Faser-, Feder- oder Eiswolken in großer Höhe (lat)
Clavijaformen: Gattungsvertreter der baumartigen Theophrastgewächse, die im tropischen Amerika heimisch sind (span → lat)
coram publico: in aller Öffentlichkeit (lat)
Corned Beef: Pökelrindfleisch in Dosen (engl)
Crême: das Erlesenste, Feinste (griech → lat → franz)
Cumuluswolke: Haufen-, Quell-, Schönwetterwolke (lat)
Defiliercour: parademäßiger oder feierlich gemessener Vorbeimarsch (lat → franz)
Denudation: flächenhafte Abtragung des Lockermaterials von der Erdoberfläche durch Wasser, Eis, Wind u. a. (lat)
denudieren: der flächenhaften Abtragung des Lockermaterials von der Erdoberfläche durch Wasser, Eis, Wind u. a. unterliegen (lat)
Deputation: Abordnung, Ausschuß (lat)
Desertion: unerlaubtes Verlassen der Truppe; Fahnenflucht (lat → franz)
Diskant: höchste Stimmlage (lat)
do ut des: ich gebe, damit du gibst (lat)
Dracäne: Dracaena, Drachenbaum; Gattung baumartiger Liliengewächse warmer Gebiete (griech → lat)
En avant: Vorwärts! Voran! (franz)
Erikazeen: Eriken, Heidekrautgewächse; Familie zweikeimblättriger Pflanzen mit zahlreichen Arten, darunter die am Kilimandscharo wachsende, bis zu 9 Meter hohe Baumheide (lat)
erodieren: einschneiden, zernagen, auswaschen, abtragen, abschwemmen, abspülen (durch Flüsse) (lat)
Erosionstal: durch die zerstörende, auswaschende und abtragende Tätigkeit von Wasser, Eis und Wind gebildetes Tal (lat)
Eruptionskegel: durch das Empordringen des Magmas aus dem Erdinneren gebildeter Krater (lat)
Euphorbie: Art der Wolfsmilchgewächse, einer Familie zweikeimblättriger Pflanzen mit zahlreichen Arten, die vorwiegend in den Tropen vorkommen (lat)
Euryops: Gattung der Korbblütler (lat)
Evolution: Aufmarsch (franz)

excelsior: noch höher! (lat)
Exzentrizität: Überspanntheit, Verschrobenheit (griech → lat)
Fes: randlose, kegelstumpfförmige Kopfbedeckung aus rotem Filz mit Quaste, die besonders im Orient und in Nordafrika getragen wird (arab)
Ficus: Feigenbaum (lat)
forcieren: gewaltsam, kraftvoll überwinden (lat → franz)
Fuß: veraltetes Längenmaß unterschiedlicher Größe um 30 cm (deutsch)
–, *englische*: Längenmaß; 30,48 cm (deutsch → engl)
Geognost: frühere Bezeichnung für Geologe (griech)
geognostisch: die Geologie (früher Geognosie) betreffend (griech)
Gnaphalium: Ruhrkraut; Gattung wollig-filzig behaarten Krautes aus der Familie der Korbblütler (lat)
Heliochrysum: Strohblume, Sonnengold, Immerschön, Gattung aus der Familie der Korbblütler (lat)
Helios: die Sonne (nach dem griechischen Sonnengott) (griech)
Hypsometer: (oder Hypsothermometer, auch Siedebarometer) Gerät zur Bestimmung des Luftdrucks durch Messung des Siedepunktes einer Flüssigkeit (z. B. bei Höhenmessungen) (griech)
Idiom: die einer Landschaft, einem Stand eigentümliche Sprache; Mundart (griech)
Immortelle: Strohblume, die abgeschnitten und getrocknet Form und Farbe behält; eigentlich die Unsterbliche (lat → franz)
Inschallah, bwana, inschallah: So Gott will, Herr, so Gott will! (arab + swahili)
Insolation: Wärmeeinstrahlung auf die Erde durch die Sonne (lat)
Iris: Schwertlilie; eine Gattung großblütiger, meist schwertförmige Blätter tragender Pflanzen (griech)
Irish Stew: »Irisches Schnitzel«; Weißkraut mit Hammelfleisch und Kartoffeln (engl)
Itinerar: (oder Itinerarium) kartographische Aufnahme des Weges einer Forschungsreise (lat)
Kalebasse: (oder Kalabasse) Gefäß aus der Frucht des Flaschenkürbisses (arab → span)
Kampine: Lagerstätte (lat)
Kigelie: Baum mit gefiedertem Laub, großen, purpursamtenen Blüten und schweren, aber ungenießbaren Früchten (lat)
lasziv: schlüpfrig, zweideutig, unanständig (lat)
Laterit: roter tropischer Verwitterungsboden (lat)

Lateritisierung: ein bodenbildender Prozeß mit maximaler Auswaschung von Kieselsäure, Alkali- und Erdalkalikationen sowie Freisetzung von Aluminium- und Eisenoxiden (lat)
Lymphe: vom Menschen gewonnener Impfstoff gegen Kuhpocken, vom Rind gewonnene Vakzine (lat)
Maniok: eine der wichtigsten stärkeliefernden Kulturpflanzen der Tropen und in vielen Gebieten des tropischen Afrika das Hauptnahrungsmittel (indian)
metamorphisch: den Zustand, die Gestalt verändernd (griech)
Mimose: Gattung tropischer Hülsenfrüchtler, zu der die brasilianische Sinnpflanze gehört, deren Blätter sich bei Berührung zusammenlegen (lat)
Mittagsobservation: Mittagsbeobachtung (lat)
Mockturtlesoup: aus Kalbskopf nachgeahmte Schildkrötensuppe (engl)
morning, Sir: Guten Morgen, Herr! (engl)
Mystifikation: Täuschung, Irreführung (griech → lat)
Niampara: Hauptleute (swahili)
nieve penitente: Schmelzformen des Schnees im tropischen Hochgebirge (franz)
Obsidiane: vulkanische glasige Gesteine (lat)
obstinat: starrsinnig, widerspenstig; hartnäckig (lat)
Okzident: Westen, Abend; Himmelsrichtung, in der die Sonne scheinbar untergeht (lat)
Olympos: Himmel, Göttersitz (nach dem Wohnsitz der Götter in der griechischen Sage) (griech)
oxydieren: an einen anderen Stoff Sauerstoff abgeben, von ihm Wasserstoff oder Elektronen aufnehmen (griech → lat)
Paletot: geradlinig gearbeiteter Herrenmantel, Überzieher (lat → span → franz)
Palmenpombe: Palmenbier (swahili)
Pandanusformen: Formen des Schraubenbaumes, einer Gattung tropischer Pflanzen mit schraubiger Blattstellung (malaiisch → lat)
Parasitenkegel: (oder Parasitvulkan) am Hang eines größeren Vulkans auftretender Nebenvulkan (lat)
per aspera ad astra: durch Nacht zum Licht; eigentlich auf rauhen Pfaden zu den Sternen (lat)
Perkussionsgewehr: Gewehr, dessen Pulver durch Stoß oder Schlag entzündet wird (lat)

Petrograph: Gesteinsforscher, Kenner der Gesteinskunde (griech)
Petroleumtins: Petroleumbüchsen, -dosen (engl)
Physiognomie: eingeschliffener Ausdruck, äußere Erscheinung der Erdoberfläche (griech)
Proteazeen: zierliche Bäume und Sträucher mit lederartigen Blättern (lat)
Raphiapalme: Bambuspalme; eine Gattung afrikanischer Palmen, aus deren Blättern auch Fasern gewonnen werden (griech)
Rekognoszierung: Aufklärung, Erkundung, Erforschung (lat)
Rencontre: Begegnung, Zusammenstoß (franz)
Reminiszenz: Erinnerung; Anklang; aus der Erinnerung Geschöpftes (lat)
Reseda: Pflanzengattung, zu der die duftende, auch zur Parfümherstellung genutzte Gartenreseda gehört (lat)
Royal Geographical Society: Königliche Geographische Gesellschaft (engl)
Rupie: Währungseinheit in Indien, Pakistan, Sri Lanka und anderen Ländern (sanskr → hindustani)
Senecio, -e: Kreuzkraut aus der Familie der Korbblütler (lat)
solenn: feierlich, festlich (lat)
spekulativ: wirklichkeitsfremd, rein gedankenmäßig; abwertend für: mit Risiko verbunden (lat)
Sportsman, -en: Sportler, Weidmann (engl)
status quo: gegenwärtiger Zustand (lat)
Staubtrombus: Staubwirbel; aus einer Wolke herauswachsendes rasch rotierendes und schließlich die Erdoberfläche erreichendes schlauchförmiges Gebilde, in dessen Innerem eine große Saugwirkung herrscht (lat → ital)
Stratusschichten: tiefe Schichtwolken, die beim erzwungenen Aufsteigen von Luft auf der Luvseite eines Gebirges entsteht, wobei die Kammlagen eingehüllt werden (lat)
Stutzer: Geck, Modenarr; ursprünglich jemand, der einen »gestutzten« (gekürzten) Bart trug (deutsch)
Styx: Fluß im mythischen Totenreich der Antike (griech)
Sukkulenten: Pflanzen mit verdickten Blättern oder Sprossen (lat)
Summa de Geographia: die gesamte Geographie (lat)
Sykomore: Maulbeerfeige, ein afrikanischer Nutzholzbaum (griech)
Tamarinde: zu den Hülsenfrüchtlern gehörender tropischer Baum und dessen Frucht (arab)

tellurisch: von der Erde herrührend; die Erde betreffend (lat)
tent d'abri: Schutzzelt (franz)
terra incognita: unbekanntes Land; übertragen für: Unerforschtes (lat)
terrestrisch: auf dem Festland entstanden, das Festland betreffend (lat)
Theodolit: geodätisches Gerät zum Messen von Horizontal- und Vertikalwinkeln (arab → engl)
thermische Minimalextreme: schwächste Werte der gleichmäßigen vertikalen Luftbewegung, die über dem Festland durch Sonneneinstrahlung und Erwärmung des Untergrundes ausgelöst wird und die zur Kondensation der Luft sowie zur Bildung von Cumuluswolken führt (lat)
traversieren: durchqueren, überschreiten; einen Hang, eine Wand annähernd waagerecht queren, ein Gebirge queren (beim Bergsteigen) (lat → franz)
usurpieren: sich (gewaltsam) widerrechtlich Macht aneignen , widerrechtlich Besitz ergreifen, (mit Gewalt) an sich reißen (lat)
Yams: Kletter- oder Schlingpflanze aus dem tropischen Amerika mit eßbarem süßlichen Wurzelstock (afrikanisch → portugies → engl)
zirkummontan: in der Umgebung eines Berges befindlich (lat)
Zirkus: Kreis (griech → lat)
Zodiakallicht: Tierkreislicht, schwache Lichterscheinung am nächtlichen Himmel, die sich längs der Ekliptik hinzieht (griech → lat)
Zyklop: »Rundauge«; ungeschlachter Riese mit einem Auge auf der Stirn (griech)